Wudy (Hrsg.)
Geldanlage mit Optionen und Futures

Günther Wudy (Hrsg.)

GELD ANLAGE

mit Optionen
und Futures

GABLER
FINANZ

Die Deutsche Bibliothek – CIP-Einheitsaufnahme

Geldanlage mit Optionen und Futures / Günther Wudy (Hrsg.)
– Wiesbaden: Gabler, 1993
ISBN 3-409-14137-5
NE: Wudy, Günther [Hrsg.]

Der Gabler Verlag ist ein Unternehmen der Verlagsgruppe Bertelsmann International.

Lektorat: Silke Strauß

Höchste inhaltliche und technische Qualität unserer Produkte ist unser Ziel. Bei der Produktion und Verbreitung unserer Bücher wollen wir die Umwelt schonen: Dieses Buch ist auf säurefreiem und chlorarm gebleichtem Papier gedruckt. Die Einschweißfolie besteht aus Polyäthylen und damit aus organischen Stoffen, die weder bei der Herstellung noch bei der Verbrennung Schadstoffe freisetzen.

Satz: Satzstudio RESchulz, Dreieich-Buchschlag
Druck und Bindung: Wilhelm & Adam, Heusenstamm
Printed in Germany

ISBN 3-409-14137-5

Vorwort

Die Einführung des börsenmäßigen Handels von Termingeschäften in Deutschland stellte insbesondere deutsche Kreditinstitute vor eine neue Aufgabe im Ausbildungsbereich: eine große Anzahl von Mitarbeitern sollte in die teilweise sehr komplexe Materie so gut eingearbeitet werden, daß sie verantwortungsbewußt auf Kundenbedürfnisse eingehen und die vielfältigen Anwendungsmöglichkeiten im Termingeschäftsbereich nutzen können.

Mit der Konzeption und Durchführung des vorliegenden Buches ist dieses Ziel erreicht. In den Jahren 1988/89 haben Spezialisten im Bereich „Options & Futures" unter der Leitung von Herrn Günther Wudy einen Fernlehrgang entwickelt speziell für die Ausbildung der Mitarbeiter. Da seinerzeit noch keine deutschsprachigen Schulungsunterlagen auf diesem Gebiet vorhanden waren, die unseren Anforderungen entsprachen, steckt in diesem Buch eine Manpower von weit über 1000 Stunden. Zu den Autoren gehören einige junge Leute, die nach ihrem Studium eine intensive Ausbildung im In- und Ausland im Bereich Options und Futures erhalten haben. Beim Verfassen der einzelnen Einheiten konnten sie ihr Wissen intensivieren: bekanntlich hat derjenige erst richtig gelernt, der sein Wissen an andere weitergeben kann.

Nach Fertigstellung des Fernlehrgangs entschlossen wir uns, dieses praxisnahe aufgearbeitete Wissen nicht nur Commerzbank-Mitarbeitern anzubieten, sondern auch der Öffentlichkeit zugänglich zu machen. Auf dieser Basis wurden 1993 alle Kapitel überarbeitet, mit den notwendigen Änderungen aktualisiert und aufbereitet. Mit den positiven Erfahrungen, die wir bisher damit gesammelt haben, möchten wir zum Nachahmen aufmuntern. Vielleicht können wir hiermit einen kleinen Denkanstoß geben, daß diesbezüglich in Zukunft stärker miteinander gearbeitet wird. Der Profit liegt sicherlich nicht nur bei den Lernenden, sondern auch bei den Unternehmen, die solche kostspieligen Ausbildungsunterlagen erarbeiten.

Wir wünschen Ihnen bei der Aufarbeitung der sicherlich nicht ganz einfachen Grundlagen des Futures- und Optionsgeschäftes viel Erfolg und hoffen, daß Sie als Anleger, Händler, Abwickler oder Kundenberater von Ihren erweiterten Kenntnissen in vielfältigen Bereich der derivativen Instrumente profitieren werden.

Im November 1993 Günther Wudy

Inhaltsübersicht

Inhaltsverzeichnis

Kapitel 1: Entwicklung und Organisation der Terminbörse

Kapitel 3: Fundamentale und technische Marktanalyse

Kapitel 4: Geldmanagement

Kapitel 5: Hedging

Kapitel 6: Spreads

Kapitel 7: Optionen

Kapitel 8: Terminkontrakte auf Aktienindizes

Kapitel 9: Terminkontrakte auf Zinspapiere

Kapitel 10: Devisengeschäfte

Kapitel 11: Termingeschäft in Deutschland

Kapitel 12: Abwicklung von Options- und Futuresgeschäften

Kapitel 1

Entwicklung und Organisation der Terminbörse

1. Historische Entwicklung

1.1 Begriffsbestimmung

Bedingt durch lange Lieferwege und Produktionsdauer entstanden bereits im Mittelalter Termingeschäfte, die man heute als Forward-Kontrakte bezeichnet. Dies sind Geschäfte, bei denen Zahlung und Lieferung in der Zukunft liegen. Um diese Termingeschäfte mit hohem Volumen an einem zentralen Ort (Terminbörse) durchführen zu können, mußten sie standardisiert werden. Diese standardisierten Termingeschäfte werden „Futures“ genannt (auch das einzelne Geschäft heißt „Futures“).

Anmerkung: Im deutschen Sprachgebrauch wird der Handel mit Futures sowie Optionen auch als Terminmarkt bezeichnet. Für Futures wird oft der Ausdruck Terminkontrakte benutzt.

1.2 Entwicklung

Terminbörsen sind hauptsächlich aus den Agrarmärkten hervorgegangen. Voraussetzung für die Entwicklung des Terminhandels war das Vorhandensein einer größeren, gut organisierten Kassabörse für Agrarprodukte. Eine solche Börse entstand in Chicago in den 50er Jahren des 19. Jahrhunderts mit der Gründung der Chicago Board of Trade (CBOT). Der eigentliche Terminhandel an der Chicago Board of Trade begann 1865 nach Beendigung des amerikanischen Bürgerkriegs. Zunächst war dieser Handel nur für Börsenmitglieder zugelassen. Heute ist die CBOT die älteste und zugleich größte Terminbörse der Welt.

Die Terminbörsen wurden gegründet, um Preisrisiken absichern zu können. Hierzu ein Beispiel aus dem Agrarbereich, welches bis in die historischen Anfänge des Terminhandels zurückreicht und auch heute noch Gültigkeit besitzt:

Ein Weizenfarmer trägt aufgrund der heftigen jahreszeitlichen Schwankungen der Weizenpreise das Risiko, einen Verlust zu erleiden, wenn der Marktpreis des Weizens sich zu seinen Ungunsten verändert. Einem ähnlichen Risiko unterliegt auch der potentielle Käufer (z. B. eine Großbäckerei). Einigen sich die beiden Kontrahenten auf einen

Liefer- und Abnahmepreis mittels eines Forward-Kontrakts, können beide Parteien im voraus kalkulieren und sich vor ungünstigen Preisentwicklungen weitgehend absichern.

Die Kontrahenten in unserem Beispiel verpflichten sich, den abgeschlossenen Vertrag zu erfüllen. Das heißt, Käufer und Verkäufer verpflichten sich zur Abnahme bzw. Lieferung einer vertraglich festgelegten Menge Weizen. Dazu vereinbaren die Kontrahenten vertragliche Details, die nur für sie gelten – Details über die Qualität der Ware, Lieferort und Lieferdatum. Die Wahrscheinlichkeit, daß diese vertraglichen Bedingungen für einen Dritten passen, ist um so geringer, je individueller das Geschäft auf die Bedürfnisse der beiden Vertragsparteien zugeschnitten ist.

Um den steigenden Bedarf an Absicherungsmöglichkeiten decken zu können und eine schnelle und einfache Übertragung von Verträgen auch an Dritte zu ermöglichen, wurden Terminbörsen gegründet und die Forward-Kontrakte standardisiert.

1.3 Standardisierung eines Terminkontrakts

Bei einem Standardkontrakt darf keine Einzelheit ungeklärt bleiben. Jede Terminbörse hat daher für jedes Produkt einen eigenen Standardvertrag entworfen.

Die Standardisierung bezieht sich auf folgende Merkmale:

- den jeweiligen Börsenplatz mit seinen festgelegten Handelszeiten;
- die Kontraktmenge, die für jede Ware an der betreffenden Börse definiert ist. Sie ist zugleich die kleinste handelbare Einheit, d. h., nur ein Vielfaches dieser Einheit kann gehandelt werden;
- die Qualität oder Kontraktnorm: Sie ist so standardisiert, daß sie den am meisten produzierten bzw. gehandelten Mengen entspricht. Abweichungen von der vorgeschriebenen Qualität sind nach einem genau definierten Maß gegen entsprechende Vergütung oder Abschlag möglich;
- der Preis wird pro Kontrakteinheit festgelegt und nicht für die gesamte Kontraktmenge;
- die kleinste Preisveränderung/Tick;
- die Liefermonate;
- den Lieferort.

1.4 Nicht standardisierte Bestandteile

In einem Futures-Standardvertrag sind folgende Punkte festzulegen:

- Kauf oder Verkauf,
- Anzahl der Kontrakte,
- Liefermonat, in dem man sich engagiert,
- Art des zu handelnden Objekts (z. B. Aktienindex, Anleihe, Metall),
- Kurs, zu dem man bereit ist, das Geschäft abzuschließen.

Um beispielsweise einen Kaufauftrag exakt zu übermitteln, reicht folgende Formulierung:
Kaufe 3 Dezember DM-Bund-Futures-Kontrakte zu 94,30.

2. Vorteile des Terminhandels

Der Handel mit Terminkontrakten bietet folgende Vorteile:

- Preisabsicherung („Hedging“) für Nutzer von Terminkontrakten;
- Verteilung des Verkaufs von Saisongütern über das ganze Jahr;
- Haftungsübernahme im Termingeschäft durch das Clearinghaus;
- durch die Standardisierung der Termingeschäfte ist eine reibungslose Abwicklung bei Auslauf oder Weitergabe an Dritte gewährleistet;
- Erhöhung der Markt-Liquidität durch Schaffung von Alternativmärkten (beispielsweise erfolgt durch den Bund-Futures-Terminmarkt eine Belebung des deutschen Renten-Kassa-Marktes basierend darauf, daß Lieferung bzw. Abnahme der zugrundeliegenden Produkte möglich ist);
- weiterhin erhöht sich die Markt-Liquidität dadurch, daß Risiko- und Spekulationskapital an einem Ort (Börse) zusammengeführt werden;
- die öffentliche Preisfeststellung zentralisiert das Interesse und erleichtert somit die Verbreitung wichtiger Marktinformationen;
- die Übernahme der Finanzierung von Kassawarenbeständen ist vorzugsweise dann gewährleistet, wenn diese Bestände durch Terminkontrakte gesichert sind; somit wird eine Kreditfinanzierung durch den Terminmarkt erleichtert und verbilligt.

3. Terminbörse

3.1 Begriffsbestimmung und Aufgaben

Die Börse stellt die organisatorischen Voraussetzungen für den Handel in Waren, Wertpapieren, Devisen und anderen Instrumenten. Es muß sich stets um vertretbare Sachen handeln, die im Verkehr üblicherweise nach Zahl, Maß oder Gewicht bestimmt werden.

Die Börse verwaltet sich selbst und ist in der Regel eine juristische Person (im Gegensatz zu den Vereinigten Staaten: dort ist sie eine gemeinnützige Organisation). Sie handelt weder auf eigene Rechnung noch besitzt sie Handelsware. Die Börse finanziert sich durch Gebühren, welche bei jedem Abschluß eines Geschäfts anfallen, sowie durch Mitgliedsbeiträge und durch die Vermietung von Börsenbüros.

Die klassische Terminbörse, der Markt für Terminkontrakte, kennt das Parkett, das durch abgestufte Pits in verschiedene Bereiche aufgeteilt ist. Auf den Stufen dieser abgegrenzten Zonen findet der Handel mit Terminkontrakten statt. Kauf- und Verkaufsangebote erfolgen durch Zuruf („Open Outcry"). Doch werden dort, wo die Geräuschkulisse eine akustische Verständigung erschwert, allgemein bekannte Handzeichen angewandt, um Handel und Verständigung zu gewährleisten.

3.2 Mitglieder der Terminbörse

Die Mitgliedschaft an einer Terminbörse der Vereinigten Staaten können nur Einzelpersonen erwerben, wogegen in Europa auch Körperschaften und Gesellschaften Mitglieder der Terminbörsen sein dürfen.

Nur Mitglieder oder Personen, denen durch Zuteilung die Mitgliedschaftsrechte übertragen werden, können sich am Parketthandel beteiligen. Unter den Teilnehmern unterscheidet man „Locals", „Commercial Broker", „Filling Broker" und „Clerks".

3.2.1 Locals

Die sogenannten Locals stellen Kauf- und Verkaufskurse („Quotierungen"), zu denen gehandelt werden kann. Sie stehen im

Zentrum des Pits und handeln auf eigene Rechnung. Locals versuchen – was ihnen durch ihre Marktnähe zum Teil gelingt – zum Geldkurs („Bid Price“) zu kaufen und zum Briefkurs („Asked/Offer Price“) zu verkaufen. Die geringe Spanne zwischen diesen beiden Kursen stellt ihren Gewinn dar.

Man unterscheidet zwei Arten von Locals: die „Scalper“ und die „Positions-Trader“. Scalper versuchen, den geringen Geld/Brief-Spread für eigene Gewinnmitnahmen zu nutzen. Ihr Interesse ist nicht auf längerfristige Positionen ausgerichtet. Meist liegt zwischen dem Öffnen und Schließen einer Position eine Zeitspanne von nur wenigen Minuten. Fast nie besitzen die Scalper Terminkontrakte über mehrere Tage. Trotz dieser kurzfristig angelegten Transaktionen sind Scalper sehr wichtig für das Marktgeschehen, da sie einen großen Beitrag zur Liquidität leisten.

Im Gegensatz zum Scalper ist der Positions-Trader bereit, seine eingenommene Position über einen längeren Zeitraum zu halten. Oft besitzt er Positionen gleichzeitig in mehreren Märkten mit der Absicht, von unterschiedlichen Preisentwicklungen zu profitieren.

3.2.2 Commercial Broker

Commercial Broker betreiben Absicherungsgeschäfte als Angestellte von Unternehmen, die Warenbestände zu sichern haben. Sie tätigen Aufträge nur für ihre Arbeitgeber und werden von den übrigen Marktteilnehmern ständig beobachtet, da sie große Volumen bewegen und von ihren Aktivitäten auf Preisbewegungen des Kassamarkts geschlossen werden kann.

3.2.3 Filling Broker

Filling Broker führen Kundenaufträge aus und berechnen dafür feste Spesensätze. Sie können zwar auch für eigene Rechnung handeln, doch nur dann, wenn keine Kundenaufträge vorliegen.

3.2.4 Clerk

Der (Telephone-) Clerk ist das Bindeglied zwischen Filling Broker und Kunden. Er signalisiert den vom Kunden erhaltenen Auftrag zum Broker am Pit mittels Zuruf oder Handzeichen; dieser sucht dann eine entsprechende Gegenposition. Ist der Auftrag ausgeführt, signalisiert der Filling Broker dies dem Clerk, der wiederum dem Kunden die Bestätigung weiterleitet.

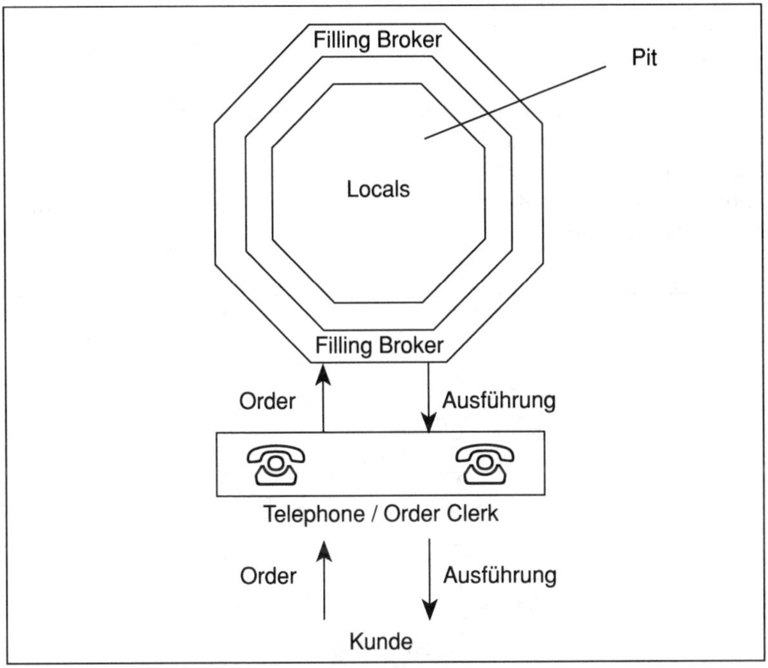

Abbildung 1: Orderweg an einer Präsenzbörse

4. Computerisierte Börse

Durch Anwendung der elektronischen Datenverarbeitung werden viele Prozesse an den Börsen und in ihrem Umfeld rationalisiert. Die elektronische Börse unterscheidet sich von der klassischen Börse vor allem durch die Möglichkeit des überregionalen EDV-gestützten Handels. Ein Beispiel dafür ist die DTB (Deutsche Terminbörse), bei der die Börsenteilnehmer über eine Datenleitung miteinander kommunizieren und das Börsenparkett dadurch überflüssig wurde. Der Handel an der elektronischen Börse setzt einen Anschluß an den Zentralrechner voraus, der alle Marktteilnehmer miteinander verbindet.

Über Computerterminals ist es möglich, Aufträge zu erteilen sowie Marktdaten und Marktnachrichten einzugeben oder abzufragen. Die Kauf- und Verkaufsangebote werden über ein Terminal an den Börsencomputer überspielt und in ein elektronisches Orderbuch eingespeist. Dort erfolgt dann der Handelsabschluß („Matching"), sobald sich Geld- und Briefseite kreuzen. Die den Transaktionen zugrundeliegende Kursstellung erfolgt für Optionen durch „Market Maker", welche verpflichtet sind, verbindliche Kauf- und Verkaufskurse zu stellen.

Die Abrechnung der Handelsabschlüsse eines ganzen Tages erfolgt vollautomatisch über die Datenleitungen zwischen der Börse und den sogenannten Clearing-Mitgliedern, welche wiederum mit anderen Börsenmitgliedern bzw. Kunden, für die sie das Clearing übernommen haben, abrechnen.

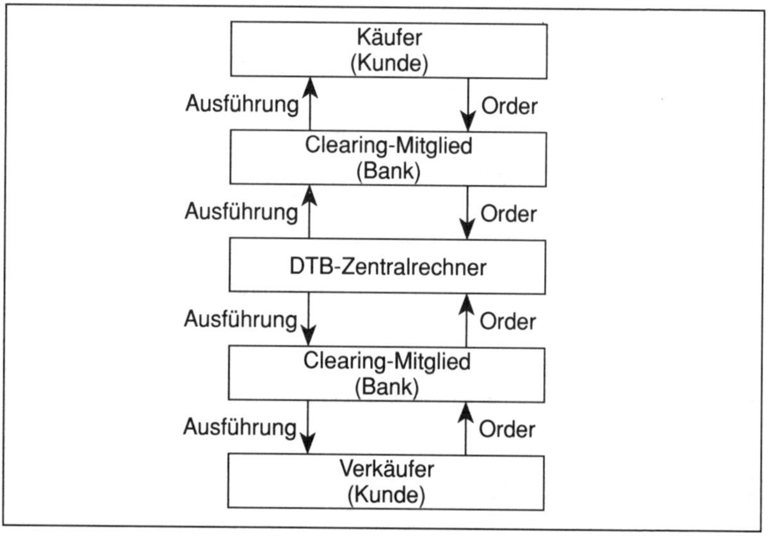

Abbildung 2: Grundschema einer Computerbörse, dargestellt am Beispiel der DTB

5. Clearing-System

5.1 Aufgabe

Jede Transaktion an Terminbörsen unterliegt dem Erfüllungsrisiko. Zur Vermeidung dieses Risikos wird an sämtlichen Terminbörsen ein sogenanntes Clearing-System eingeschaltet. Die Clearingstelle überwacht die Abwicklung und Erfüllung eingegangener Kontrakte, kontrolliert die Verrechnung der Börsengeschäfte, d. h., wickelt deren finanzielle Seite ab. Während die Börse im engeren Sinn (d. h. das Parkett) der Preisfindung und Preisinformation dient, hat die Clearingstelle die Aufgabe, die von den Vertragsbedingungen her standardisierten Börsengeschäfte auch finanziell austauschbar zu machen. Damit kommt es nicht mehr auf die Bonität bzw. zukünftige Erfüllungsfähigkeit des ursprünglichen Geschäftspartners an.

Sämtliche zwischen zwei Börsenteilnehmern abgeschlossenen Verträge werden nach Börsenschluß der Clearingstelle übermittelt. Ist eine Partei Clearing-Mitglied, kann sie den Vertrag selbst bei der Clearingstelle zur Abrechnung einreichen, ist sie es nicht, muß sie sich eines Clearing-Mitglieds als Geschäftsbesorger bedienen. Die Clearingstelle tritt zwischen den beiden Börsenkontrahenten als Vertragspartner ein. Sie wird gegenüber dem Verkäufer Käufer und gegenüber dem Käufer Verkäufer.

Dadurch werden die Börsengeschäfte auch finanziell austauschbar. Es kommt bei der Glattstellung oder dem Auslauf eines Vertrags nicht mehr darauf an, mit wem die Position eröffnet wurde, da immer die finanziell starke Clearingstelle Vertragspartner ist. Bestehende Positionen können also relativ schnell aufgelöst werden. So gesehen ist es richtig, von einer Garantie der Clearingstelle zu sprechen, wie es häufig in Darstellungen über den Futures-Handel geschieht. Die Clearingstelle garantiert nicht nur die Verträge zwischen anderen, sondern sie wird selbst Vertragspartner.

Falsch ist es indessen, von einer Garantiefunktion der Clearingstelle zu sprechen, wenn es um die Lieferung einer Ware geht; in dieser Beziehung kann die Clearingstelle nicht in Anspruch genommen werden. Im Falle einer Andienungserklärung eines Verkäufers weist die Clearingstelle dem Verkäufer das Clearing-Mitglied zu, das als Käufer verpflichtet ist, die Ware abzunehmen. Sollte sich dann herausstellen, daß der Verkäufer die angediente Ware nicht verfügbar hat, stellt die Clearingstelle nicht etwa die Ware zur Verfügung, vielmehr hält sie den Käufer finanziell schadlos. Im umgekehrten Fall haftet die Clearingstelle auch für den Ausfall des Käufers und stellt den Verkäufer schadlos.

5.2 Clearing-Mitglieder

Die Clearingstelle ist meist eine organisatorisch selbständige Institution, die einer Börse angeschlossen ist, oder aber eine eigene Gesellschaft, die für mehrere Börsen abrechnet. Mitgliedschaft an der Börse und Mitgliedschaft in der Clearingstelle decken sich nicht.

Der Clearing-Organisation gehören Börsenmitglieder („Clearing Member") an, über die sämtliche Transaktionen abgewickelt werden. Hingegen werden als Non-Clearing-Member diejenigen Börsenmitglieder bezeichnet, die nicht der Clearing-Organisation angehören. Diese müssen ihre Transaktionen über Clearing Member abwickeln.

Die Mitgliedschaft in der Clearingstelle setzt wesentlich größere Kapitalnachweise voraus als eine Börsenmitgliedschaft. Im Gegensatz zu den USA, wo nur Einzelpersonen Mitglieder der Börsen sein dürfen, können in Europa auch Körperschaften und Gesellschaften sowohl den Clearingstellen als auch den Börsen angehören.

Alle Clearing-Mitglieder, die Börsengeschäfte über die Clearingstelle für eigene oder fremde Rechnung abrechnen, müssen für offene Positionen als Sicherheit Einschüsse und ggf. Nachschüsse bezahlen.

6. Margining

6.1 Überblick

Die Clearingstelle verlangt von den Käufern und Verkäufern von Kontrakten für das Eingehen und Halten einer Position einen bestimmten Betrag als Sicherheitsleistung, die sogenannte „Margin". Diese Regel gilt nicht für Käufer von Optionen auf Kassainstrumente. Die Margin soll die Erfüllungsbereitschaft der Marktteilnehmer belegen („good faith deposit").

Wer sich in Futures-Geschäften engagiert, muß nicht das Geld für den gesamten Kontraktwert aufbringen, sondern nur einen Bruchteil, dessen Höhe mit der Stärke der Preisveränderung (Volatilität) des Termingegenstands variiert. Dieser Betrag wird „Initial Margin" (Einschuß) genannt.

Beispiel

Für den DM-Bund-Futures mit einem Nominalwert von DM 250.000 verlangt die DTB pro Kontrakt einen Einschuß von DM 4.000. Kommt es zu stärkeren Preisbewegungen, kann die DTB den Einschuß z. B. auf DM 6.000 erhöhen.

Verläuft das Geschäft für den Marktteilnehmer über einen bestimmten Punkt hinaus negativ, so wird eine weitere Zahlung (Wiederauffüllung der Reserven) verlangt. Diese Zahlung ist der sogenannte Nachschuß.

Markteinschußhöhe und Nachschußgrenze werden von der Börse in Zusammenwirken mit ihrer Clearingstelle festgesetzt. Die Regeln hierfür variieren geringfügig von Börse zu Börse.

Die Margin kann man wie folgt kategorisieren:

a) Initial Margin,
b) Variation Margin,
c) Maintenance Margin.

6.2 Initial Margin

Banken und Broker legen Einschußsätze für Spekulationskonten und Absicherungskonten fest. Die Einschußhöhe für ein Absicherungsgeschäft ist gewöhnlich niedriger als die für ein Spekulationsgeschäft, denn ein Verlust in der Futures-Position wird beim Absicherer durch einen Gewinn der gegenläufigen Kassaposition weitgehend aufgefangen. Auch für Spread-Geschäfte (siehe Kapitel 7.5) wird häufig ein geringerer Einschuß verlangt, weil das Risiko einer derartigen Position gewöhnlich niedriger angesetzt wird als das für eine einseitige Position.

Banken und Broker können von ihren Kunden höhere Einschüsse verlangen. Sie dürfen aber nicht die von den Börsen festgelegten Mindesteinschüsse unterschreiten.

Eine Kaufpreisforderung für den Futures-Kontrakt besteht nicht, solange der Futures nicht angedient und geliefert ist. Deshalb wird auch auf die Differenz zwischen Einschußbetrag und Wert der Terminware kein Zins belastet. Insoweit weicht die Einschußzahlung von der Behandlung der Teilzahlungen bzw. Margin-Zahlungen bei Wertpapieren ab.

6.3 Variation Margin und Maintenance Margin

Als „Variation Margin" bezeichnet man die Geldbeträge, welche die Clearingstelle anhand der Abrechnungspreise von Terminkontrakten täglich den Marginkonten gutschreibt oder belastet.

Das Sicherheitspolster des Einschusses wird also aufgezehrt, wenn die Position des Kunden einen Verlust aufweist. Ab einem bestimmten Punkt schreibt nun die Börse vor, daß das Sicherheitspolster wieder aufgefüllt werden muß. Dieser Punkt ist die sogenannte Nachschußgrenze („Maintenance Margin"). Der Nachschuß ist der Betrag, den der Kunde einmal oder wiederholt einzahlen muß, um das Sicherheitspolster aufrechtzuerhalten. Diese Nachschußgrenze wird ebenfalls von der Börse als Mindestnachschußgrenze festgesetzt. Die Börsen haben unterschiedliche Grenzen. Die gebräuchlichste Nachschußgrenze, die von den Banken bzw. Brokern gegenüber ihren Kunden angesetzt wird, liegt bei 75% des ursprünglichen Einschußbetrags. Werden diese 75% unterschritten, ist der Nachschuß fällig. Er ist so bemessen, daß der ursprüngliche Einschußbetrag wiederhergestellt wird.

Beispiel

Ein Privatanleger hat DM 4.000,– Margin hinterlegt. Würde das Margin-Guthaben dieses Kunden auf unter DM 3.000,– zurückfallen, müßte er das Konto wieder auf DM 4.000 auffüllen.

Wird der Nachschußforderung nicht unverzüglich entsprechend der Vereinbarung Folge geleistet (gewöhnlich bis zur Eröffnung der Börse am nächsten Tag), kann der Kunde zwangsliquidiert werden, d. h. die Bank stellt so viele Positionen des Kunden glatt, bis das reduzierte Guthaben („Equity") als voller Einschuß für die restlichen, noch offenen Positionen ausreicht.

Die allgemeine Regelung bei Änderung der Einschußhöhe ist rückwirkend, d. h. auch Positionen, die vor der Änderung eröffnet wurden, müssen mit den nunmehr höheren Einschüssen gesichert werden. Bei Senkung der Einschüsse sind alle Positionen (alt und neu) betroffen.

Der Kunde kann nur Überschußbeträge von seinem Konto abziehen. Überschuß sind alle Beträge, die über die für offene Positionen festgelegten Einschüsse hinausgehen. Will der Kunde in anderen Fällen Beträge von seinem Konto abziehen, muß er erst einen Überschußbetrag schaffen. Dies kann er durch die Liquidation von Positionen erreichen, für die dann keine Einschüsse mehr benötigt werden.

6.4 Margins für Clearing-Mitglieder

Clearingstellen verlangen von ihren Mitgliedern Margins entweder auf Bruttopositionen oder auf Nettopositionen. Werden Einschüsse sowohl auf alle Kaufpositionen (Longpositionen) eines Kontrakts als auch auf alle Verkaufpositionen (Shortpositionen) eines Kontrakts verlangt, die ein Clearing-Mitglied für sich selbst bzw. für seine Kunden eingenommen hat, sprechen wir von Brutto-Margining. Werden Einschüsse nur auf den Saldo verlangt (auf die Differenz zwischen der Zahl der Long- und Shortpositionen eines Kontrakts), sprechen wir von Netto-Margining.

6.5 Settlement Price

Am Schluß eines Börsentags setzt die Börse den sogenannten Abrechnungspreis des Tags (Settlement Price) fest. Er wird aus den in der Schlußphase der Börsensitzung gehandelten Kursen ausgewählt. Wurden in umsatzschwachen Liefermonaten keine Geschäfte abgeschlossen, so wird ein Preis unter Berücksichtigung der tatsächlich gehandelten Preise in den anderen Liefermonaten und dem Kassamonat festgesetzt oder aber der Mittelpreis zwischen Geld- und Briefkurs des nicht gehandelten Liefermonats.

Aufgrund des Settlement Price errechnet die Clearingstelle die zu leistenden Nachschüsse der Mitglieder. Nachschüsse sind im Regelfall bis zur Öffnung der Börse am nächsten Börsentag zu leisten. Die Clearingstelle kann bei besonderen Risiken allerdings auch Nachschüsse innerhalb einer Stunde während der Börsensitzung verlangen. Überschüsse können vom Mitglied an dem der Berechnung folgenden Tag abgezogen werden.

Aufgrund desselben Settlement Price errechnen die Clearing-Mitglieder Nachschußforderungen an ihre Kunden.

6.6 Margin-Berechnung

Die Margin-Berechnung soll am Beispiel des DM-Bund-Futures verdeutlicht werden:

Bei einer Transaktion zwischen 2 Privatanlegern wird ein Kontrakt des DM-Bund-Futures zu 94,50 abgeschlossen. Käufer und Verkäufer müssen bei Banken/Brokern die Initial Margin von beispielsweise DM 4.000 hinterlegen. Die Nachschußgrenze soll 75% des Einschusses von DM 4.000 betragen, d. h. DM 3 000 pro Kontrakt.

Marginkonto Käufer	*Marginkonto* Verkäufer
+ DM 4.000	+ DM 4.000

Wenn der Abrechnungspreis am Ende des ersten Tages auf 94,60 gestiegen ist, entspricht diese Kursveränderung um 10 Basispunkte DM 250 (1 Tick beträgt beim Bund-Futures DM 25).

Marginkonto Käufer	*Marginkonto* Verkäufer
+ DM 4.000	+ DM 4.000
+ DM 250	– DM 250
+ DM 4.250	+ DM 3.750

Schließt nun der DM-Bund-Futures am 2. Tag bei 94,30, ergibt sich eine Kontowertveränderung von DM 750.

Marginkonto Käufe	*Marginkonto* Verkäufer
+ DM 4.250	+ DM 3.750
– DM 750	+ DM 750
+ DM 3.500	+ DM 4.500

Am 3. Tag fällt der Kurs auf 93,90. Dies führt zu einer Kontowertveränderung von 40 x DM 25 = DM 1.000.

Marginkonto Käufer	*Marginkonto* Verkäufer
+ DM 3.500	+ DM 4.500
– DM 1.000	+ DM 1.000
+ DM 2.500	+ DM 5.500

Das Konto des Käufers hat damit die Nachschußgrenze von DM 3.000, die immer mindestens auf dem Konto sein muß, unterschritten. Er muß nun DM 1.500 (nicht nur DM 500) auf sein Konto einzahlen und damit auf den vollen Einschuß von DM 4.000 auffüllen.

6.7 Kundengelder

Die Banken bzw. die Broker in den USA haben Kundengelder getrennt auf einem Sonderkonto zu halten; sie dürfen sie nicht mit eigenen Geldern vermischen. Allerdings dürfen sie die Gelder unterschiedlicher Kunden auf einem einzigen Konto verwalten, sie müssem nicht (wie etwa ein deutscher Notar oder Rechtsanwalt) für jeden Kunden ein eigenes Konto bei der Bank eröffnen.

Die Allgemeingläubiger der Banken und Broker haben keinen Zugriff auf diese Gelder. Der Konkursverwalter muß z. B. diese Gelder aus der Konkursmasse aussondern. Die Banken bzw. die Broker dürfen allerdings diese Gelder benutzen, um Einschuß- bzw. Nachschußverpflichtungen gegenüber dem Clearinghaus für Positionen der entsprechenden Kunden nachzukommen.

7. Marktteilnehmer

7.1 Überblick

Durch die Vielzahl der zur Verfügung stehenden Produkte und Märkte und durch die Vielfalt der Anwendungsmöglichkeiten von Termingeschäften beteiligen sich verschiedene Gruppen mit unterschiedlichen Motiven am Terminhandel. Danach unterscheidet man zwischen Absicherern („Hedgern"), Arbitrageuren, Spekulanten und Spreadern.

7.2 Absicherer

Das Motiv der Absicherung („Hedging") ist der eigentliche Existenzgrund für die Terminbörsen.

Dem Hedging liegt der Gedanke der Absicherung von Preisrisiken zugrunde. Es dient dazu, das finanzielle Risiko bestehender oder geplanter Transaktionen (Kauf oder Verkauf) und/oder Kassapositionen (z. B. Lagerbestände oder Portfolios) zu mindern, und zwar durch Übertragung auf andere Marktteilnehmer.

Hedging ist vor allem für Personen und Institutionen interessant, die aufgrund ihres Geschäftsbetriebs Preisänderungsrisiken ausgesetzt sind. Der institutionelle Absicherer will seine geschäftliche Tätigkeit und den daraus resultierenden Gewinn möglichst umfassend planen und kalkulierbar machen. Für Kreditinstitute ist der Einsatz von Terminkontrakten beispielsweise interessant, um einen gegenwärtigen Zinssatz für zukünftige Anlagen zu sichern bzw. eine geplante Kreditaufnahme vor steigenden Zinsen zu schützen. Auch der private Hedger kann sich durch Terminpositionen ein bestimmtes Kursniveau sichern.

Wenn Kassapositionen mit Hilfe von Futures-Kontrakten abgesichert werden, reduziert sich das Risiko bereits wesentlich. Das verbleibende Restrisiko bezieht sich lediglich auf die Veränderung der Basis, welche die Differenz zwischen Kassa- und Terminkurs darstellt. Gelegentlich ist in der Literatur eine Basisdefinition als Differenz zwischen Termin- und Kassakurs zu finden, welche damit das Vorzeichen umkehrt.

7.3 Arbitrageure

Arbitrageure nutzen z. B. räumliche Kursunterschiede gleicher Werte aus. Durch gleichzeitigen Kauf und Verkauf eines Kontraktes ist das Risiko bei der Arbitrage gering. Diese Art von Geschäften trägt wesentlich zur Liquidität des Marktes bei und sorgt für einen fairen Marktpreis, da räumliche Ungleichgewichte im Markt durch die Arbitrage eliminiert werden.

Da die Transaktionskosten sehr gering gehalten werden müssen und Marktnähe unbedingt erforderlich ist, sind im wesentlichen Banken und Broker als Arbitrageure tätig.

Beispiel

Notiert Gold in London zu US-$ 360 und zur gleichen Zeit in Zürich zu US-$ 361, so verkauft der Arbitrageur das „teure“ Zürich-Gold und kauft zum gleichen Zeitpunkt das „billige“ London-Gold. In diesem Beispiel wäre der Arbitrage-Gewinn US-$ 1 pro Unze.

7.4 Spekulanten

Spekulanten („Trader“) engagieren sich an einer Börse in der Erwartung, ein Termingeschäft rasch mit Gewinn abschließen zu können. Spekulanten sind für gut funktionierende Märkte unbedingt notwendig. Oft nehmen sie die Gegenposition eines Hedgers ein und übernehmen somit dessen Risiko in der Hoffnung, dabei Gewinne zu erzielen. Durch die Spekulanten erhält der Futures-Markt die erforderliche Liquidität.

Der beträchtliche Hebeleffekt („Leverage“), der sich aufgrund des geringen Kapitaleinsatzes bezogen auf den Wert des Terminkontraktes ergibt, macht die Terminmärkte für Spekulanten interessant. Neben privaten Anlegern ist auch für Kreditinstitute, Broker, Versicherungsgesellschaften und Fonds der Abschluß spekulativer Terminpositionen möglich. Dabei müssen die vorgegebenen Rahmenbedingungen der entsprechenden Aufsichtsbehörden beachtet werden.

7.5 Spreader

Ein Spread ist ein gleichzeitiger Kauf und Verkauf verschiedener Futures-Kontrakte mit unterschiedlichen Terminen, am selben Markt oder an ähnlichen Märkten.

Beispiel

Kauf von 100 Dezember 1993 DM-Bund-Futures-Kontrakten, Verkauf von 100 September 1993 DM-Bund-Futures-Kontrakten.

Der Spread-Händler erwartet eine Änderung der Preisdifferenz zwischen diesen beiden Kontrakten. Der daraus resultierende Gewinn oder Verlust wird nicht aus der absoluten Preisentwicklung eines Kontraktes, sondern aus der Veränderung der beiden Preise zueinander erzielt.

Der Spread-Händler kauft somit den Terminkontrakt, der ihm zu billig erscheint (im Beispiel ist dies der Dezember-Kontrakt) und verkauft denjenigen, den er für zu teuer hält (im Beispiel ist dies der September-Kontrakt). Das Schließen der Spread-Position sollte, wie auch die Eröffnung einer solchen, gleichzeitig geschehen. Am Spread-Handel beteiligen sich die gleichen Personengruppen wie bei der Spekulation und der Arbitrage, wodurch wiederum ein erhebliches Volumen zustandekommt.

8. Erfüllungsarten

Terminverträge können nach der jeweiligen Regelung der Börse durch physische Lieferung der Ware oder durch den Barausgleich („Cash Settlement") erfüllt werden.

8.1 Physische Lieferung

Terminverträge, die am Ende des letzten Handelstags noch nicht durch ein Gegengeschäft glattgestellt wurden, sind durch Lieferung und Annahme zu erfüllen. Der Verkäufer kann während der Andienungsperiode bis zum letzten Andienungstag („Last Notice Day") erklären, wann er liefern möchte. Er muß sicherstellen, daß die Ware an dem zugelassenen Ort in der geprüften Qualität des Terminvertrages verfügbar ist. Dabei läßt der Verkäufer über das Clearing-Mitglied, welches sein Konto führt, die Andienungserklärung oder Lieferabsichtserklärung („Notice of Intention to Deliver") dem Clearinghaus überbringen. Hierfür wird eine Provision berechnet.

Der Käufer auf der anderen Seite hat keinen Einfluß darauf, wann ihm während des Liefermonats geliefert wird, und wo und in welcher Qualität er die Lieferung abnehmen muß. Das Clearinghaus selbst unterhält keine Warenlager und liefert nicht. Es beschränkt sich lediglich auf die Zuweisung der Verkäufer an die übriggebliebenen Käufer. Dabei ist die Lieferung auf einen Terminvertrag nur von einem von der Börse zugelassenen Lager bzw. Depot möglich.

Die Andienung muß entsprechend der Spezifikation der Ware (wie Güteklasse und Gewicht) den Lieferort und den beabsichtigten Liefertag ausweisen. Die Andienungsfristen vor der tatsächlichen Lieferung variieren von Produkt zu Produkt.

In bezug auf die Bestimmung des Käufers, der dem Verkäufer zugewiesen wird, gibt es verschiedene Verfahren. Die Chicago Board of Trade (CBOT) bedient sich der First-In-First-Out-Methode (Fifo), bei welcher der Käufer mit der ältesten Position zuerst für die Lieferung ausgewählt wird. Die Andienungserklärung kann an einigen Börsen nicht weitergegeben werden (z. B. an der LIFFE, London), sie ist dort nicht übertragbar. An anderen Börsen wiederum (z. B. an der CBOT) ist dies durchaus möglich. Hier kann der ermittelte Käufer, der nicht abnahmewillig ist, unverzüglich nach Erhalt der Andienungserklärung seine Terminposition an der Börse verkaufen und die Andienungserklärung an die Clearingstelle zurückgeben. Dazu wird ihm eine bestimmte Frist gesetzt. Hält der Käufer die Frist ein, so nimmt die Clearingstelle eine erneute Andienung an einen in Frage kommenden Kontrahenten vor. Wird die Frist vom Käufer nicht eingehalten, muß er die Lieferung annehmen und den vollen Kontraktwert bezahlen.

Die Clearingstelle bringt den andienenden Verkäufer und abnehmenden Käufer zusammen. Die Abrechnungs-Broker tauschen die Lagerscheine des Verkäufers nebst Rechnung und Scheck des Käufers über die Clearingstelle aus.

8.2 Barausgleich

Anstelle einer Lieferung erfolgt bei bestimmten Terminkontrakten am Ende der Laufzeit ein Barausgleich.

Ein Barausgleich wird dort vorgenommen, wo
a) keine physische Lieferung möglich ist (z. B. Terminkontrakte auf Euro-D-Mark und Euro-Dollar),
b) die physische Lieferung umständlich wäre (z. B. bei den meisten Aktienindizes).

Hierbei wird von der Börse am Tag nach dem letzten Handelstag anhand der Kassanotierungen ein endgültiger Abrechnungspreis errechnet. Wie jeden Tag verrechnet die Clearingstelle danach die Differenz zwischen dem Abrechnungspreis am letzten Handelstag und dem endgültigen Abrechnungspreis.

9. DTB – eine elektronische Börse

Durch eine Vielzahl von Veränderungen und Verbesserungen gegenüber dem bisher in Deutschland praktizierten Optionsgeschäft wurde die DTB von vorneherein am Standard der großen internationalen Optionsbörsen ausgerichtet. Die DTB funktioniert als elektronische Börse. Aufträge von Börsenteilnehmern und deren Kunden sowie Geld- und Briefkurse (Quotes) der Market Maker werden über Terminals in das EDV-System der Terminbörse eingegeben. Dem Händler, aber auch dem Kundenberater und Kunden mit Zugang zu einem Informationsdienst, welcher DTB-Kurse anbietet, stehen laufend die jeweils höchsten Geld- und niedrigsten Briefkurse am Markt zur Verfügung. Das vollelektronische System macht es zudem möglich, den Zugang zur DTB völlig standortunabhängig zu gestalten. Ob in Hamburg, München, Frankfurt oder einem anderen Ort in der Bundesrepublik Deutschland ansässig, jeder Börsenteilnehmer hat gleiche Chancen.

Tabelle 1: Vergleich des bisher praktizierten Optionsgeschäftes in Deutschland und der Praxis an der DTB

bisher	**an der DTB**
Der Stillhalter, also der Verkäufer einer Kaufoption oder Verkaufsoption, bleibt bis zum Verfalltermin an seine Position gebunden.	Der Stillhalter kann seine Position bis zum jeweils letzten Handelstag durch Rückkauf der Option glattstellen.
Geringe Liquidität des Marktes.	Hohe Marktliquidität durch das Market-Maker-System.
Geringe Markttransparenz	Hohe Markttransparenz durch Angabe von Angebot und Nachfrage sowie des handelbaren Volumens auf dem Bildschirm der Händler.
Preisfindung ohne effektive Arbitragemöglichkeit.	Durch fortdauernde Arbitrage während der Handelszeit immer marktgerechte Preise im Verhältnis zum Kurs der Aktie.
Kein gleichzeitiger Kauf und/oder Verkauf von Optionsserien möglich.	Möglichkeit der Eröffnung einer Optionskombination durch gleichzeitigen Kauf und/oder Verkauf von Optionsserien.

10. Struktur an der DTB

Die DTB-Clearingstelle übernimmt die Abwicklung, die Abrechnung und die Besicherung von Geschäften sowie die Überwachung der Positionen der Clearing-Mitglieder. Zu diesem Zweck werden unverzüglich alle Abschlüsse nach der Zusammenführung auf den betreffenden Positionskonten erfaßt. Alle Prämien und Gebühren werden automatisch verbucht. Als Depotstelle für die DTB fungiert der Frankfurter Kassenverein, die geldmäßige Abwicklung übernimmt die Landeszentralbank in Hessen.

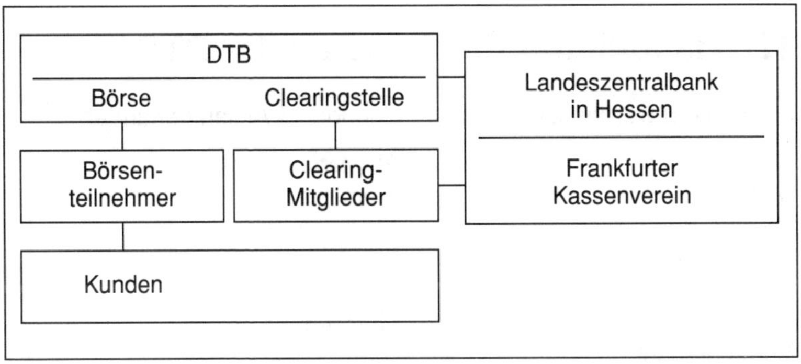

Abbildung 3: Struktur der DTB

Ferner bearbeitet die Clearingstelle Ausübungen von Optionen und ermittelt die zugehörigen Stillhalter durch ein Zufallsverfahren. Sie veranlaßt die Ausführung der Wertpapierlieferung und überwacht die Zahlungen.

Die Clearingstelle ist Vertragspartner für jedes an der DTB zustandegekommene Geschäft und haftet somit bei Ausfall einer Partei für die Zahlung. Sie sorgt außerdem bei Ausübung für die Lieferung und Bezahlung der zugrundeliegenden Aktien. Vertragspartner der Clearingstelle sind ausschließlich Clearing-Mitglieder. Diese wiederum haften für die Erfüllung aller Kontrakte, für die sie die Abwicklung übernommen haben. Außerdem wird die finanzielle Stabilität des Clearingsystems durch die von den Börsenteilnehmern zu erbringenden Sicherheitsleistungen gewährleistet.

11. Bonitätsanforderungen an Clearing-Mitglieder

Eigenkapitalanforderung bei:

– General-Clearing-Mitglied:	250 Mio DM
– Direct-Clearing-Mitglied:	25 Mio DM

Drittbankgarantie bei:

– General Clearing-Mitglied:	10 Mio DM
– Direct Clearing-Mitglied:	2 Mio DM

12. Handel und Produkte an der DTB

An der DTB werden Optionen auf folgende 15 Aktien gehandelt:

Automobile:
BMW
Daimler-Benz
Volkswagen

Banken:
Commerzbank
Deutsche Bank
Dresdner Bank

Chemie:
BASF
Bayer
Hoechst

Elektro:
Siemens

Stahl:
Mannesmann
Thyssen

Versorger:
RWE
Veba

Versicherungen:
Allianz-Holding

Eine Besonderheit gilt für Allianz-Optionen, für die ein Cash Settlement vorgesehen ist. Es erfolgt bei Ausübung keine Stückelieferung, sondern eine Abrechnung in Geld. Diese Regelung wurde getroffen, um dem Status der Allianz-Aktie als vinkulierter Namensaktie Rechnung zu tragen.

An der DTB werden Aktien-Optionen amerikanischer Art gehandelt; sie geben dem Käufer einer Kauf- bzw. Verkaufsoption während der gesamten Laufzeit die Möglichkeit, seine Option auszuüben. Bei europäischen Optionen dagegen ist die Ausübung auf den letzten Handelstag beschränkt.

Die kleinste handelbare Einheit ist eine Option. Sie beinhaltet das Recht, 50 Aktien des zugrundeliegenden Basiswerts zu beziehen (Call) oder zu verkaufen (Put). Auch hier besteht eine Ausnahme bei der Allianz-Option: die Berechnung des Cash-Settlements bezieht sich nur auf 5 Aktien.

Für die Basispreise gibt es eine Staffelung in Abhängigkeit vom Aktienkurs. Die für die DTB-Aktien-Optionen möglichen Basispreise sind in Abbildung 4 dargestellt:

5	110	220	550	1.100
10	120	240	600	1.200
15	130	260	650	1.300
20	140	280	700	1.400
.	.	.	.	1.500
.	.	.	.	.
85	170	440	850	.
90	180	460	900	.
95	190	480	950	.
100	200	500	1.000	.

Abbildung 4: Basispreise

Bei Einführung eines neuen Verfallmonats werden bei Aktienoptionen drei Basispreise zur Verfügung gestellt; sie liegen dem letzten Börsenkurs der Aktie am nächsten.

Beispiel

Aktienkurs	300
Basispreise	280; 300; 320

Damit immer eine genügende Zahl von Basispreisen für den Handel zur Verfügung steht, werden neue Serien zusätzlich eröffnet, wenn der Schlußkurs der Aktie an der Frankfurter Wertpapierbörse den Durchschnitt der beiden niedrigsten bzw. höchsten Basispreise an zwei aufeinanderfolgenden Börsentagen unter- bzw. überschreitet. Keine neue Optionsserie wird eingeführt, wenn sie innerhalb der nächsten 10 Börsentage ausläuft.

Beispiel

Schlußkurs an zwei Börsentagen über	310:
alte Basispreise	280; 300; 320
neue Basispreise	280; 300; 320; 340

Die Optionsprämien werden in Preisintervallen von DM 0,10 gehandelt, und zwar unabhängig vom Börsenkurs des jeweiligen Basiswerts.

Es gibt immer fünf Verfalltermine, und zwar die drei folgenden Monate sowie die beiden nächsten darauffolgenden Quartalsmonate (März, Juni, September, Dezember).

von Verfalltag	bis Verfalltag	Erhältliche Verfallmonate (fett gedruckt)
Dez	Jan	**Jan Feb Mrz** Apr Mai **Jun** Jul Aug **Sep** Okt Nov Dez
Jan	Feb	*** **Feb Mrz Apr** Mai **Jun** Jul Aug **Sep** Okt Nov Dez
Feb	Mrz	Jan *** **Mrz Apr Mai Jun** Jul Aug **Sep** Okt Nov Dez
Mrz	Apr	Jan Feb *** **Apr Mai Jun** Jul Aug **Sep** Okt Nov **Dez**
Apr	Mai	Jan Feb Mrz *** **Mai Jun Jul** Aug **Sep** Okt Nov **Dez**
Mai	Jun	Jan Feb Mrz Apr *** **Jun Jul Aug Sep** Okt Nov **Dez**
Jun	Jul	Jan Feb **Mrz** Apr Mai *** **Jul Aug Sep** Okt Nov **Dez**
Jul	Aug	Jan Feb **Mrz** Apr Mai Jun *** **Aug Sep Okt** Nov **Dez**
Aug	Sep	Jan Feb **Mrz** Apr Mai Jun Jul *** **Sep Okt Nov Dez**
Sep	Okt	Jan Feb **Mrz** Apr Mai **Jun** Jul Aug *** **Okt Nov Dez**
Okt	Nov	**Jan** Feb **Mrz** Apr Mai **Jun** Jul Aug Sep *** **Nov Dez**
Nov	Dez	**Jan Feb Mrz** Apr Mai **Jun** Jul Aug Sep Okt *** **Dez**

Abbildung 5: Verfalltermine

Der letzte Handelstag der Option ist der dritte Freitag des Verfallmonats.

Hinsichtlich der möglichen Ausführung unterscheidet man an der DTB die in Tabelle 2 dargestellten Auftragsarten:

Tabelle 2: Auftragsarten

Auftrag	
unlimitiert	ohne Preisangabe
limitiert	zum angegebenen oder einem besseren Preis
STOP AUFTRAG (FUTURES)	zum Kauf über aktuellem Kurs, zum Verkauf unter aktuellem Kurs
Datumsbeschränkung	
GOOD FOR DAY	tagesgültig
GOOD TILL CANCELLED	gültig bis Widerruf
GOOD TILL DATE	gültig bis Börsenschluß eines bestimmten Tags
Ausführungsbeschränkung	
FILL-OR-KILL	der Auftrag muß insgesamt und sofort ausgeführt werden, andernfalls wird er annulliert
IMMEDIATE-OR-CANCEL	Ausführung sofort, Teilausführung gestattet, nicht ausgeführte Teile werden annulliert

Kapitel 2

Der Handel an der Terminbörse

1. Terminbörse

1.1 Terminbörsen und ihre Produkte

Die älteste Terminbörse, die Chicago Board of Trade (CBOT), ist auch heute noch die umsatzstärkste der Welt. Über hundert Jahre lang war sie eine reine Getreidebörse, wo vor allem Weizen, Mais und Sojabohnen gehandelt wurden. Mit dem Entstehen von Finanzterminkontrakten konzentrierte sie sich auch auf Zinsfutures.

Der Treasury-Bond-Futures-Kontrakt ist mit einem Umsatzvolumen von ca. 300 000 Kontrakten täglich der mit Abstand größte Terminkontrakt der Welt. Darüber hinaus werden noch zwei weitere Terminkontrakte auf Treasury Notes angeboten.

Starke Konkurrenz hat die CBOT durch die Chicago Mercantile Exchange (CME), die ursprünglich eine Fleischterminbörse war, bekommen. Sie gilt als „Erfinder" der Finanzterminkontrakte, da sie zu Beginn der 70er Jahre Terminkontrakte auf Devisen einführte (Deutsche Mark, japanische Yen, Schweizer Franken, Pfund, u. a.). Später folgten Terminkontrakte auf kurzfristige Zinssätze („T-Bill", „Euro-Dollar") und auf einen Aktienindex („S & P 500").

In New York befinden sich vier unabhängige Terminbörsen in einem gemeinsamen Börsensaal im World Trade Center.

Von Bedeutung sind die
- Commodity Exchange (COMEX), die größte Edelmetallbörse der Welt (Gold und Silber);
- New York Mercantile Exchange (Energiekontrakte und Platin).

Wie aus der Übersicht auf den Seiten 51 und 52 zu ersehen ist, bieten die meisten Terminbörsen auch Optionen auf Terminkontrakte an. Bei den reinen Optionsbörsen steht die Chicago Board Options Exchange (CBOE) an erster Stelle. Neben ca. 200 Optionen auf Aktien wird hier der S & P 100 (OEX) gehandelt, der mit Abstand der umsatzstärkste Optionskontrakt der Welt ist.

An der American Stock Exchange, der zweitgrößten Aktienbörse der USA, wird neben Aktienoptionen eine Option auf den Major Market Index (XMI) gehandelt.

Die Philadelphia Stock Exchange ist die größte Börse für Währungsoptionen auf Kassa-Devisen. Hier werden auch ca. 120 Optionen auf Aktien gehandelt.

Daneben gibt es noch Optionen auf Aktien an der Pacific Stock Exchange und der New York Stock Exchange. Die bedeutendsten Terminbörsen in Europa sind die London International Financial Futures Exchange (Liffe) sowie die Marché à Terme International de France (Matif) in Paris. An der LIFFE werden unter anderem gegenwärtig der DM-Bund-Futures (inkl. Optionen) und der Bobl-Futures sowie ein Euro-DM-Terminkontrakt gehandelt.

An der DTB werden z. Zt. (Stand 10/93) folgende Produkte gehandelt:

- Aktienoptionen,
- Optionen auf den DAX,
- Optionen auf den DAX-Futures,
- Optionen auf den mittelfristigen Bund-Futures,
- Optionen auf den langfristigen Bund-Futures,
- DAX-Futures,
- mittelfristige Bund-Futures,
- langfristige Bund-Futures.

1.2 Kursveröffentlichung

Terminpreise werden unter anderem in folgenden Zeitungen veröffentlicht: Frankfurter Allgemeine Zeitung, Blick durch die Wirtschaft, Handelsblatt, Neue Zürcher Zeitung, International Herald Tribune, Wall Street Journal, Financial Times.

Für jeden Terminkontrakt und jeden Liefermonat werden mehrere Preisspalten angegeben. Die erste ist gewöhnlich der Preis zur Eröffnung der Börse. Es folgen der Höchststand und der Tiefststand des Börsentags sowie schließlich der Schlußkurs, wobei es sich meist nicht um den letztgehandelten Kurs, sondern um den ausgewählten Abrechnungskurs (Settlement Price) handelt. Bei Zinsfutures wird oft auch die den Preisen entsprechende Rendite (Yield) angegeben (Seite 31 und 32). Häufig wird noch die Preisveränderung des Schlußkurses zum Schlußkurs des Vortages und die offenen Positionen (offenes Interesse) ausgewiesen. Offenes Interesse sind die noch nicht geschlossenen Terminkontrakte. Der exakte Umsatz und das offene Interesse können von den Börsen erst mit einem Tag Verzögerung bekanntgegeben werden. Manche Zeitungen veröffentlichen deshalb den geschätzten Umsatz des Vortags. In einer besonderen Spalte wird manchmal der absolute Höchst- und Tiefststand für die bisherige Laufzeit des Liefertermins angegeben.

Beispiel

Bund-Futures an der LIFFE (6%, DM 250.000, in D-Mark)

3. 8. 1989	Eröff-nung	Hoch	Tief	Schluß	Vortag	Umsatz	Offene Kontr.
Sep. 89	95,96	95,97	95,73	95,74 S	95,99	17.817	40.606
Dez. 89	95,88	95,93	95,73	95,73 S	95,99	469	3.461
März 89	—	—	—	95,69 S	95,95	—	—

Am 3. August 1989 eröffnete der September Termin des DM-Bund-Futures bei 95,96. Sein Höchstkurs an diesem Tag betrug 95,97, und als Tief erreichte er 95,73. Der hier aufgegebene Schlußkurs ist der von der Börse bekanntgegebene Abrechnungskurs. Dies wird durch das „S" (für Settlement Price) hinter dem Kurs verdeutlicht. Der Schlußkurs des Vortags lag bei 95,99. Der Umsatz von 17.817 Kontrakten ist der geschätzte Umsatz vom 3. August. Das offene Interesse von 40.606 ist der Wert vom 2. August.

1.3 Kurswertberechnung

Mit Hilfe der von der Börse festgelegten Kontrakt-Spezifikationen können die Kurswerte und die Kurswertveränderungen errechnet werden.

1.3.1 DM-Bund-Futures

Der DM-Bund-Futures ist ein Terminkontrakt auf eine synthetische 6%ige Bundesanleihe im Wert von DM 250.000. Die Notierung erfolgt als Prozentsatz des Nominalwerts. Die Mindestkursveränderung (Tick) ist 0,01%, was DM 25 entspricht (0,01% von DM 250.000).

Beispiel

Steigt der Kurs von 94% auf 94,01%, dann
- erhöht sich der Wert jeder Kaufposition um DM 25,
- verringert sich der Wert jeder Verkaufsposition um DM 25.

1.3.2 Langfristige US-Zinsfutures

Man unterscheidet hier zwischen Treasury Notes mit einer Laufzeit bis zu 10 Jahren und Treasury Bonds mit einer Laufzeit zwischen 10 und 30 Jahren. Die beiden wichtigsten Terminkontrakte, der 10jährige T-Note-Futures und der T-Bond-Futures sind synthetische 8%ige Anleihen und haben einen Nennwert von $ 100.000. Sie werden wie ihre Kassaprodukte in 32stel eines Prozents notiert.

Die Mindestkursveränderung (Tick) wurde auf $\frac{1}{32}$ festgelegt, was $ 31,25 entspricht (1% von $ 100.000 = $ 1.000, $ $\frac{1.000}{32}$ = $ 31,25).

Beispiel einer Kursnotierung

Financial Futures: Treasury Bonds (CBOT) $ 100.000; pts 32nds of 100%.

	Open	High	Low	Settle	Chg		Yield Settle	Yield Chg	Open Interest
June	91–05	91–07	90–24	90–30	......		8.984	......	231,721
Sept	91–01	91–03	90–22	90–26	+1	1	8.998	–.004	67,850
Dec	90–25	90–28	90–17	90–21	+2	2	9.017	–.007	15,792

Beispiel

Ein Anleger kauft einen Juni T-Bond-Futures zu 91 $\frac{7}{32}$. Er läßt die Position über Nacht offen. Anhand des Abrechnungspreises (Settlement Price) von 90 $\frac{30}{32}$ kann sein Verlust errechnet werden.

$(90\,\frac{30}{32} - 91\,\frac{7}{32}) = -\frac{9}{32}$

Verlust – 9 × $ 31,25 – $ 281,25

1.3.3 Kurzfristige Zinsfutures

Die wichtigsten kurzfristigen Zinsfutures sind:
- Euro-Dollar mit Kontraktwert $ 1.000 000
- Treasury Bill mit Kontraktwert $ 1.000 000
- Euro-D-Mark mit Kontraktwert DM 1.000 000

Die Laufzeit der zugrundeliegenden Kassainstrumente beträgt 3 Monate. Die Kursnotierung erfolgt in 100 minus Zinssatz.

Beispiel

EURODOLLAR (IMM) –$ 1 million; pts of 100%

	Open	High	Low	Settle	Chg	Yield Settle	Yield Chg	Open Interest
June	90.48	90.50	90.41	90.44	– .01	9.56	+ .01	232,540
Sept	90.80	90.81	90.71	90.73	– .04	9.27	+ .04	212,156
Dec	90.81	90.82	90.73	90.73	– .05	9.27	+ .05	109,630

Wie aus dem Beispiel zu ersehen ist, entspricht der Settlement Price des Juni-Euro-Dollar-Futures von 90,44 einem Zins von 9,56.

Die Mindestkursveränderung (Tick) ist 0,01% vom Kontraktwert. Wegen der Laufzeit von 3 Monaten muß dieser Betrag noch durch 4 geteilt werden.

Beispiel

1 Tick bei Euro-Dollar:

$$\frac{0{,}0001 \times \$\ 1.000\ 000}{4} = \$\ 25$$

1 Tick bei Euro-DM:

$$\frac{0{,}0001 \times \text{DM}\ 1.000\ 000}{4} = \$\ 25$$

Beispiel

Dreimonatige Euro-DM-Futures an der LIFFE

(Notierung: 100 minus Zinssatz, 1 Mio DM, in D-Mark)

2. 8. 1989	Eröffnung	Hoch	Tief	Schluß	Vortag	Umsatz	Offene Kontr.
Sep. 89	93,34	93,35	93,27	93,27 S	93,34	4.862	9.948
Dez. 89	93,50	93,50	93,42	93,42 S	93,48	655	3.536
März 90	93,57	93,57	93,56	93,55 S	93,59	52	553

Beispiel

Ein Anleger verkauft am Beginn einen September-Euro-DM-Futures zu 93,34 und kauft ihn am Ende der Börsensitzung zu 93,27 zurück.

Beispielrechnung

Gewinn = 93,34 – 93,27 = 0,07 = 7 Ticks

Gewinn = 7 × DM 25 (Wert eines Ticks) = DM 175

1.3.4 Aktienindex-Futures

Der Kontraktwert von Aktienindex-Futures errechnet sich aus der Multiplikation des Futures-Kurses mit einem von der Börse festgelegten Multiplikator.

Tabelle 3: Kontraktwerte von Aktienindex-Futures

Aktienindex	Multiplikator	Tick	Tickwert
S & P 500	$ 500	× 0,05 Punkte	= $ 25
Deutscher Aktienindex (DAX)	DM 100	× 0,5 Punkte	= DM 50
S & P 500 Futures	$ 500	× 0,05 Punkte	= $ 25
Dax-Futures	DM 100	× 0,5 Punkte	= DM 50

Beispiel

STOCK INDEX FUTURES
S & P 500 INDEX (CME) 500 times index

	Open	High	Low	Settle	Chg	High	Low	Open Interest
June	316.50	318.65	315.90	318.50	+2.50	318.65	263.80	130,623
Sept	320.70	322.90	320.20	322.85	+2.55	322.90	271.50	9,297
Dec	324.80	327.30	324.70	327.20	+2.60	327.30	298.90	1,187

Der S&P-500-Juni-Termin hat bei Markteröffnung einen Kontraktwert von
316,50 x $ 500 = $ 158 250.

Am Tagesende hat sich der Wert gegenüber der Eröffnung um (318,50 – 316,50) x $ 500 = $ 1.000 erhöht.

1.4 Preislimit

Die Terminbörsen haben die Möglichkeit, für Terminkontrakte Preislimits festzulegen, d. h., es kann während eines Handelstags kein Handel außerhalb der dadurch festgelegten Grenzen getätigt werden.

Beispiel:

Für US-T-Bond-Terminkontrakte besteht z. B. ein Preislimit von 3 Punkten (bzw. $\frac{96}{32}$). Ausgangspunkt für die Berechnung der täglich erlaubten Handelsspanne ist der Abrechnungspreis des Vortags. Bei einem Abrechnungskurs von 95 $\frac{12}{32}$ wären die Grenzen 92 $\frac{12}{32}$ und 98 $\frac{12}{32}$.

Werden die jeweiligen Tagesgrenzen erreicht, kann es dazu kommen, daß überhaupt kein Handel mehr stattfindet, weil die Gegenseite zu Preisen innerhalb der Grenzen nicht abschließen will. Der Handel kommt dann total zum Erliegen. Es kann vorkommen, daß an mehreren Tagen kein Handel stattfindet, weil die Preise innerhalb der jeweiligen Grenzen nicht realistisch sind und sich deshalb kein Markt bildet.

Die meisten Börsen sehen eine Anpassung der täglichen Preislimits für den Fall vor, daß ein Terminmarkt an zwei aufeinanderfolgenden Tagen in eine Richtung (entweder nach oben oder nach unten) mit Preislimitbewegungen schließt.

Die Regeln unterscheiden sich von Börse zu Börse und sogar von Terminkontrakt zu Terminkontrakt. Die Grenzen werden nach einem oder nach mehreren Tagen auf 150% und bei weiteren Preislimitbewegungen sogar auf 200% des ursprünglichen Limits angehoben.

- Vorteile des Preislimits

Terminmärkte reagieren auf wichtige Meldungen meistens viel stärker als ihre zugrundeliegenden Kassamärkte. Mit Hilfe der Limits versucht man, extreme Kursbewegungen zu verhindern und den Marktteilnehmern Gelegenheit zu geben, die neue Situation in Ruhe zu überdenken. Gleichzeitig wird den Börsenmitgliedern die Möglichkeit gegeben, Nachschußforderungen zeitgerecht einzuholen.

- Nachteile des Preislimits

Da eine Kursbewegung über das Preislimit hinaus während des gesamten Handelstages und sogar mehrere Tage anhalten kann, ist es in dieser Zeit nicht möglich, bestehende Positionen zu liquidieren oder neue Positionen einzugehen. Werden bei Erreichen des Preislimits Optionen im jeweiligen Produkt weiter gehandelt, so kann mit einer synthetischen Gegenposition aus Optionen die Futures-Position neutralisiert werden.

Tabelle 4: Preislimits bei den wichtigsten Finanzterminkontrakten:

Währungen	kein Limit
DM-Bund-Futures	kein Limit
T-Bonds, T-Notes	96/32

Diese Preislimits können von der Börse je nach Volatilität der Terminkontrakte geändert werden. So haben z. B. beim S&P-500 nach Oktober 1987 häufig Veränderungen der Preislimits stattgefunden.

Für den Deutschen Aktienindex ist kein Limit vorgesehen. Die DTB könnte aber eines einführen, falls es die Marktgegebenheiten als angebracht erscheinen lassen.

2. Abrechnungen

Der Kunde erhält von seinem Brokerhaus oder von der Bank für jede Eröffnung oder Glattstellung eine sogenannte Handelsbestätigung (Trade Confirmation), welche die wesentlichen Daten enthält. Bei Glattstellung erfolgt zugleich mit der Handelsbestätigung die Abrechnung des glattgestellten Geschäfts. Es handelt sich um den sogenannten Kauf- und Verkaufsauszug (Purchase and Sales oder P&S-Statement). Dieser führt die beiden Geschäfte (Eröffnung und Glattstellung), die Provision, die Börsengebühr und das Nettoergebnis auf. Zuerst wird gegen Tagesgeschäfte und danach gegen die restlichen offenen Positionen der Vortage nach der Fifo-Methode verrechnet. Bei der Fifo-Methode wird das Geschäft sukzessive gegen die älteste offene Position glattgestellt.

Bei den meisten Firmen erhält der Kunde einen Monatsauszug mit den Bewegungen auf seinen Konten. Der Auszug beinhaltet eine Zusammenstellung der noch offenen Positionen des Kunden. Ferner werden die nichtrealisierten Gewinne und Verluste ausgewiesen. Diese entstehen durch die Bewertung der noch offenen Positionen zum Auszugsstichtag. Der Vermögens- oder Kontenstand des Kunden unter Einschluß der nicht-realisierten Gewinne oder Verluste wird im englischen „Equity“ (Eigenkapital) genannt.

3. Auftrag

Bei der Schnelligkeit und Hektik der Terminmärkte ist eine Kurzsprache unumgänglich. Damit die Aufträge rasch vom Kunden über die Bank zur Börse übermittelt werden können, ohne daß dabei Übermittlungsfehler auftreten, ist es von großer Bedeutung, die verschiedenen Auftragstypen und ihre Verwendung zu kennen und richtig zu benutzen.

Weiterhin ist es wichtig zu wissen, welche Faktoren ein Auftrag enthalten muß (Auftragsinhalt), um eine korrekte Order zu erteilen und Falschausführungen bzw. langwierige Rückfragen zu vermeiden.

3.1. Auftragsinhalt

Jeder Auftrag muß folgendes enthalten:

- Anweisung für Kauf oder Verkauf,
- Kontraktanzahl,
- Liefermonat (Jahr),
- Produkt,
- Auftragsbedingungen (Stop, Limit, usw.),
- Preis,
- Plazierungsbörse oder Handelsplatz (wenn mehrere möglich),
- Auftragsdauer; wenn der Auftrag keine besondere Anweisung enthält, gilt er immer nur für die betreffende Börsensitzung, vor oder in der er erteilt wurde. Danach erlischt er automatisch. Alle anderen Gültigkeitsangaben müssen ausdrücklich im Auftrag aufgeführt werden.

Beispiel

„Kaufe 10 Dezember 1993 Bund-Futures-Kontrakte zu 94,20"

Die Bank wird auf ihrem internen Auftragszettel noch hinzufügen:

- Name des Kunden,
- Kontonummer,
- Datum und Uhrzeit des Auftragseingangs und der Auftragsweitergabe zur Ausführung,
- Zeichen des Kundenbetreuers, der den Auftrag entgegengenommen hat, und eventuell Zeichen des Kollegen, der den Auftrag gegengelesen hat.

3.2. Auftragsarten

Der Anleger erteilt seine Aufträge („Orders") dem für ihn zuständigen Wertpapierberater der Bank. Zur Verwirklichung seiner Absichten steht dem Anleger eine Fülle von Ordermöglichkeiten zur Verfügung.

In den folgenden Beispielen wird schwerpunktmäßig die Bestimmung des Preises dargestellt, der zur Ausführung des Auftrags während eines Handelstags führen soll.

3.2.1 Billigst/Bestens-Auftrag (Market Order oder MKT)

Dieser Auftrag ist vom Parkettmakler bzw. innerhalb des Computerhandelssystems unmittelbar nach Empfang zum bestmöglichen Preis auszuführen.

Beispiel

„Kaufe 10 Dezember 1993 Bund-Futures billigst (Market)"
„Verkaufe 10 März 1994 Bund-Futures bestens (Market)"

Die Market Order bietet sich also für Situationen an, in denen eine Transaktion rasch erfolgen soll.

3.2.2 Limitauftrag

Der Limitkauf soll zu einem bestimmten Kurs oder tiefer, der Limitverkauf zu einem bestimmten Kurs oder höher ausgeführt werden.

Beispiel

Aktueller Kurs: 94,30

„Kaufe 10 Dezember 1993 Bund-Futures zu 94,00"
„Verkaufe 10 Dezember 1993 Bund-Futures zu 94,60"

Der Zusatz „Or Better" („OB") dient in volatilen Märkten zur Klarstellung des Limitauftrags, damit dieser nicht mit anderen Auftragsarten, wie z. B. dem folgenden Stopauftrag, verwechselt wird.

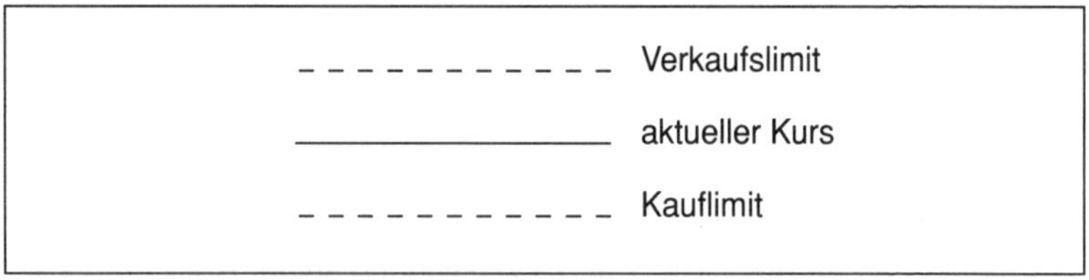

Abbildung 6: Limitkauf und Limitverkauf

3.2.3 Stopauftrag

Ein Stopauftrag zum Kauf (Buy Stop Order) wird über den aktuellen Kurs gesetzt. Der Stopauftrag wird zum Billigst-Auftrag (Market Order), wenn der Terminvertrag zum Stoppreis oder darüber gehandelt wird.

Beispiel 1:

Aktueller Kurs: 94,30
„Kaufe 10 Dezember Bund-Futures zu 94,60 stop"
„Verkaufe 10 Dezember Bund-Futures zu 94,00 stop"

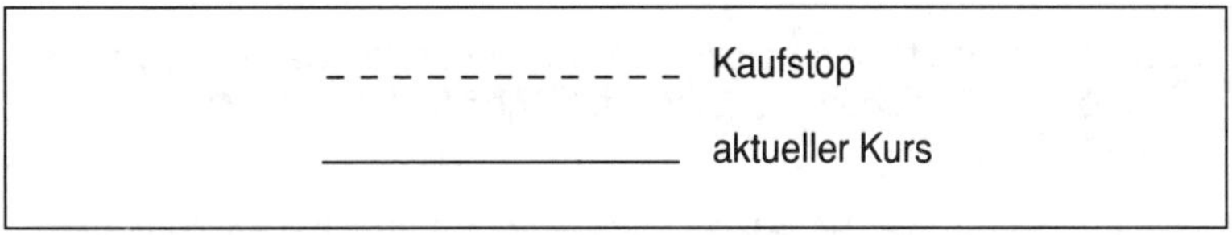

Abbildung 7: Kaufstop

Ein Stopauftrag zum Verkauf (Sell Stop Order) wird unter den aktuellen Kurs gesetzt. Die Order wird zum Bestens-Auftrag, wenn der Terminvertrag zum Stoppreis oder darunter gehandelt wird.

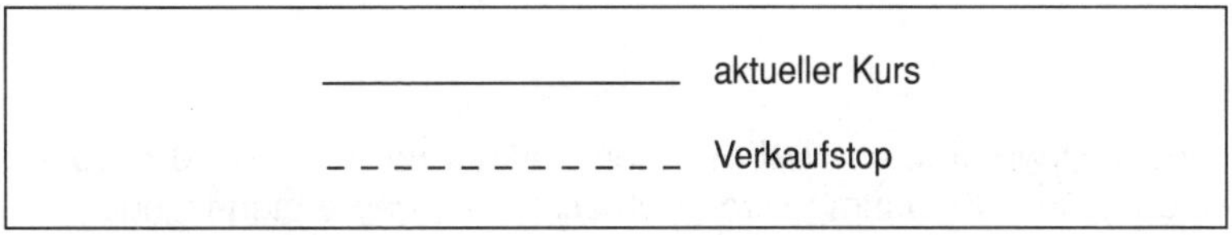

Abbildung 8: Verkaufstop

Die Ausführung kann sowohl für einen Kauf-Stop-Auftrag als auch für einen Verkauf-Stop-Auftrag über, unter oder auch zum Stoppreis erfolgen.

Stopaufträge zum Verkauf werden oft zur teilweisen Begrenzung von Verlusten bei Kaufpositionen, Stopaufträge zum Kauf zur teilweisen Begrenzung von Verlusten bei Verkaufspositionen gesetzt. Stopaufträge, die eingesetzt werden, um Verluste zu begrenzen, werden auch Stop-Loss Order genannt.

Stopaufträge sind jedoch keine Garantie zur Verlustbegrenzung. Dies folgt daraus, daß sie möglicherweise gar nicht oder zu einem weit schlechteren Kurs als dem Stoppreis ausgeführt werden.

Stopaufträge können je nach Marktlage geändert werden, z. B. dem Markt nachgezogen werden in der Absicht, Positionen im Gewinnbereich möglichst abzusichern oder Long-/Shortpositionen zu eröffnen. Die vom Kunden nachgezogenen Stopaufträge heißen gleitende Stops.

Stopaufträge werden oft von spekulativ veranlagten Händlern oberhalb technischer Widerstandslinien (als Kaufstops), oder unterhalb technischer Unterstützungslinien (als Verkaufstops) gesetzt.

Beispiel 2

Ein Kunde besitzt eine Dezember Bund-Futures-Kaufposition und möchte diese gegen Verluste, d. h. gegen fallende Kurse absichern.

Einstandskurs war 94,40, der Stop-Verkauf wird bei 94,20 festgelegt.

Nehmen wir an, daß im Anschluß Bund-Futures-Geschäfte zu den Kursen

1) 94,50
2) 94,40
3) 94,25
4) 94,00
5) 93,70

getätigt werden, so wird der Stop-Verkauf bei z. B. 93,70 ausgeführt. Der Stopauftrag wird im Anschluß an den ersten Handel zu bzw. unter 94,20 (im Beispiel 94,00) zur Market Order und bestens zum nächsten Kurs bei 93,70 verkauft.

In diesem Beispiel wird deutlich, daß durch das Plazieren von Stops keine Sicherheit gegeben ist, zum Stopkurs von 94,20 zu verkaufen. Bei großen Kurssprüngen besteht eine Gefahr darin, daß die gesetzten Stops weit übergangen werden und der Auftrag erst zu einem viel schlechteren Kurs ausgeführt wird.

Kursschwankungen zwischen verschiedenen Handelstagen (zwischen Settlement-Kurs des Vortags und Eröffnungskurs des nächsten Tags) können Stopaufträge ineffizient werden lassen.

Eine Hilfe für die Plazierung von Stop-Orders gibt die technische Analyse, die in Kapitel 3 dargestellt wird.

3.2.4 Stoplimitauftrag (Stoplimit Order)

Für die Stoplimitaufträge gelten die gleichen Regeln wie für die Stopaufträge, soweit es das Inkrafttreten des Auftrags betrifft. Danach wird allerdings der Auftrag nicht zur Market Order, sondern zu einem Limitauftrag, d. h., ein Stoplimitauftrag zum Kauf darf nur zum Limitpreis oder darunter, ein Stoplimitauftrag zum Verkauf nur zum Limitpreis oder darüber ausgeführt werden.

Beispiel

Aktueller Kurs: 94,20
„Kaufe 10 Dezember 1993 Bund-Futures zu 94,50 Stoplimit"
„Verkaufe 10 Dezember 1993 Bund-Futures zu 94,00 Stoplimit".

Stoplimitaufträge lösen nicht die Kettenreaktion aus, welche gewöhnliche Stopaufträge auslösen können, wenn sie gestaffelt beieinander liegen. Allerdings besteht bei einem schnellen Markt, bei dem im Falle des Kaufstoplimits der Preis nicht mehr auf bzw. unter den Stoppreis zurückfällt oder im Falle des Verkaufstoplimits der Preis nicht mehr auf bzw. über den Stoppreis ansteigt, die Gefahr, daß der Auftrag nicht mehr ausgeführt werden kann. Wer also das Risiko hoher Verluste vermeiden will, sollte Stopaufträge im Vergleich zu Stoplimitaufträgen bevorzugen.

3.2.5 Market-if-Touched-Auftrag (MIT)

Dieser Auftrag hat Ähnlichkeiten mit einem Stopauftrag und einem Limitauftrag. Er tritt in Kraft, wenn der angegebene Limitpreis gehandelt wird. Der Auftrag wird dann zur Market Order. Ein Verkauf MIT wird über dem aktuellen Marktpreis plaziert, ein Kauf MIT unter dem aktuellen Marktpreis. Der Sinn dieses Auftrags liegt darin, daß der Auftraggeber eine Ausführung, wenn nicht direkt zum Limitpreis oder darunter (Kauf) bzw. darüber (Verkauf), so doch meist zumindest in der Nähe des Limitpreises erhält.

Beispiel

„Kaufe 50 Dezember 1993 T-Bond-Futures-Kontrakte 97,16 MIT"

3.2.6 Auftrag-Interessewahrend oder Ermessensaufträge (Discretionary Order)

Diese Auftragsart gibt dem Broker ein gewisses Ermessen in der Durchführung der Order. Er wird somit nicht an ein genaues Limit gebunden. Viele Broker legen die Toleranzzonen des „ungefähren" genau fest. Hier können Ober- und Untergrenzen festgelegt werden, innerhalb derer ein Auftrag ausgeführt werden darf.

Beispiel

„Verkaufe 20 Dezember 1993 Bund-Futures an der LIFFE London interessewahrend 97,10"

Dieser Auftrag ist ein Ermessensauftrag. Allerdings darf der Broker bei dieser Auftragsart die Order nur dann ausführen, wenn der entsprechende Preis gehandelt wird. Anstelle der strikten Bindung an Limitpreis und darunter (Kauf) bzw. darüber (Verkauf) gilt die Toleranzzone (darüber bei Kauf und darunter bei Verkauf).

Beispiel

„Kaufe 20 März 1994 T-Bond-Futures-Kontrakte zu 97,00 mit Ermessen von 5 Ticks"

3.2.7 Auftrag ohne Obligo (Not Held Order oder NH)

Auch dieser Auftrag gibt dem Broker ein gewisses Ermessen. Als Limitauftrag ist er auszuführen, wenn der T-Bond-Futures zu 97,16 oder darüber gehandelt wird. Glaubt der Broker, daß die Preise noch weiter steigen werden, wenn der Kurs 97,16 erreicht hat, muß er nicht sofort bei Erreichen dieser Grenze die Ausführung tätigen, sondern kann nach seinem Ermessen im Vertrauen auf weiteres Ansteigen noch warten. Er kann dann aber nicht dafür verantwortlich gemacht und auf 97,16 „festgenagelt" werden, wenn ihm die Ausführung mißlingt.

Beispiel

„Verkaufe 30 Dezember 1993 T-Bond-Futures zu 97,16 NH"

3.2.8 Basisauftrag – Bedingter Auftrag (Contingent Order)

Bei diesen Aufträgen will der Kunde bestimmte Preisverhältnisse ausnutzen. Die Kursentwicklung des einen Instruments dient als Kauf- oder Verkaufssignal im anderen Produkt.

Beispiel

„Wenn der Dezember Bund-Futures über 94,50 steigt, kaufe 10 Dezember Kaufoptionen (Calls) mit Basispreis 95,00 billigst (MKT)"

„Wenn der Deutsche Aktienindex (DAX) über 1700 steigt, kaufe 10 DAX-Futures-Kontrakte billigst (MKT)"

3.2.9 Stornoauftrag (Straight Cancel Order oder CXL)

Der Stornoauftrag wird immer dann verwendet, wenn bereits eine Order aufgegeben wurde. Ist diese Order für den Kunden nicht mehr vorteilhaft, kann sie durch den Stornoauftrag ungültig gemacht werden, falls die ursprüngliche Order noch nicht ausgeführt wurde. Auch hier ist es wichtig, daß die zu stornierende Order genau spezifiziert und der Broker sofort informiert wird, welche Order aus dem Markt zu nehmen ist.

Beispiel

„Storniere den Auftrag (CXL): Verkaufe 10 Dezember 1993 T-Bond-Futures zu 91,10"

3.2.10. Auftrag mit Streichung eines früheren Auftrags (Cancel Former Order oder CFO)

Der stornierte oder gestrichene Auftrag muß genau identifiziert werden. Ob dies, wie im Beispiel durch volle Nennung der Order (ggf. inkl. Datum), durch Auftragsnummer oder einen anderen Identifikationscode geschieht, ist gleichgültig. Wichtig ist nur, daß der Vertragspartner genau und schnell feststellen kann, welcher Auftrag storniert werden soll.

Beispiel

„Kaufe 10 Dezember 1993 Bund-Futures zu 94,30 und streiche Auftrag: Kaufe 10 Dezember 1993 Bund-Futures zu 94,10“

Im obigen Beispiel wird der vorhergegangene Auftrag eines Kaufs von 10 Bund-Futures-Kontrakten zu 94,10 durch einen neuen Auftrag mit einem Limit von 94,30 ersetzt.

3.2.11 One Cancels the Other Order (OCO)

Durch den Einsatz dieser Auftragsart hält sich der Auftraggeber eine oder mehrere Alternativen offen. Wird eine Alternative ausgeführt, wird die andere automatisch gestrichen. Diese Auftragsart beruht auf der Entweder/Oder-Ausführung.

Beispiel

Aktueller Kurs: 94,25
„Verkaufe 20 Dezember 1993 Bund-Futures-Kontrakte zu 94,50 oder zu 94,10 Stop“

Im oben genannten Beispiel will der Kunde 20 Dezember Bund-Futures-Kontrakte entweder zu 94,50 verkaufen (wenn der Kurs steigt) oder durch den Stopauftrag zu 94,10 verkaufen (wenn der Kurs fällt).

3.2.12 Staffelauftrag (Scale Order)

Derartige Aufträge werden gegeben, um Großaufträge gestaffelt in den Markt zu geben und zu heftige Preisreaktionen möglichst zu vermeiden.

Beispiel

„Kaufe 10 Dezember 1993 T-Bill-Futures billigst und 5 zusätzlich, jedesmal bei 10 Basispunkten niedriger, insgesamt 40“

3.2.13 Spreadauftrag

Grundsätzlich kann man unterscheiden zwischen Spreads, die an derselben Börse eingegeben werden („Intrabörsenspreads"), und Spreads, welche an verschiedenen Börsen durchgeführt werden (Interbörsenspreads).

Beispiel

„Spread: Kaufe 10 März 1994 Bund-Futures an der LIFFE London und verkaufe 10 März 1994 Bund-Futures an der DTB mit Bund-Futures-DTB 3 Ticks höher"

Dies ist ein „Interbörsenspread", der auch Arbitrage-Charakter hat. Beim Interbörsenspread werden Kursunterschiede eines Kontrakts an verschiedenen Börsen ausgenutzt. Der Kauf- bzw. Verkaufsauftrag wird dem Broker an der einen Börse übermittelt, der dann die Verbindung zu einem Broker an der anderen Börse herstellt. Die Intrabörsenspreads werden an vielen Börsenplätzen separat von den Einzelkontrakten als einheitlicher Gegenstand gehandelt.

Bei Spreadaufträgen ist immer das Wort „Spread" an den Anfang zu stellen. Dies unterscheidet den Auftrag von anderen Aufträgen und qualifiziert die Position für geringere Einschußforderungen und, je nach Broker, geringere Provisionen. Um Irrtümer zu vermeiden, ist es Handelsbrauch, die Kaufseite des Spreads zuerst anzugeben und an zweiter Stelle die Verkaufsseite.

Ein Spreadauftrag kann wie ein einfacher Auftrag billigst/bestens oder mit Spreadlimits gegeben werden. Der Spread oder die Preisspanne wird üblicherweise als Differenz („Premium") der teureren Seite über die billigere Seite ausgewiesen. Man kann die Intrabörsenspreads weiter unterteilen in Intermonats- und Interwaren-Spreads.

Beispiele

„Spread: Kaufe 10 Dezember 1993 T-Bond-Futures und verkaufe 10 März 1994 T-Bond-Futures mit Dezember 1993 8 Ticks höher"(Intermonats-Spread)

„Spread: Kaufe 50 Dezember 1993 Euro-Dollar-Futures und verkaufe 50 Dezember 1993 T-Bill-Futures mit T-Bill 100 Ticks höher" (Interwaren-Spread)

3.2.14 Switchauftrag

Ein Switchauftrag ist der Austausch eines früheren Termins durch den nächstfolgenden. Äußerlich gleicht der Auftrag einem Spreadauftrag. Doch muß für den Switch eine volle Provision für Eröffnung bzw. Glattstellung bezahlt werden, und der Einschuß ist in voller Höhe zu entrichten bzw. zu halten. Deshalb muß der Auftrag ausdrücklich als Switchauftrag bezeichnet werden.

Beispiel

„Switch: Kaufe 10 Dezember 1993 T-Bill-Futures und verkaufe 10 März 1994 T-Bill-Futures mit Dezember 10 Ticks höher"

Alle bisherigen Beispiele bezogen sich hinsichtlich Gültigkeitsdauer auf einen Handelstag, wogegen für die nachfolgenden Aufträge eine bestimmte Frist gesetzt wird. Neben den Wochen-, Monats- und Datumsaufträgen, gültig bis Wochenende, Monatsende (Ultimo) oder bis zum angegebenen Datum, gibt es noch die Tageszeitorder (z. B. Eröffnungsorder oder Schlußorder), welche bis zu oder ab einem bestimmten Zeitpunkt oder während einer bestimmten Zeitspanne an einem bestimmten Tag gültig ist.

3.2.15 Offene Order oder Auftrag, gültig bis auf Widerruf (Open Order oder Good Till Cancelled oder GTC-Order)

Dieser Auftrag gilt solange, bis er widerrufen wird. Liegt kein Widerruf vor, so erlischt er automatisch erst dann, wenn z. B. der Termin nicht mehr gehandelt wird, d. h. am letzten Handelstag.

Wenn der Auftrag keine besondere Anweisung (z. B. GTC) enthält, dann handelt es sich um einen Tagesauftrag (siehe Seite 25).

Beispiel

„Kaufe 10 März 1994 T-Bond-Futures zu 91,16, gültig bis auf Widerruf (GTC)"

Der Auftrag (gültig bis auf Widerruf) kann dahingehend spezifiziert werden, daß die Gültigkeit mit einer Datumsangabe bestimmt wird. Hierbei bleibt es dem Kunden oder dem Kundenbetreuer überlassen, welches Datum eingesetzt werden soll.

Häufig verwendete Zeitbestimmungen sind:
- „Good Till Week (GTW)“ und
- „Good Till Month (GTM)“ (Ultimo-Order).

Beispiel

„Verkaufe 20 Dezember 1993 T-Bond-Futures zu 91,50, gültig bis zum Ende der Woche (GTW)“

3.2.16 Schlußkursauftrag oder Auftrag billigst/bestens zum Börsenschluß (Closing Only Order oder Market on Close Order oder MKT CLS)

Der Broker darf diesen Auftrag nur während der offiziellen Schlußphase des Börsentags, an dem der Auftrag gegeben wurde, ausführen. Der Ausführungspreis ist als Market Order während dieser Schlußphase zu betrachten. Er ist aber nicht notwendigerweise identisch mit dem Kurs, der für das letzte Geschäft des Börsentags gehandelt wurde.

Anstelle einer Market Order kann hier auch zusätzlich ein Limit vorgegeben werden.

Beispiel

„Kaufe 10 Dezember 1993 Bund-Futures billigst nur zum Börsenschluß (MKT CLS)“

3.2.17 Eröffnungsauftrag (Opening Only Order oder OPG)

Dieser Auftrag ist das Gegenstück zum Schlußkursauftrag. Eröffnungsaufträge können auch Kurslimits enthalten.

Beispiel

„Kaufe 50 Dezember 1993 Bund-Futures billigst nur zur Eröffnung (OPG)“

„Kaufe 50 Dezember 1993 T-Bond-Futures zu 97,16 nur zur Eröffnung (OPG)“

Ebenso wie beim Schlußkursauftrag muß der Ausführungspreis beim Eröffnungsauftrag nicht dem Preis entsprechen, der beim absolut ersten Geschäft dieses Tags gehandelt wurde. Er muß nur im Preisbereich der offiziellen Eröffnungsphase der Börsensitzung liegen und ggf. die zusätzliche Limitanweisung erfüllen. Ist der Broker wegen der Limitanweisung nicht in der Lage, den Auftrag während der Eröffnungsphase auszuführen, erlischt der Auftrag.

3.2.18 Limit- oder Schlußauftrag (Limit or Market on Close Order)

Dieser Limitauftrag wird in den Händen des Brokers zur Market Order für die Schlußphase der Börsensitzung, wenn es ihm nicht gelingt, den Auftrag gemäß Limit vorher auszuführen.

Beispiel

„Kaufe 10 Dezember 1993 T-Bill-Futures zu 91,16 oder in der Schlußphase billigst (MKT CLS)"

3.2.19 Auftrag zur Sofortausführung (Fill or Kill Order oder FOK)

Kann der Auftrag nicht in vollem Volumen unverzüglich ausgeführt werden, erlischt er. Eine Teilausführung ist nicht möglich.

Dagegen wird am Futuresmarkt in den USA eine Fill or Kill Order so verstanden, daß auch Teilausführungen möglich sind. Am amerikanischen Optionsmarkt gelten wiederum die gleichen Bestimmungen wie am deutschen Markt.

Beispiel

„Verkaufe 20 Dezember 1993 Bund-Futures zu 94,10 FOK"

3.2.20 Immediate or Cancel (IOC)

Bei dieser Auftragsart muß die Order ebenfalls unverzüglich ausgeführt werden, ein eventuell verbleibender Teilauftrag wird gelöscht. Bei IOC-Aufträgen sind auch Teilausführungen möglich.

Beispiel

„Kaufe 20 März 1994 DAX-Futures zu 1800 IOC"

3.3 Akzeptanz der Auftragsarten an den verschiedenen Börsen

Nicht an jeder Börse sind sämtliche Auftragstypen zugelassen. Aus diesem Grunde sollte sich jeder, der sich am Terminmarkt beteiligt,

	CBOE	CBOT	COMEX	CME	DTB	LIFFE	NYM	MATIF
Cancel Former Order					X			
Contingent Order			X*	X*	X			
Fill or Kill						X*		
Good Till Cancelled						X*		
Good Till Date						X*		
Immediate or Cancel						X*		
Limit Order								
Market if Touched					X			
Market Order								
Market on Close					X			
Not Held Order					X			
One Cancels Other			X*		X			
Opening Only Order					X			
Scale Order			X*		X			
Spread Order								
Stop Limit					X			
Stop Order								
Straight Cancel								
Switch Order					X			X

X = Bedeutet, daß die Order nicht an der Börse zulässig ist.
X* = Bedeutet, daß die Order nur nach Ermessen des jeweiligen Brokers zulässig ist.

Stand Ende Juli 1993
Änderungen können jederzeit möglich sein.

Abbildung 9: Akzeptanz der Auftragsarten an verschiedenen Börsen darüber informieren, welche Börse welche Aufträge akzeptiert und welche nicht.

Dadurch wird garantiert, daß die durch den Auftrag verfolgte Strategie auch durchführbar ist.

Abbildung 9 gibt eine Übersicht darüber, welche Auftragstypen an den verschiedenen Börsen nicht akzeptiert werden; Änderungen erfolgen je nach Marktaktivitäten relativ häufig.

Man beachte, daß die Börsen bzw. die Broker ohne weiteres die Annahme bestimmter Ordertypen zeitweilig aussetzen können, wenn dieses auf Grund des Marktgeschehens zu rechtfertigen ist.

4. Anhang

Aufstellung über ausgewählte Terminbörsen mit den geläufigsten Produkten:

AMERICAN STOCK EXCHANGE
- Major Market Index Option
- Institutional Index Option

CHICAGO BOARD OF TRADE
- Treasury Bond
- Treasury Bond Option
- Ten-Year T-Note
- Ten-Year T-Note Option
- Major Market Index
- Municipal Bond Index
- Five-Year Notes
- 30-Day Interest

CHICAGO BOARD OPTIONS EXCHANGE
- S & P 100 Option
- S & P 500 Option
- Treasury Note Option

CHICAGO MERCANTILE EXCHANGE
- Australian Dollar
- British Pound
- Canadian Dollar
- Deutsche Mark
- Yen
- Swiss Franc
- British Pound Option
- Canadien Dollar Option
- Deutsche Mark Option
- Yen Option
- Swiss Franc Option
- Eurodollar

COMEX
- Gold
- Silver
- Gold Option
- Silver Option

DTB
- DM-Bund-Futures
- Deutscher Aktienindex-Futures (DAX-Futures)
- Aktienoptionen
- Bobl-Futures
- Optionen auf den Bund-Futures
- Optionen auf den DAX
- Optionen auf den DAX-Futures
- Optionen auf den Bobl-Futures

EUROPEAN OPTIONS EXCHANGE
- Sterling/Guilder Option
- Major Market Index Option

FINEX
- US-Dollar Index Option
- European Currency Unit
- Two-Year US Treasury Note
- Year US Treasury Note Option

KANSAS CITY BOARD OF TRADE
- Value Line Average Index

LIFFE
- Eurodollar Options
- US Treasury Bond Option

- Japanese Government Bond
- German Bund
- Euro DM-Futures
- Euro DM-Futures-Option
- Euro Sfr-Futures
- Euro Sfr-Futures-Option
- Euro ECU 3 Monats-Futures
- FTSE 100 Index-Futures
- Long Gilt 9% Futures
- Long Gilt 9% Futures-Option

MATIF
- 7-10-Year Government Note Option
- French 90-Day Pibor
- CAC 40 Index Futures
- ECU Bond Futures
- Pibor Option on Futures

NEW YORK FUTURES EXCHANGE
- Composite Index Option
- CRB Index Option

NEW YORK MERCANTILE EXCHANGE
- Crude Oil
- Crude Oil Option
- Number-Two Heating Oil
- Unleaded Gasoline
- Platinum

NEW YORK STOCK EXCHANGE
- Composite Index Option

PACIFIC STOCK EXCHANGE
- Financial News Composite Index

PHILADELPHIA STOCK EXCHANGE
- Deutsche Mark Option
- Franc Option
- Yen Option
- Value Line Option

TOKYO STOCK EXCHANGE
- Ten-Year Yen Bond
- 20-Year Yen Bond
- Tokyo Stock Index

TORONTO FUTURES EXCHANGE
- Toronto 35 Index

Kapitel 3

Fundamentale und technische Marktanalyse

1. Fundamentalanalyse

1.1 Aufgabe der Fundamentalanalyse

Eine Marktanalyse dient der Auswahl von Anlageobjekten und der Überprüfung von Anlage-Entscheidungen. Dies geschieht mittels einer systematischen, nach festgelegten Kriterien durchgeführten Untersuchung eines Anlageobjekts. Eine Marktanalyse ist die Basis für konzeptionelles Vorgehen und sollte einer Anlage-Entscheidung generell vorausgehen.

Die Fundamentalanalyse wurde entwickelt, um Aktienkurse zu prognostizieren. Sie soll helfen, die Bonität eines Kapitalnachfragers zu bestimmen, wobei der Betrachtungszeitraum mittel- bis langfristig angelegt ist (3 Monate und länger). Dies erfolgt im Zusammenhang mit exogenen Bestimmungsgrößen.

Diese Verfahrensweise dient der Diagnose vergangener Entwicklungen von festgelegten Einflußfaktoren sowie deren Prognose. Ziel der fundamentalen Analyse ist es, Erkenntnisse über künftige Kursentwicklungen sowie gegenwärtige Über- bzw. Unterbewertungen des Anlageobjekts zu erhalten. Gegenstand der Analyse sind sowohl einzelwirtschaftliche, auf das Anlageobjekt bezogene Faktoren als auch Einflußfaktoren aus dem volkswirtschaftlichen sowie politischen Umfeld. Dies erfolgt durch in die Analyse einbezogene Einflußfaktoren aus dem volkswirtschaftlichen sowie politischen Bereich.

1.2 Einflußfaktoren

1.2.1 Volkswirtschaftliche Faktoren

Von erheblicher Bedeutung im Rahmen einer Gesamtmarktanalyse sind volkswirtschaftliche Einflußfaktoren. Ihre Analyse ermöglicht es, Aussagen über die wahrscheinliche künftige wirtschaftliche Entwicklung zu machen. Hierzu bedient sich die Fundamentalanalyse im wesentlichen allgemeiner, den realen Konjunkturverlauf skizzierender wirtschaftlicher Daten, wie auch bestimmter Indikatoren aus dem Bereich der Finanzmärkte sowie der Geld- und Währungspolitik.

Die Analyse gesamtwirtschaftlicher Daten verfolgt die Entwicklung einer Vielzahl den Wirtschaftsprozeß widerspiegelnder Faktoren. Die Veröffentlichung diesbezüglicher Prognosen durch Wirtschaftsforschungsinstitute trägt zur Einschätzung der weiteren Aussichten bei. Einbezogen werden unter anderem:

- Situation am Arbeitsmarkt,
- Einzelhandelsumsätze,
- Auftragseingänge in der Industrie,
- Produktion,
- Kapazitätsauslastung,
- Geschäftsklima (Ifo-Test).

Begleitet werden diese realwirtschaftlichen Entwicklungen von einer Geldpolitik, die sich im wesentlichen an den volkswirtschaftlichen Daten und Zielvorgaben orientiert. Durch Steuerung der Bankenliquidität und des Zinsniveaus soll die für ein spannungsfreies Wachstum erforderliche Geldmenge zur Verfügung gestellt werden.

Aufgabe der Zentralbanken ist es, mittels einer angemessenen Geldpolitik die allgemeine Wirtschaftspolitik der Regierung zu unterstützen. Zu deren Zielen gehören vorrangig, wenn auch von Land zu Land mit unterschiedlicher Priorität, ein stabiles Preisniveau, ein angemessenes stetiges Wirtschaftswachstum, die Vollbeschäftigung und ein außenwirtschaftliches Gleichgewicht (Magisches Viereck). Mit Hilfe ihres geldpolitischen Instrumentariums (Offenmarktpolitik, Mindestreserven, Diskont- und Lombardsatz) steuern die Zentralbanken die Liquidität der Geldmärkte, wodurch direkt und individuell das gesamte Zinsniveau eines Landes beeinflußt wird. Da die Verstetigung des Wachstums und die Bekämpfung der Inflation häufig gegensätzliche geldpolitische Maßnahmen erfordern, ist eine möglichst exakte Beurteilung der konjunkturellen Situation (Rezession, Boom) und der Inflationsgefahr durch die Zentralbanken erforderlich. Anleger reagieren deshalb oft schon auf die Veröffentlichung wichtiger Wirtschaftsdaten, um den Aktivitäten der Zentralbanken zuvorzukommen.

Durch die zunehmende internationale Verflechtung der wichtigsten Industrienationen kann eine Zentralbank keine streng eigenständige Geldpolitik betreiben. Die Bundesbank stimmt daher ihre Geldpolitik zunehmend mit anderen Zentralbanken ab. Diese auf internationalen Konsens ausgerichtete Politik ist um so bedeutender, als eine berechenbare Wechselkursentwicklung für eine stark exportorientierte Volkswirtschaft von elementarer Bedeutung ist. Allerdings werden entsprechende Bemühungen häufig durch Finanzierungserfordernisse des Staates einerseits und Handelsungleichgewichte andererseits konterkariert.

Hierdurch ausgelöste und durch Spekulationen forcierte Währungsbewegungen können wiederum die Geldpolitik der Zentralbanken beeinflussen, die mittels Stabilisierung der Devisenmärkte Inflationsgefahren und Wettbewerbsverzerrungen zu begegnen versuchen. Solche Wechselwirkungen nehmen folglich Einfluß auf das allgemeine volkswirtschaftliche Umfeld, was bei der Beurteilung künftiger Entwicklungen zu berücksichtigen ist.

1.2.2 Einzelwirtschaftliche Faktoren

Der Analyse der gesamtwirtschaftlichen Perspektiven schließt sich eine Untersuchung des potentiellen Anlageobjekts an. Für eine Beurteilung der derivativen Options und Futures untersucht man das zugrundeliegende Produkt.

So sollten beispielsweise den Zinsfutures zugrundeliegende Produkte einerseits auf mögliche Einflüsse volkswirtschaftlicher Faktoren hin untersucht werden, andererseits aber auch auf die Bonität des Emittenten. Bei landwirtschaftlichen Erzeugnissen sollten insbesondere Witterungsverhältnisse, saisonale Gegebenheiten, Lagerbestände und Verbraucherpräferenzen in die Untersuchungen einbezogen werden; bei Rohstoffen die zu beliefernden Branchen sowie gegebenenfalls internationale Vereinbarungen. In diesem Zusammenhang sind Erkenntnisse über die Konjunktur-Sensitivität einzelner Branchen von wesentlicher Bedeutung. Man untersucht z. B. die Aussichten eines Unternehmens bei wechselndem Konjunkturverlauf. Hierfür sind der Wirtschaftszweig und der Grad der Diversifikation von Bedeutung, um Informationen hinsichtlich Synergieeffekt und Produktpalette zu erhalten.

Diesbezüglich ist ebenfalls die mögliche Substituierung von Produkten zu untersuchen. Neben der Konjunkturanfälligkeit beeinflussen geographische Besonderheiten, innovative Aktivitäten und Qualität des Managements die Beurteilung eines Unternehmens. Zu berücksichtigen ist weiterhin die Publizitätspolitik einer Gesellschaft, deren Bedeutung gerade in der jüngeren Vergangenheit ständig zugenommen hat.

Das breite Interesse der Öffentlichkeit an der Fundamentalanalyse gilt den Ergebniskennziffern, die sich aus der Bilanz eines Unternehmens herleiten lassen. Meist wird in diesem Zusammenhang das DVFA-SG-Schema (Deutsche Vereinigung für Finanzanalyse Schmalenbach-Gesellschaft) angewendet. Das Ziel dieser Vorgehensweise besteht darin, mittels Bilanzanalyse vom Bilanzgewinn auf den tatsächlichen Jahresüberschuß zu schließen.

Dies geschieht, indem außerordentliche und aperiodische Vorgänge, sowie das Wahrnehmen unterschiedlicher bilanzieller Wahlrechte und die Bildung bzw. Auflösung stiller Reserven berücksichtigt werden. Das DVFA-SG-Ergebnis stellt jedoch keine mit Titeln anderer Branchen zu vergleichende Größe dar. Daher wird zunächst das Ergebnis je Aktie und daraus dann das Kurs/Gewinn-Verhältnis, das man häufig bei der Entscheidungsfindung heranzieht, ermittelt.

Neben dem Gewinn dient der Cash-flow als Maßstab für den Erfolg eines Unternehmens. Der Cash-flow wird aus dem Jahresüberschuß zuzüglich Abschreibungen sowie Zuführung in Pensionsrückstellungen und dem Saldo aus außerordentlichen Aufwendungen (+) und außerordentlichen Erträgen (–) ermittelt. Der so festgestellte (Netto-) Cash-flow gibt Auskunft über die Finanzkraft eines Unternehmens. Das aus dem Cash-flow sich ergebende Cash-flow/Gewinn-Verhältnis ermöglicht darüber hinaus den Vergleich unterschiedlicher Anlageobjekte.

Schließlich ergeben sich mit Hilfe der Fundamentalanalyse Kriterien zur Bewertung und Einschätzung eines Wertpapiers: Umsatzentwicklung, Kennzahlen zur Ertragslage (Umsatzrendite), Kostenstruktur und Dividendenpolitik des Unternehmens hinsichtlich Stetigkeit und Rendite.

1.2.3 Politische Einflußfaktoren

Von großer Bedeutung und ein von den Märkten sehr sensibel verfolgter Einflußfaktor ist das politische Umfeld. Außenpolitische Ereignisse, innenpolitische Stabilität und Ausrichtung der Wirtschaftspolitik (z. B. angebots- oder nachfrageorientierte Wirtschaftspolitik) können wesentlichen Einfluß auf die Einschätzung der weiteren Entwicklung haben. Die Sensibilität der Märkte hinsichtlich solcher Gegebenheiten wird sehr häufig an der Entwicklung des US-Dollars aufgrund politischer Ereignisse sichtbar. Insofern können politische Faktoren durchaus Einfluß auf die gesamtwirtschaftlichen Rahmenbedingungen, aber auch auf Bonität und Perspektiven einzelner Unternehmen ausüben.

1.3 Mögliche Auswirkungen wirtschaftlicher Kennziffern auf Zinsfutures

Wirtschaftsdaten werden in den westlichen Industrienationen unterschiedlich zusammengestellt und bewertet. Die US-Regierung erstellt z. B. einen Frühindikator (Index of Leading Economic Indicators), der aus 12 Wirtschaftsbereichen hergeleitet wird. Die Entwicklung in diesen 12 Bereichen gilt als richtungweisend für den Wirtschaftszyklus insgesamt. Der Index – mit Basiswert 100 aus dem Jahr 1967 – wird zusammengesetzt aus Daten über

1. durchschnittliche Wochenarbeitszeit,
2. Höhe der beanspruchten Arbeitslosengelder,
3. Neubestellungen für Konsumgüter und -materialien,
4. Rückstand in der Belieferung von bestellten Gütern,
5. Nettozahlen der Geschäftsgründungen,
6. Neubestellungen für Ausrüstung der Schwerindustrie (in Dollars, Basis 1982),
7. neue Baugenehmigungen,
8. Nettoveränderung der Inventarbestände (in Dollars, Basis 1982),
9. Preisveränderungen in preisempfindlichen Materialien,
10. Veränderungen im gesamten Kreditvolumen,
11. Aktienpreise,
12. Geldmenge.

Darüber hinaus werden absolute Zahlen aus diesen 12 einzelnen Bereichen monatlich veröffentlicht und interpretiert. Diese US-amerikanischen Wirtschaftsdaten werden auch hier in Europa mit großem Interesse verfolgt.

In der folgenden Tabelle wird gezeigt, welche Erwartungen durch die Veränderungen bei den Wirtschaftsindikatoren ausgelöst werden. Zinsen und die Kurse der Zinsfutures verhalten sich reziprok: Steigende Zinsen verursachen fallende Kurse, fallende Zinsen verursachen steigende Kurse der Zinsfutures.

Wirtschaftsindikator	*Erwartete Bewegung der Zinsfutures*
Frühindikatoren	
Ansteigende Zahlen signalisieren wachsende wirtschaftliche Aktivitäten sowie steigende Tendenz des Zinsniveaus.	leichter
Fallende Frühindikatoren bedeuten abnehmende Inflationsrisiken mit rückläufigem Zinsniveau.	fester
Arbeitslosenstatistik	
Eine rückläufige Zahl der Arbeitslosen führt zu steigender Nachfrage nach Krediten und Verbrauchsgütern und damit zu steigender Zinstendenz.	leichter
Steigende Arbeitslosenzahlen indizieren eine Verlangsamung der wirtschaftlichen Entwicklung sowie abnehmende Inflationsrisiken.	fester
Auftragseingänge	
Steigende Auftragseingänge indizieren eine Zunahme wirtschaftlicher Aktivitäten.	leichter
Fallende Zahlen signalisieren abnehmende wirtschaftliche Aktivitäten.	fester
Private Baubeginne	
Eine Zunahme läßt wachsende Nachfrage nach Krediten, langlebigen Wirtschaftsgütern und Rohstoffen erwarten.	leichter
Verminderte Zahlen der Baubeginne signalisieren eine Abschwächung der wirtschaftlichen Entwicklung mit abnehmender Inflationsgefahr und rückläufigem Zinsniveau.	fester
Bruttosozialprodukt	
Eine Zunahme der Wachstumsrate signalisiert lebhafte wirtschaftliche Aktivitäten, demzufolge Inflationsgefahren mit der Konsequenz möglicher geldpolitischer Restriktionen.	leichter
Sinkende Zuwachsraten geben Hinweise auf eine sich abschwächende Konjunktur, rückläufige Kreditnachfrage sowie geldpolitische Entspannung.	fester

Abbildung 10: Einfluß von Wirtschaftsindikatoren

Wirtschaftsindikator	*Erwartete Bewegung der Zinsfutures*
Einzelhandelsumsätze	
Steigende Zahlen lassen auf stärkere Kreditnachfrage und entsprechend anziehende Zinsen schließen.	leichter
Rückläufige Einzelhandelsumsätze signalisieren abnehmende Kreditnachfrage.	fester
Erzeugerpreisindex	
Ein verstärkter Anstieg der Erzeugerpreise erhöht die Gefahr einer eskalierenden Inflation mit entsprechenden Konsequenzen hinsichtlich der zu erwartenden Geldpolitik.	leichter
Fallende Erzeugerpreise führen zu abnehmenden Inflationstendenzen und geringerer Gefahr steigender Zinsen.	fester
Handelsbilanz	
Wachsende Defizite der Handelsbilanz belasten den Außenwert der Währung eines Landes.	leichter
Verringerte Defizite/Überschüsse stabilisieren den Außenwert der Währung eines Landes.	fester
Industrieproduktion	
Ausdehnung der Industrieproduktion kennzeichnet den allgemeinen wirtschaftlichen Aufschwung. Daraus resultieren entsprechende Gefahren aus steigender Kreditnachfrage und Preissteigerungen.	leichter
Fallende Zahlen indizieren schwächere Konjunktur und sinkendes Zinsniveau.	fester
Kapazitätsauslastung	
Hohe Kapazitätsauslastungen weisen auf eine boomende Konjunktur mit entsprechend reger Kreditnachfrage sowie steigender Zinstendenz hin (Inflationsgefahren).	leichter
Eine rückläufige Tendenz läßt auf ein sich verringerndes Wachstumstempo mit tendenziell rückläufigem Zinsniveau schließen.	fester

Fortsetzung Abbildung 10

Wirtschaftsindikator	*Erwartete Bewegung der Zinsfutures*
Konsumentenkredite	
Eine Zunahme der Konsumentenkredite bewirkt eine Steigerung des Zinsniveaus.	leichter
Rückläufige Nachfrage nach Konsumentenkrediten hat fallende Zinsen zur Folge.	fester
Verbraucherpreisindex	
Zunahme der Jahresrate signalisiert wachsende Inflationsgefahren.	leichter
Rückläufige Zahlen deuten auf abnehmende Inflationsrisiken hin.	fester
Langlebige Wirtschaftsgüter	
Steigende Umsätze indizieren eine Zunahme wirtschaftlicher Aktivitäten.	leichter
Fallende Umsätze signalisieren eine wirtschaftliche Abkühlung.	fester

Fortsetzung Abbildung 10

1.4 Schlußbetrachtung

Die Möglichkeiten der Fundamentalanalyse im Bereich der Termingeschäfte stehen in enger Beziehung zu den Zielen des Investors.

Im Falle beabsichtigter Hedge-Geschäfte stellt die Fundamentalanalyse wegen des mittelfristigen Betrachtungszeitraums durchaus hilfreiche Informationen bereit, da Hedge-Geschäfte in der Regel nicht kurzfristig ausgerichtet sind. Möglichen Einwänden, daß Terminkontrakte nur kurze Laufzeiten haben, kann dadurch begegnet werden, daß ein Hedge von einem fälligen auf einen länger laufenden Termin transferiert werden kann (Switch).

Demgegenüber ist der Anlagehorizont von spekulativen Marktpositionen meistens kurzfristig ausgerichtet, wodurch die Fundamentalanalyse mit ihrem mittelfristigen Betrachtungszeitraum an Nutzen verliert. Kurzfristige Marktkonstellationen (z. B. Konsolidierung eines Titels) können den aus fundamentaler Sicht zu erwartenden Entwicklungen entgegengesetzt verlaufen. Im Rahmen des kurzfristigen spekulativen Engagements ergibt sich aufgrund des Anlagehorizonts nur eine bedingte Anwendbarkeit der Fundamentalanalyse. Von entscheidender Bedeutung ist der richtige Zeitpunkt für das Eröffnen und Schließen einer solchen Position. Die technische Analyse leistet hier wertvolle Entscheidungshilfe.

2. Technische Analyse

2.1 Begriffsbestimmung

Die technische Analyse befaßt sich mit quantitativen Kriterien, die die verhältnismäßigen Stärken von Kauf- und Verkaufskräften in einem Markt anzeigen. Die Entstehung der technischen Analyse findet ihre Erklärung in den Problemen und Schwierigkeiten, die bei der fundamentalen Analyse auftauchen. Hierzu gehören z. B. folgende Punkte:

- Vielfalt der Einflußfaktoren,
- Erfassungsprobleme,
- Interdependenzen,
- Gewichtung.

Der Marktteilnehmer, der die technische Analyse zur Hilfe heranzieht, ist sich darüber im klaren, daß letztlich Angebot und Nachfrage den Preis eines Basisinstruments bestimmen. Dennoch reagieren Märkte oft auf fundamentale Begebenheiten lange bevor diese der Allgemeinheit bekannt werden. Sie reagieren auf Gerüchte, Fehlinformationen, Hoffnungen und Ängste. Die technische Analyse geht davon aus, daß der Preis nicht nur die äußeren Einflüsse auf den Markt widerspiegelt. Vielmehr drückt der Preis die innere Verfassung der Marktteilnehmer aus, d. h., er wird maßgeblich durch die individuelle, emotional geprägte Erwartungshaltung der einzelnen Teilnehmer beeinflußt.

Für die technische Beurteilung eines Futures-Kontraktes ist es wichtig, die Einflußfaktoren zu kennen. Hierzu gehören folgende Parameter:

- Kursentwicklung (Höchst-, Tiefst-, Schlußkurse),
- Umsatzentwicklung (Volumen),
- Offenes Interesse.

Bei der Betrachtung dieser drei Punkte ist darauf zu achten, daß alle drei berücksichtigt werden. Es sollte kein Einflußfaktor vernachlässigt werden.

2.2 Darstellung von Kursentwicklungen

Es gibt verschiedene Möglichkeiten, Kursverläufe darzustellen. Je nachdem wie die Kursverläufe im Zeitablauf dargestellt werden, unterscheiden wir vier Chartsysteme: Linienchart (Line Chart), Balkenchart (Bar Chart), Point & Figure-Chart und Candlestick-Chart. Alle vier Chartsysteme zeigen unterschiedliche Marktausgleichsmechanismen von Angebot und Nachfrage.

Beim *Linienchart* zeigt jeder Punkt eine Marktausgleichssituation. Beim amtlichen Fixing in Frankfurt werden z. B. Marktausgleiche in 17 Währungen angestrebt. Der jeweils zustandegekommene Preis (der amtliche Mittelkurs), wird in ein Zeit-Preis-Diagramm eingetragen und mit dem Preis des vorherigen Tages verbunden.

Im Gegensatz zu Balkencharts werden Liniencharts oft in Märkten benutzt, in denen täglich ein Fixing festgestellt wird (z. B. Dollar, Gold). Beim *Balkenchart* werden für bestimmte Zeiträume die ermittelten Höchst- und Tiefstkurse durch einen senkrechten Strich (Balken = engl. „Bar") miteinander verbunden. Der Tagesschlußkurs ist durch einen waagerechten Strich angedeutet. Der Barchart zeigt im Zeit-Preis-Diagramm in der Balkenlänge das Ausmaß der unterschiedlichen am Tage aufgetretenen Marktausgleiche.

In folgender Abbildung 11 eines Balkencharts handelt der Kurs am Tag 1 zwischen 420 und 428 und der Schlußkurs hat sich bei 426 gebildet.

Beim *Point & Figure*-Chart werden die täglichen Kursbewegungen fortlaufend in einer Säulengraphik erfaßt, wobei die Auf- und Abwärtsbewegungen der Kurse angegeben werden, die sich aber über längere Zeiträume erstrecken können.

In einem dynamischen Preisdiagramm ohne Zeitachse stehen bei den Säulen die X-Zeichen für steigende Kurse, die O-Zeichen für fallende Kurse. Jedes Zeichen steht für eine vorher festgelegte Kurseinheit. Für die Herstellung eines Charts kann jedes Zeichen z. B. für eine Ein-Pfennig-Bewegung stehen. Würde ein Zeichen eine Zwei-Pfennig- oder gar eine Fünf-Pfennig-Bewegung repräsentieren, wäre der entstande-

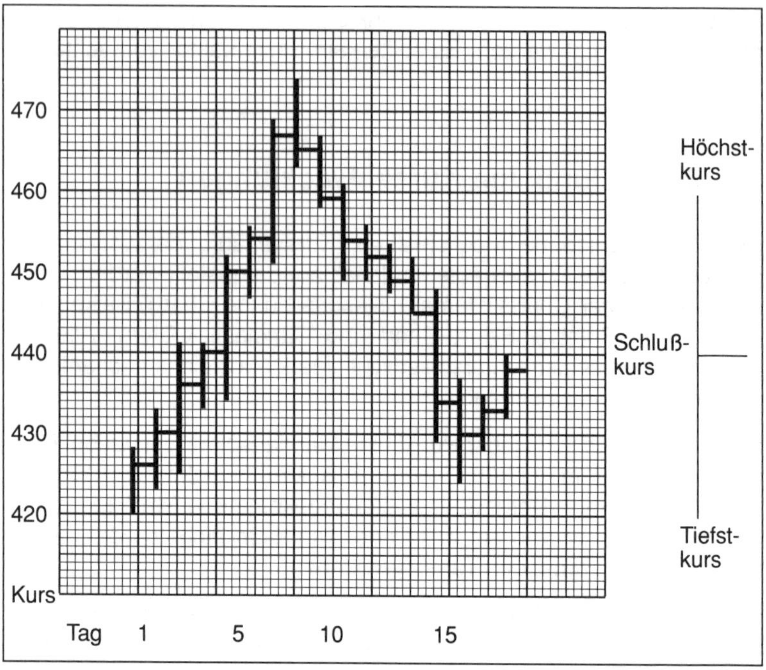

Abbildung 11: Balkenchart

ne Chart entsprechend weniger preisempfindlich, da kleinere Kursschwankungen nicht mehr dargestellt werden. Die O-Säulen werden von den X-Säulen abgelöst und umgekehrt, wenn eine Umkehr in der Kursbewegung stattfindet. Nach Festlegung der Größe einer Kurseinheit bestimmt man die Umkehrgröße des Charts. Eine Umkehr kann das Ein-, Zwei-, Drei-, Vier-, oder Fünffache der Kurseinheit ausmachen. Die Einheit- und Umkehrgrößen sind die einzigen Variablen eines Point & Figure-Charts (siehe Abbildung 12).

Beispiel

Wenn sich der Dollar zur D-Mark in einer Aufwärtsbewegung befindet, wird für jeden Pfennig Wertsteigerung ein X in das Diagramm eingetragen. Kommt es zu einer Gegenbewegung von mindestens drei Pfennigen (bei einem 3-Punkte-Umkehr-Chart), wird ein Kästchen tiefer ein O eingetragen, für jeden weiteren Pfennig tiefer ein weiteres O.

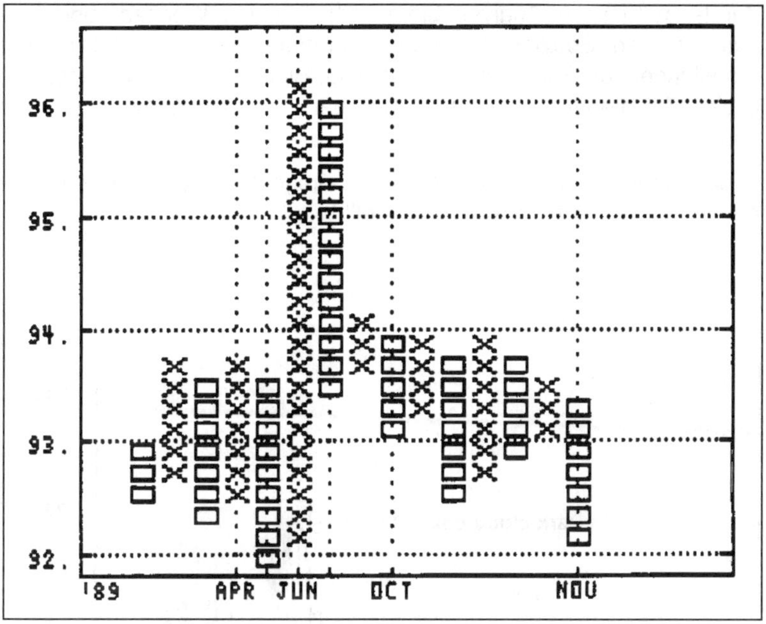

Abbildung 12: Point & Figure-Chart

Mit der Anwendung des Säulenprinzips werden die ständigen Veränderungen von Kursbewegungen an den Handelstagen berücksichtigt. Der Point & Figure-Chart hält auf diese Weise, wenn auch nicht zeitlich strukturiert, die Dynamik des Marktausgleichs fest.

Eine weitere Art der Kursfeststellung bieten die *Candlestick-Charts*. Diese Möglichkeit, Kurse darzustellen, hat ihren Ursprung in Japan, wo sie eine über 300 Jahre alte Tradition besitzt. Bei uns ist der Einsatz von Candlestick-Charts noch relativ neu, jedoch gewinnt er zunehmend an Bedeutung. Ihren Namen haben die Candlesticks daher, daß die Darstellung des jeweiligen Tageskurses einer stilisierten Kerze ähnlich ist.

Dabei bilden der Eröffnungs- und der Schlußkurs des jeweiligen Tages einen senkrechten Balken: einfache Linien (Dochte) verbinden den Tageshöchst- und den Tagestiefstkurs mit den Balken. Liegt der Schlußkurs über dem Eröffnungskurs, so ist der Balken weiß. Schließt der Markt unter dem Eröffnungskurs, so wird dies durch einen schwarzen Balken dargestellt.

Zur längerfristigen Analyse bieten Chartdienste Wochen- und Monatscharts an. Spezielle Softwareprogramme liefern auch Charts von Einteilungen, die kürzer sind als ein Tag. Hier kann man fast jedes beliebige Zeitintervall bis hin zum Tickchart, der jede Kursveränderung angibt, abrufen.

In der folgenden Abbildung 13 werden einige der möglichen Formationen im Kursverlauf grafisch dargestellt.

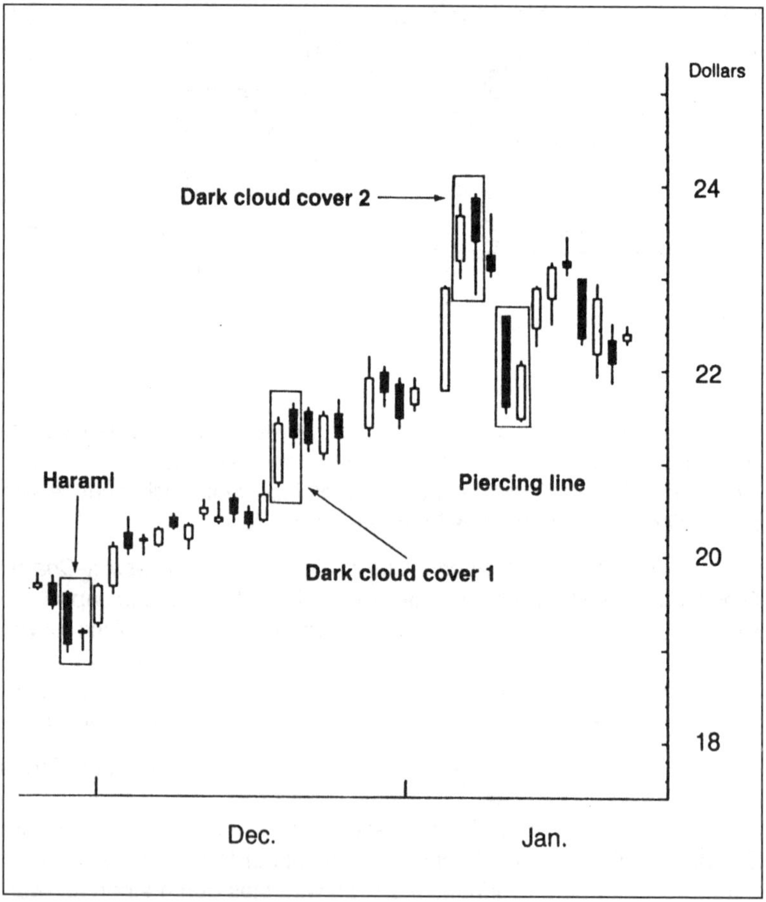

Abbildung 13: Beispiel für eine Candlestick-Formation

Die hier dargestellten Formationen haben folgende Bedeutung: Bei der Harami-Formation liegt ein sehr kurzer Balken zwischen dem Eröffnungs- und dem Schlußkurs des Vortages. (Die Tagesbewegung bildet einen weißen oder schwarzen Balken.) Die Harami-Formation deutet auf eine Verlangsamung der vorhergehenden Bewegung hin und ist oft Wendeformation.

Bei einer Dark-Cloud-Cover-Formation liegt der Eröffnungskurs über dem Schlußkurs des Vortages, dessen Tagesbewegung durch einen weißen Balken dargestellt wird und der Schlußkurs unter der Mitte des weißen Balkens. Diese Formation gilt als eine Wendeformation in einem steigenden Markt.

Die Piercing Line stellt das genaue Gegenteil der Dark Cloud Cover Formation dar. Der Eröffnungskurs liegt unter dem Schlußkurs des Vortages, dessen Tagesbewegung durch einen schwarzen Balken dargestellt wird, und der Schlußkurs liegt über der Mitte des schwarzen Balkens. Die Piercing Line ist eine Wendeformation in einem Abwärtstrend.

2.2.1 Trendbestimmungsmethoden

Wichtigstes Ziel der technischen Analyse ist es, einen Trend möglichst früh als solchen zu erkennen. Von der Vielzahl der Methoden seien nur die erwähnt, die zum Standardwerkzeug des Technikers gehören. Die Zwischenhoch- und Zwischentiefmethode ist die klassische Trenddefinition von Charles Dow, dem Begründer der technischen Analyse. Nach Dow beginnt ein Aufwärtstrend (Abwärtstrend) dann, wenn der Kurs ein vorhergehendes Zwischenhoch (Zwischentief) überschreitet (unterschreitet) und zugleich ein Zwischentief (Zwischenhoch) höher (tiefer) liegt als das vorhergehende Zwischentief (Zwischenhoch) (siehe Abbildung 14).

Da Zwischentief T2 höher als T1 liegt, beginnt ein Aufwärtstrend, wenn der Kurs das Zwischenhoch H1 überschreitet. Diese Methode läßt viel Eigeninterpretation in bezug auf die Bestimmung von Zwischenhoch- und Zwischentiefpunkten zu.

Die Trendbestimmung mittels Trendgeraden ist besonders bei steilen Trends empfehlenswert (siehe Abbildung 15). Ein Aufwärtstrend (Abwärtstrend) beginnt, wenn eine Gerade, die mindestens zwei Zwischentiefs (Zwischenhochs) verbindet, steigt (fällt). Ein Aufwärtstrend

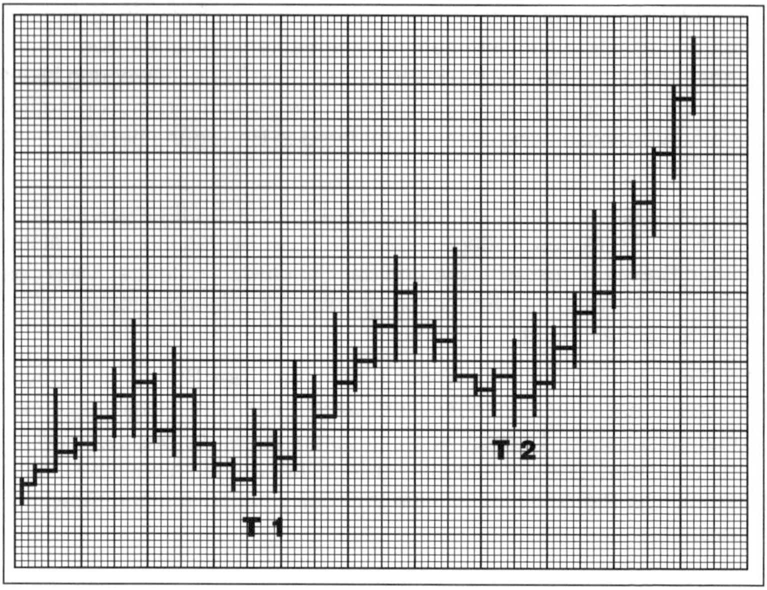

Abbildung 14: Trendbestimmung anhand Zwischenhochs und Zwischentiefs

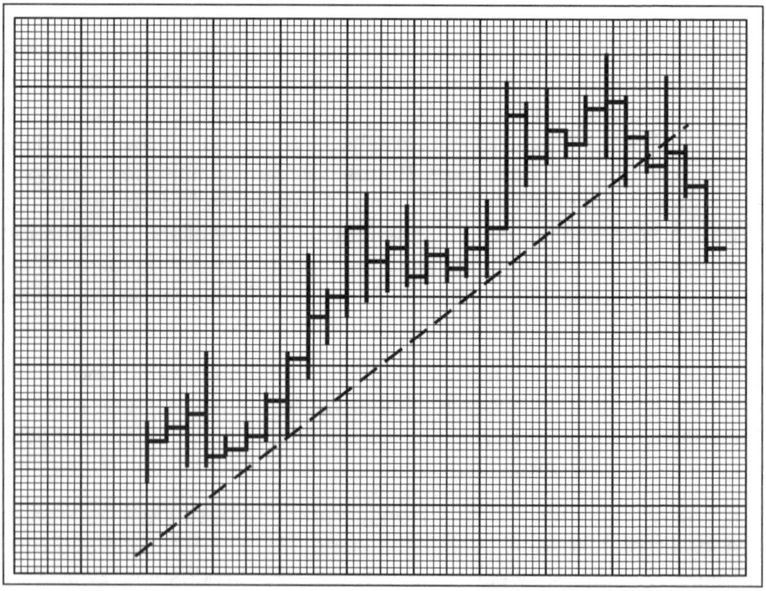

Abbildung 15: Trendbestimmung mittels Geraden

(Abwärtstrend) bleibt intakt, solange eine Folge von Zwischentiefs (Zwischenhochs) diese Gerade nicht durchbricht.

Häufig ist zu beobachten, daß parallel zur Trendgeraden eine zweite Gerade verläuft, die bei einem Aufwärtstrend die Balkencharts nach oben (bei einem Abwärtstrend nach unten) begrenzt. Existiert eine solche zweite Gerade, dann spricht man von einem Trendkanal (siehe Abbildungen16 und 17).

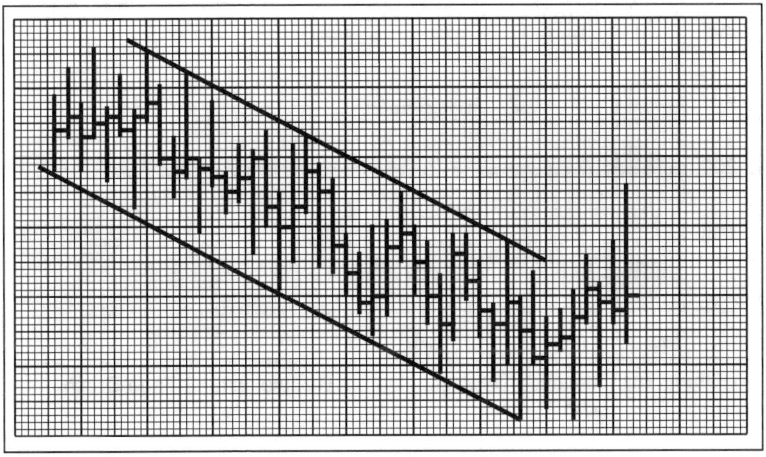

Abbildung 16: Abwärtstrendkanal

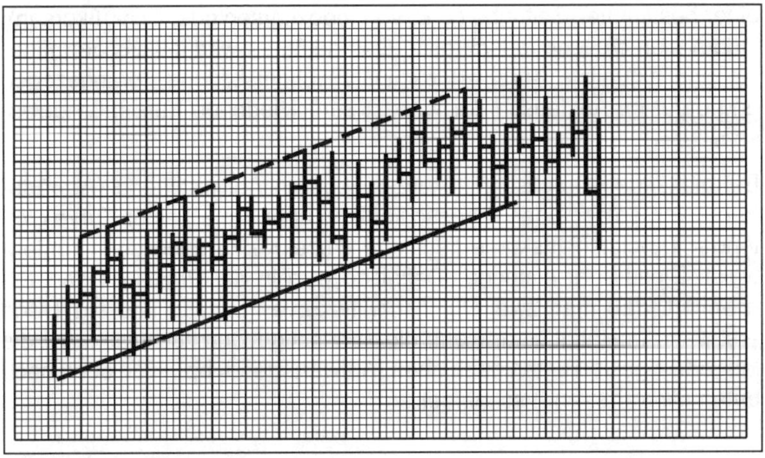

Abbildung 17: Aufwärtstrendkanal

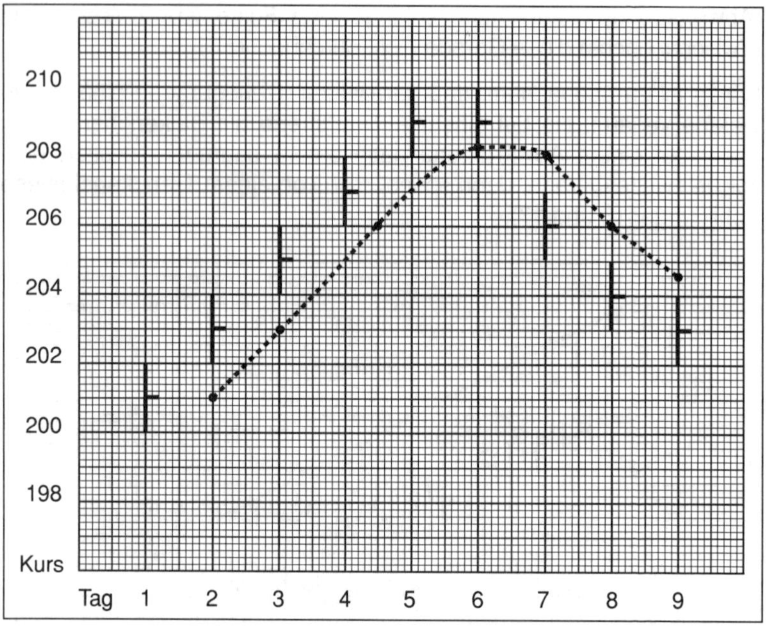

Abbildung 18: Gleitende Durchschnitte am Beispiel einer 3-Tage-Durchschnittskurve

Gleitende Durchschnittskurven ergeben sich als arithmetisches Mittel einer bestimmten Zeitreihe (z. B. von Indexkursen oder Schlußkursen), indem man gleitend fortschreitet. Das heißt, es wird jeweils der neueste und aktuellste Kurswert zur Durchschnittsbildung herangezogen und dafür im Austausch der weitest zurückliegende Kurs fallengelassen.

Bei gleitenden Durchschnittskurven liegt ein Aufwärtstrend (Abwärtstrend) vor, solange der Tagesschlußkurs über (unter) einer Kurve gleitender Durchschnittskurse liegt und diese Kurve nach oben (unten) weist. Diese sehr einfache Definition wird in der Praxis oft dadurch erweitert, daß man zwei Durchschnittskurven benutzt und ein Trend erst dann bestätigt wird, wenn die kurzfristige Durchschnittskurve die längerfristige von unten nach oben (Aufwärtstrend) bzw. von oben nach unten (Abwärtstrend) schneidet.

2.2.2 Chartformationen

In Charts tauchen immer wieder charakteristische Kursformationen auf. Man unterscheidet hier zwischen Fortsetzungs- und Umkehrformationen. Zu den ersteren zählen Dreiecke, Flaggen und Wimpel. Bei den Dreiecksformationen haben nur das steigende und das fallende Dreieck Trendfortsetzungscharakter. Das umgekehrte und das symmetrische Dreieck kennzeichnen einen hektischen Markt. Hier ist die Richtung des Ausbruchs nicht prognostizierbar.

Flaggen treten in Märkten mit starken Trends auf. Sie sind sehr verläßliche Trendfortsetzungsformationen.

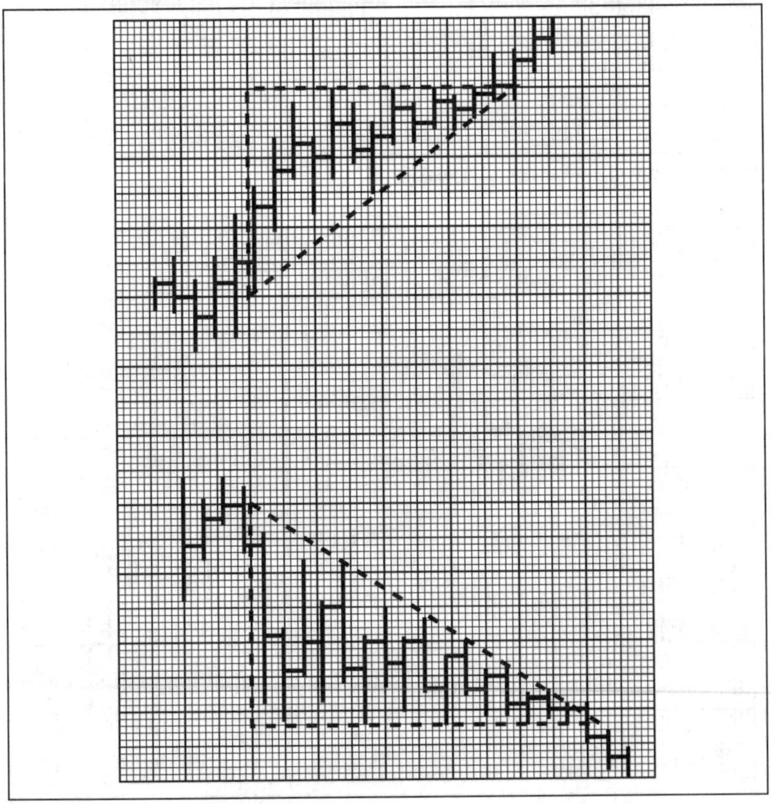

Abbildung 19: Oben steigendes Dreieck, unten fallendes Dreieck

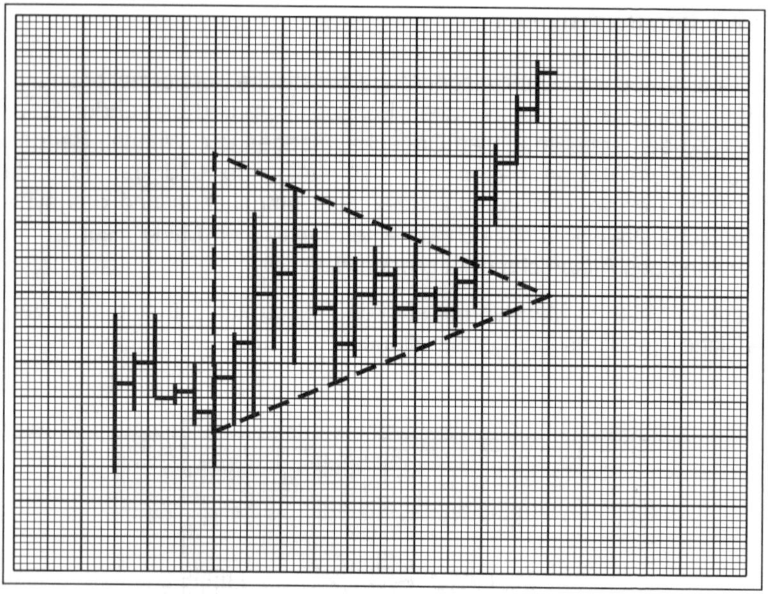

Abbildung 20: Symmetrisches Dreieck

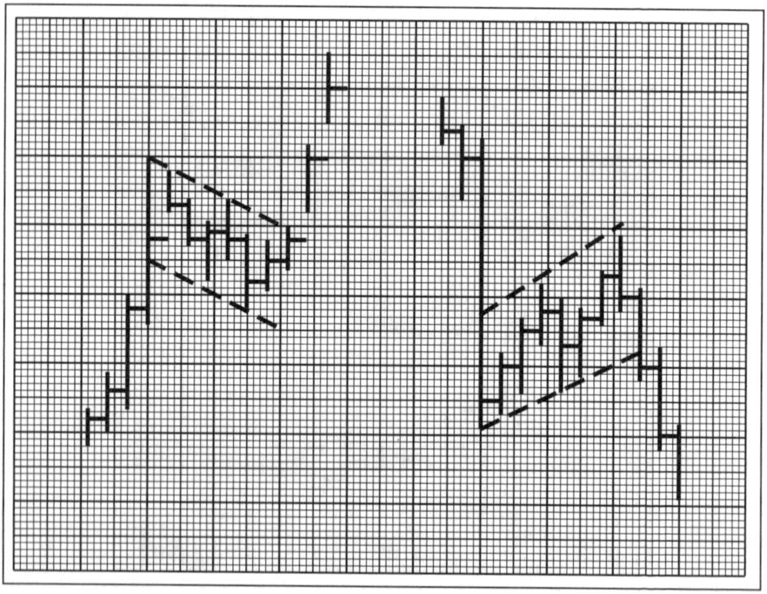

Abbildung 21: Links Flagge, rechts umgekehrte Flagge

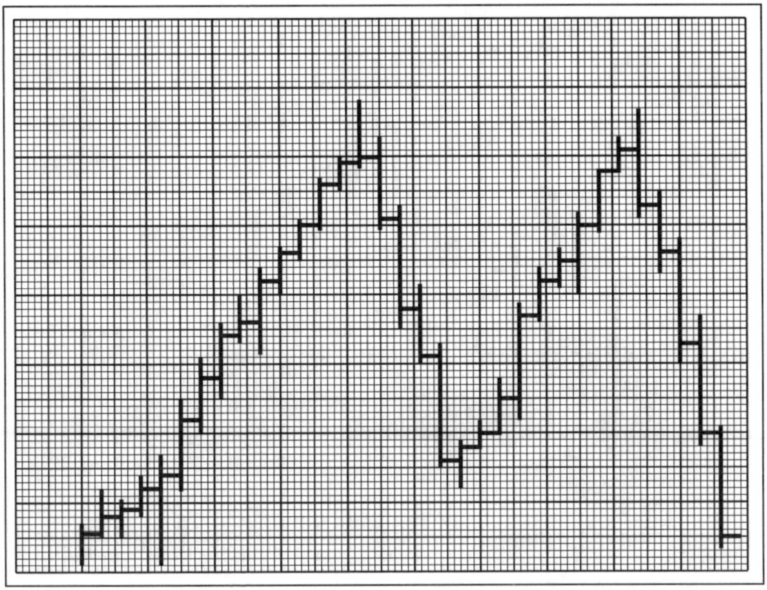

Abbildung 22: Doppelhoch

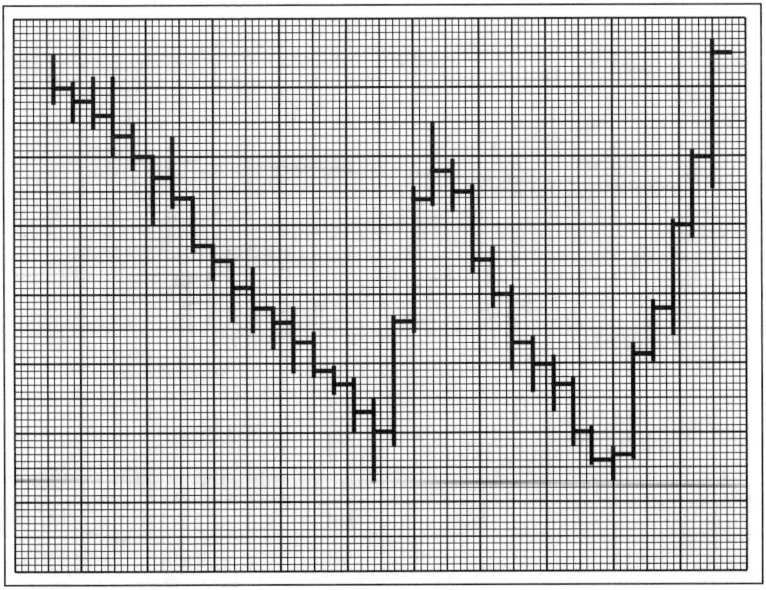

Abbildung 23: Doppeltief

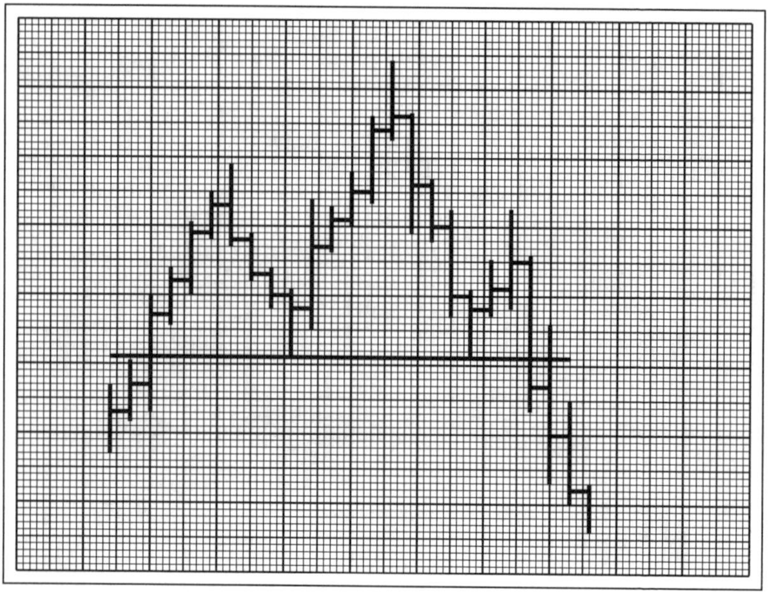

Abbildung 24: Kopf-Schulter-Formation mit eingezeichneter Nackenlinie

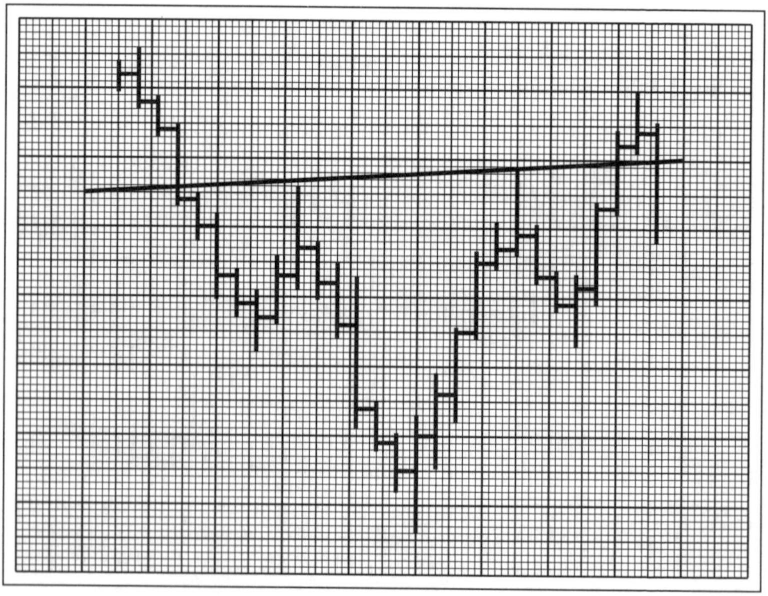

Abbildung 25: Inverse Kopf-Schulter-Formation

Kommen wir nun zu den Trendumkehrformationen: Doppelhochs bzw. Doppeltiefs (siehe Abbildungen 22 und 23) sind häufig auftretende und recht zuverlässige Trendumkehrsignale. Je größer die Formation, um so größer kann auch die nachfolgende Bewegung erwartet werden. Seltener findet man Dreifachhochs und Dreifachtiefs.

Die Kopf-Schulter-Formation (Abbildung 24) ist eine dreifache Spitze, bei der die mittlere Spitze (der Kopf) höher ist als die beiden anderen Spitzen (Schultern). Die Trendlinie, die durch die beiden Punkte des Reaktionstiefs der Kopf-Schulter-Formation gezogen werden kann, wird Nackenlinie genannt. Beim Durchbruch durch die Nackenlinie erhält man ein Verkaufssignal bzw. ein Kaufsignal bei der inversen Kopf-Schulter-Formation. Diese beiden Umkehrformationen erlauben auch eine erste Kurszielprognose. Die Bewegung, die mindestens erwartet werden kann, entspricht der Höhe der Umkehrformation.

Eine andere Art Umkehrformation ist die Wende (Reversal). Kommt es nach einem Abwärtstrend zu einer Wende, so ist am Wendetag die gehandelte Kursbandbreite tiefer, der Schlußkurs jedoch höher als der Schlußkurs des Vortages. Der Chartist erwartet nun einen Aufwärts-

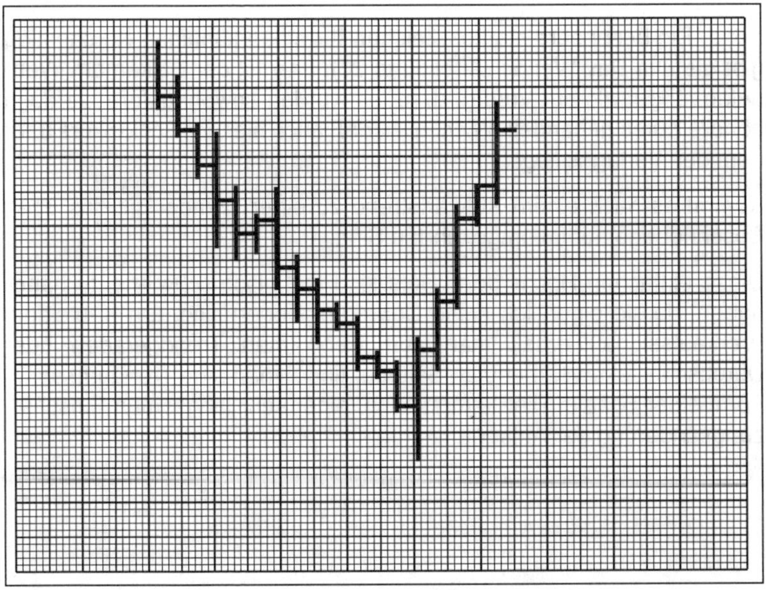

Abbildung 26: Out-Day-Kurswende

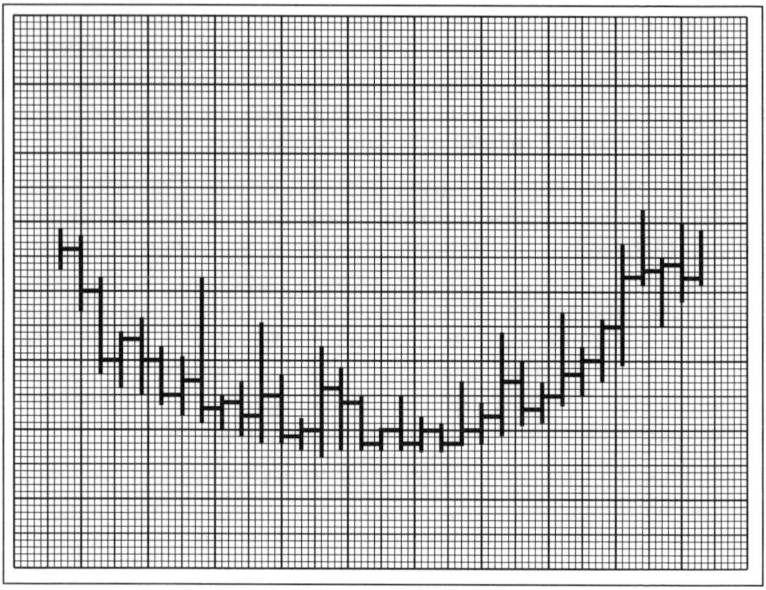

Abbildung 27: Untertassen-Formation

trend. Ein besonders starkes Zeichen für einen künftigen Kursanstieg gibt die Out-Day-Wende (Abbildung 26). Hier ist der Balken am Wendetag länger als am Vortag, d. h., es wurden sowohl tiefere als auch höhere Kurse gehandelt. Wichtig ist, daß auch hier der Schlußkurs über dem des Vortages liegt.

Kommt es nach einem Aufwärtstrend zu einer Wende, gilt das oben Beschriebene nur im umgekehrten Sinn.

Diese einfachen Hochs oder Tiefs sind technisch schwierig zu handhaben, da sie eigentlich keine Chartformationen sind. Ein Kaufsignal (Verkaufssignal) erhält man nur, wenn man Trendgeraden oder Durchschnittskurven benutzt. Seltener findet man eine Trendumkehr in Form einer Schale. Hier kommt es zu einer sehr langsamen Einschätzungsänderung der Anleger.

2.2.3 Lücken

Eine Tagesbewegung, bei der der Tiefstkurs höher als der Vortagshöchstkurs bzw. der Höchstkurs tiefer als der Vortagstiefstkurs liegt, zeigt sich im Balkenschaubild als ein Sprung und wird Lücke (Gap) genannt. Eine solche Lücke kennzeichnet meist eine abrupte Änderung der Markteinschätzung durch die Anleger.

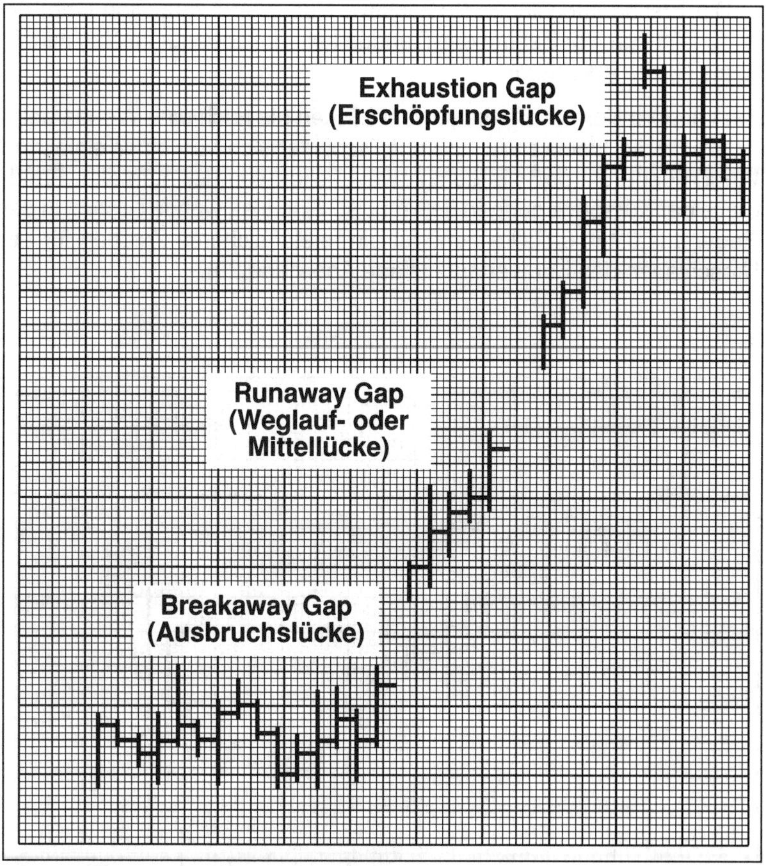

Abbildung 28: Lücken verschiedener Art

Man unterscheidet drei Arten von Lücken:

- Die Ausbruchslücke (Breakaway Gap) ist an Widerstandszonen aufzufinden, die nach oben, bzw. bei Unterstützungszonen, die nach unten durchbrochen werden.
- Die Weglauflücke (Runaway Gap) entsteht bei starken Trends oft nach einer kleinen Konsolidierung. Da sie häufig in der Mitte einer Kursbewegung auftritt, kann man sie auch zur Prognose eines Kursziels benutzen.
- Die Erschöpfungslücke (Exhaustive Gap oder Exhaustion Gap) erscheint kurz vor Beginn der Trendumkehr, ist aber nur im Nachhinein als solche erkennbar.

Eine andere Formation, die sowohl Lücken als auch eine Wende beinhaltet, ist die Inselwende. Sie unterscheidet sich von einer einfachen Wende dadurch, daß sie durch zwei Lücken von der normalen Bandbreite der Kursbewegungen getrennt ist. Eine Inselwende besteht in der Regel aus 3 bis 5 Balken und ist ein relativ sicheres Zeichen für ein Umschlagen des Kursverlaufs (siehe Abbildung 29).

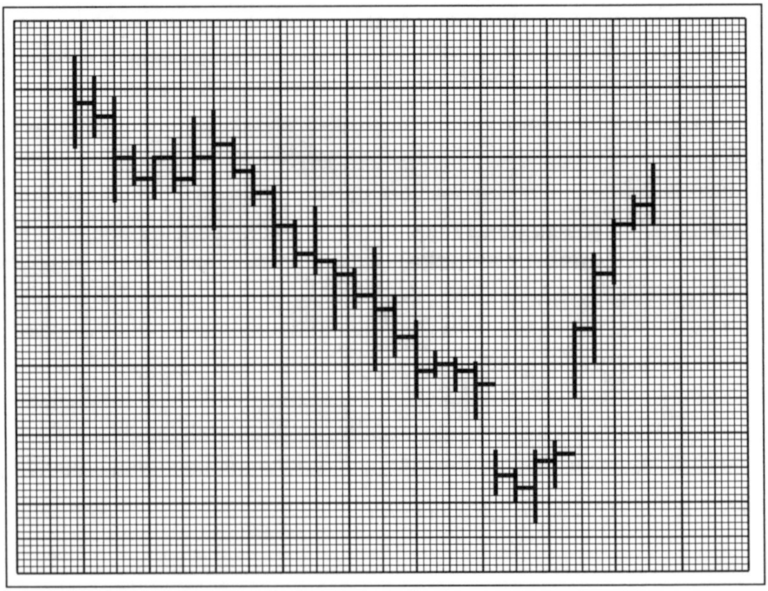

Abbildung 29: Inselwende

2.2.4 Unterstützungs- und Widerstandslinien

An Charts kann oft beobachtet werden, daß sich alte Höchst- bzw. Tiefstkurse als Widerstand (Resistance) oder als Unterstützung (Support) erweisen. Der Grund dafür liegt in der Mentalität der Anleger, an einem vorangegangenen Zwischenhoch zu verkaufen bzw. an einem Zwischentief zu kaufen. Wird ein Zwischenhoch durchbrochen, so wird aus einer Widerstandszone eine Unterstützungszone (siehe Abbildung 30).

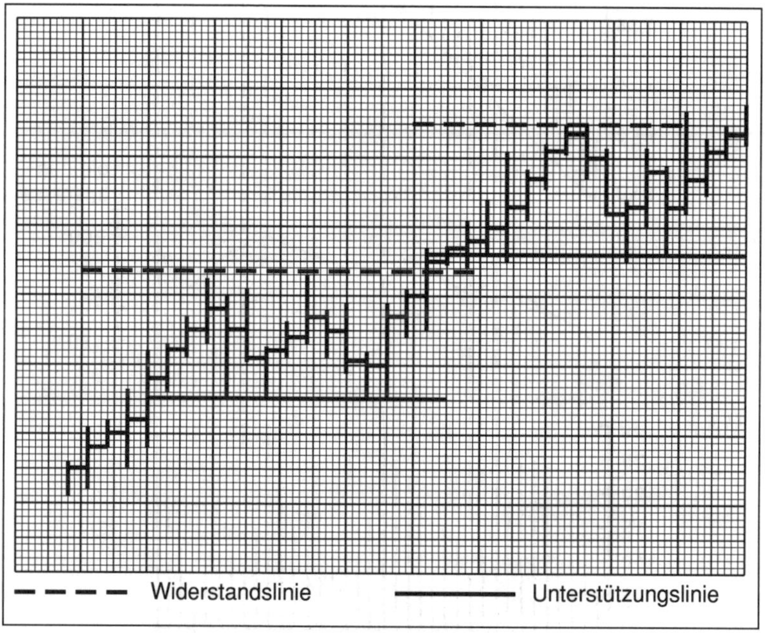

Abbbild 30: Unterstützungs- und Widerstandslinien

2.3 Volumen und offenes Interesse

Veränderungen im Volumen ergeben Anhaltspunkte zur Beurteilung von Angebot und Nachfrage der Terminkontrakte. Offenes Interesse legt die Motivation und Qualität von Angebot und Nachfrage bloß.

Die Zahl der noch offenen (nicht glattgestellten) Kontrakte stellt das offene Interesse dar. Für jede Long-Position (Kauf-Position) existiert

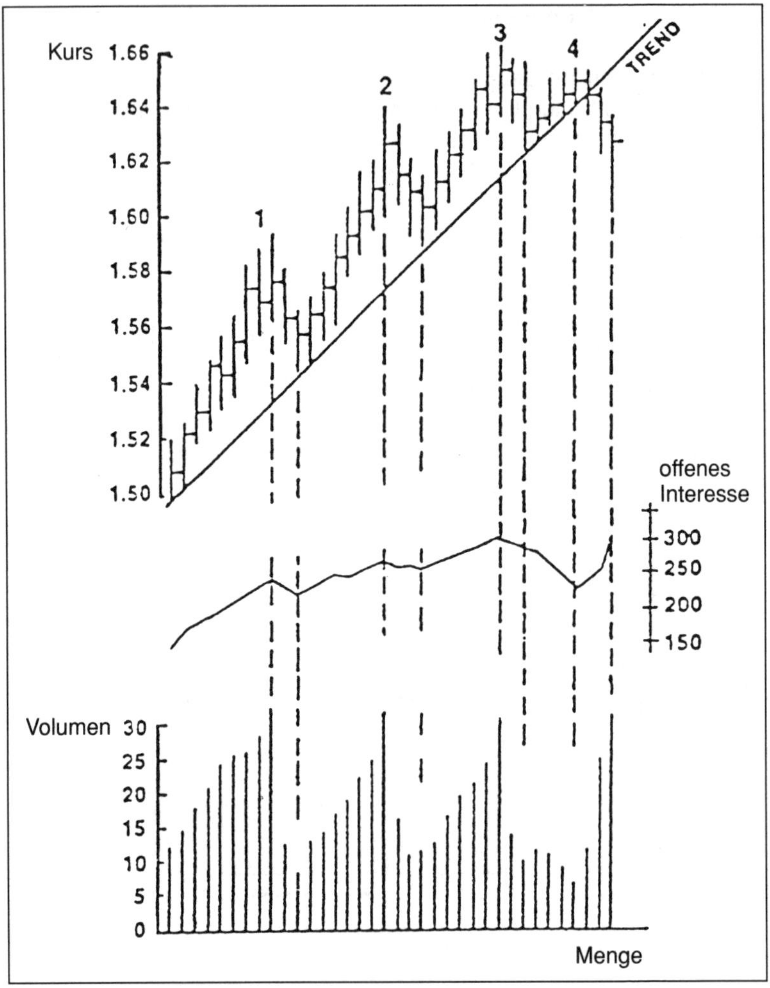

Abbildung 31: Volumen und offenes Interesse

eine Short-Position (Verkaufs-Position). Daraus folgt, daß das offene Interesse mit der Zahl der noch offenen Long-Positionen oder der noch offenen Short-Positionen übereinstimmen muß. Wenn im Juli 100 Kontrakte eines Produkts zustandekommen – bedingt durch 100 Käufer und 100 Verkäufer – ist das offene Interesse in diesem Terminmonat 100.

Das offene Interesse muß beim Kontraktauslauf liquidiert werden – entweder durch Glattstellung der offenen Positionen oder durch Lieferung des Produkts während des Liefermonats.

Das offene Interesse fällt oder steigt aus folgenden Gründen:

- Es steigt, wenn zwei Marktteilnehmer neue Positionen miteinander abschließen (jeweils Kauf- und Verkaufsposition, versteht sich);
- Es fällt zum einen, wenn zwei Marktteilnehmer alte Positionen miteinander liquidieren (die Long-Position wird durch Verkauf, die Short-Position durch einen Kauf glattgestellt);
  und zum anderen, wenn der Inhaber einer Short-Position die effektive Ware liefert und der Inhaber einer Long-Position die Ware entgegennimmt.
- Geht ein Marktteilnehmer eine neue Long-Position mit einem anderen Marktteilnehmer ein, der eine alte Long-Position glattstellt, verändert sich das offene Interesse nicht. In diesem Fall hat der neue Käufer lediglich den alten Käufer ersetzt. Dasselbe gilt für den Fall, daß ein neuer Leerverkäufer an einen alten (glattstellenden) Leerverkäufer verkauft.

Das offene Interesse ergibt eine Aussage über die Verfassung des Marktes erst dann, wenn es zum Volumen und Preis in Beziehung gebracht wird:

- Wenn Preise, Volumen und das offene Interesse im Steigen begriffen sind, gilt es als wahrscheinlich, daß der Aufwärtstrend sich fortsetzt.
- Fallende Preise und fallendes offenes Interesse deuten an, daß der Druck auf den Markt durch Glattstellungen von Long-Positionen erfolgt und die Schwäche im Markt vorüber sein wird, sobald diese Glattstellungen beendet sind.
- Steigen die Preise und fällt das offene Interesse, dann mißtrauen die Käufer der Aufwärtsbewegung und stellen ihre Positionen glatt. Danach ist mit einem Ende der Aufwärtsbewegung zu rechnen.
- Fallende Preise und steigendes offenes Interesse lassen ein aggressives Verhalten der Leerverkäufer erkennen. Auch zu tieferen Kursen sind sie bereit, neue Short-Positionen einzugehen.

Wenn die Trends von Volumen, offenem Interesse und Preis auf keinen Nenner zu bringen sind, ist der Markt als technisch schwach anzusehen.

Die professionellen Absicherer stellen in vielen Märkten den dominierenden Faktor dar. Die Daten über offenes Interesse deuten an, ob in diesen Märkten die Absicherer neue Positionen auf- oder abbauen. Ansteigendes offenes Interesse deutet auf Engagement dieser Marktteilnehmer, abnehmendes offenes Interesse deutet auf Glattstellungen der Hedger hin. Da die kommerziellen Absicherer das meiste Wissen gerade über ihre Märkte besitzen, sind Veränderungen des offenen Interesses zu beachten.

Ein plötzlicher überdurchschnittlicher Anstieg oder Abfall des offenen Interesses – insbesondere während einer Konsolidierungsphase – kann eine Veränderung der Marktmeinung der kommerziellen Hedger signalisieren.

2.4 Oszillatoren

Da die in Abschnitt 2.2.1. beschriebenen Trendbestimmungsmethoden erst im nachhinein einen Trend erkennen lassen, wurde von Technikern immer wieder nach Methoden gesucht, eine Trendwende im voraus zu erkennen. Am besten erfüllen solche Aufgaben sogenannte Oszillatoren. Anhand der Schlußkurse eines bestimmten Zeitraumes werden mit Hilfe von mathematischen Formeln Werte errechnet, die anzeigen, wie stark der Markt überkauft bzw. überverkauft ist.

2.5 Gegensätzliche Meinung

Die Theorie der gegensätzlichen Meinung (Contrary Opinion) beruht auf der optimistischen bzw. pessimistischen Einstellung über den Kursverlauf der Marktteilnehmer:

- Glauben z. B. 80% aller Marktteilnehmer an eine Hausse, so ist die Wahrscheinlichkeit groß, daß die Kurse bald fallen. Denn bei steigendem Trend und übergroßem Optimismus ist bereits schon viel potentielle Kaufkraft in aktuelle Käufe gesteckt worden. Die technische Lage hat sich in einer solchen Situation wegen des steigenden Optimismus verschlechtert.
- Glauben im umgekehrten Falle 80% der Marktteilnehmer an eine Baisse, so erwarten die Anhänger der Contrary Opinion, daß ein bisher starker Kursrückgang in dieser Form nicht weiter anhalten wird, weil der Markt allmählich überverkauft sei.

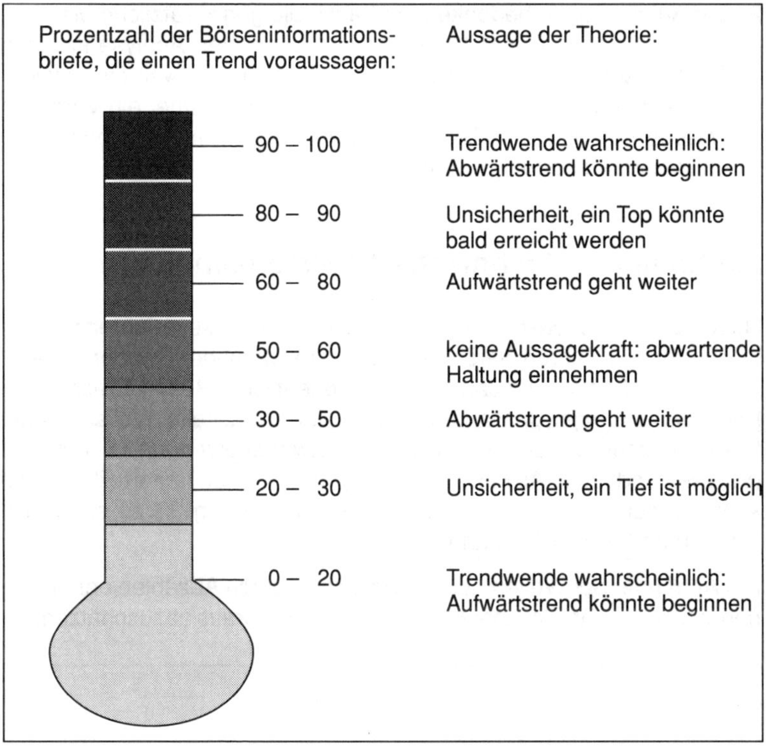

Abbildung 32: Theorie der gegensätzlichen Meinung

Um einen Eindruck über die optimistische oder pessimistische Einstellung der Marktteilnehmer zu erhalten, müßte ein repräsentativer Durchschnitt aller Börsenteilnehmer ermittelt werden. Dies geschieht in der Regel dadurch, daß Börseninformationsbriefe analysiert und in eine Werteskala von 0% bis 100% übertragen werden.

Man kann die Aussagen der Theorie der gegensätzlichen Meinung sehr gut anhand der folgenden Abbildung 32 veranschaulichen.

Abschließend sollte noch auf 2 Punkte hingewiesen werden:

1. Die Theorie der gegensätzlichen Meinung sollte nur nach einer kräftigen und lang andauernden Preisbewegung beachtet werden; nimmt man zu früh eine zum Markt entgegengesetzte Meinung an, kann dies falsch und daher kostspielig sein.

2. Der Anleger sollte bedenken, daß auch die gegensätzliche Meinung nur eines von vielen Hilfsmitteln der technischen Analyse ist. Eine Position sollte niemals eingegangen werden, nur weil ein einziger technischer Indikator dies rät, sondern es sollte immer ein Vergleich zwischen mehreren Indikatoren herangezogen und erst dann eine Entscheidung getroffen werden.

2.6 Komplexe technische Analysemethoden

Neben den bisher besprochenen klassischen Analyseverfahren werden in den letzten Jahren verschiedene ältere Methoden wiederentdeckt bzw. neu entwickelt. Im Jahre 1978 veröffentlichte Robert Prechter die Ende der dreißiger Jahre von R. N. Elliot entwickelte Wellentheorie. Elliot versuchte zu zeigen, daß eine Aufwärtsbewegung in 5 Wellen (Waves) und eine Abwärtsbewegung in 3 Wellen unterteilt werden kann, wobei jede einzelne Welle, wie in Abbildung 33 zu sehen ist, weiter unterteilt werden kann.

Die Anhänger der Wellentheorie versuchen, durch Abzählen der einzelnen Wellen die Größe einer Kursbewegung im voraus abzuschätzen.

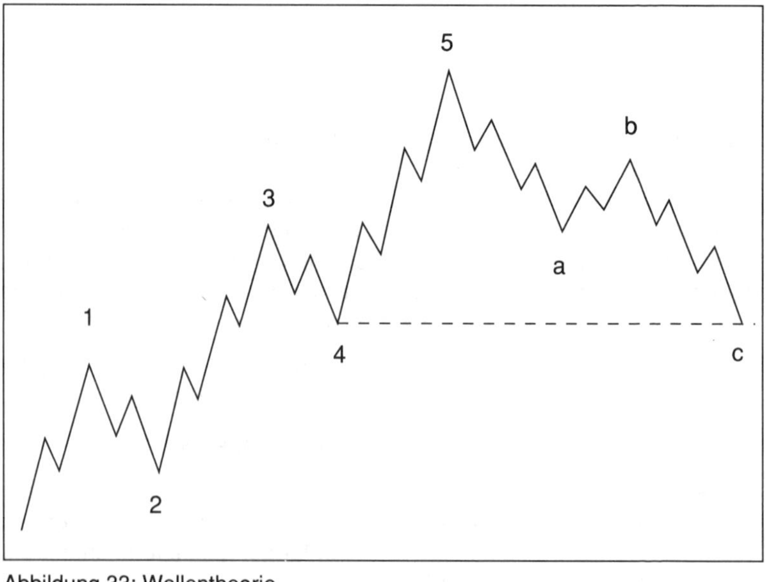

Abbildung 33: Wellentheorie

W. D. Gann war ein legendärer Aktien- und Terminspekulant, der vor allem mathematische Analysemethoden entwickelte. Am bekanntesten sind seine aus verschiedenen geometrischen Winkeln entstehenden Geraden. Wie der Euro-Dollar-Chart zeigt, werden dabei an bedeutenden Höchst- und Tiefstpunkten verschiedene Winkel angelegt, wobei die 45°-Gerade die größte Bedeutung hat. Ein Aufwärtstrend (Abwärtstrend) ist solange intakt, wie die Kurse über (unter) der 45°-Geraden liegen. Diese Linien fungieren als Widerstands- oder Unterstützungslinien. Wird eine durchbrochen, so wird eine weitere Bewegung bis zur nächsten Geraden erwartet (siehe Abbildung 34).

Sowohl Gann als auch Elliot haben versucht, die technischen Reaktionen mathematisch zu quantifizieren und kamen zu fast identischen Ergebnissen. Nach Gann ist die 50%-Reaktion – ein Rückfall der Kurse um die Hälfte des vorausgegangenen Anstiegs – die wichtigste Korrektur. Bei stärkeren Trends kommt es oft nur zu Korrekturen von $\frac{3}{8}$ (37,5%); bei schwächeren Trends $\frac{5}{8}$ (62,5%) der vorangegangenen Kursbewegungen.

Steidlmayer, ein ehemaliger Parketthändler des Chicago Board of Trade, hat in den letzten Jahren einen völlig neuen Ansatzpunkt zur Beur-

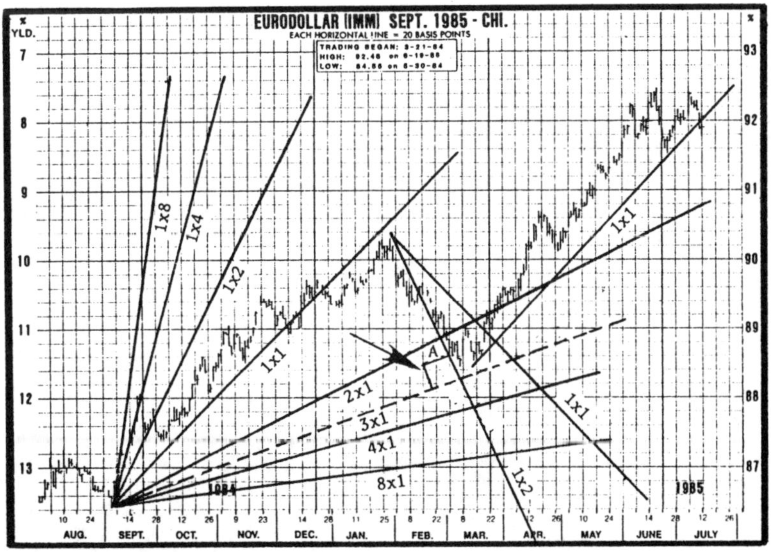

Abbildung 34: Winkelchartanalyse

teilung von Kursbewegungen entwickelt. Bei seinem „Market Logic System“ wird auf einer Preisskala in jeder halben Stunde für jede Kursveränderung ein Buchstabe eingezeichnet. Beginnend mit A wird für jede weitere halbe Stunde ein weiterer Buchstabe benutzt (B, C, D etc.). Das Ziel ist, möglichst früh am Tag zu erkennen, ob sich ein Trend gebildet hat oder ob sich die Kurse seitwärts bewegen.

Beispiel

Für den DM-Bund-Futures wird für je $\frac{2}{100}$ Prozent ein Buchstabe eingetragen.

Seitwärtstag:

9306 D E
9304 A B C D E F J K
9302 A B C D E F G H I J K L
9300 A B C D E F G H I J K L M
9298 A B F G H K L M
9296 A B F H L M
9294 A

Trendtag:

9350 L
9348 L
9346 H L
9344 H J K L
9342 H J K L M
9340 H I J K L M
9338 G H I J K L
9396 G H I J K
9334 G
9332 G
9370 F G
9328 F G
9326 FG
9324 B D E F G
9322 B D E F
9320 B C D E F
9318 A B C D E F
9316 A B C D E F
9314 A B
9312 A B
9310 A
9308 A
9306 A
9304 A

Kapitel 4

Geldmanagement

1. Einleitung

Ein Großteil der Personen, die die Börse in Anspruch nehmen, sind sogenannte Spekulanten. Es sind Personen, die bereit sind, die Risiken zu übernehmen, welche Hedger vermeiden wollen.

Untersuchungen haben gezeigt, daß nur 10% bis 30% der Spekulanten in irgendeinem Jahr ihre Termin- und Optionsgeschäfte per Saldo mit einem Gewinn abschließen. Obwohl dieses Ergebnis zunächst enttäuschend erscheint, gibt es zu jedem Zeitpunkt Personen, die als Spekulanten beachtliche Summen in Termin- und Optionsgeschäften riskieren.

Der Begriff Geldmanagement ist in der Bundesrepublik Deutschland noch recht unbekannt. Im Bereich des Options- und Futureshandels versteht man unter diesem Begriff den geplanten Einsatz von Spekulationsgeldern. Die Planung basiert auf wahrscheinlichkeits- und entscheidungstheoretischen Überlegungen.

2. Spekulationsplan

2.1 Rohentwurf

Mancher Spekulant plant seine Einsätze sehr sorgfältig, handelt aber aus Impuls ganz anders. Es versteht sich von selbst, daß nur der Gesamtgewinn aus den saldierten Geschäften zählt. Damit ist gemeint, daß entweder die gewinnenden über die verlierenden Geschäfte überwiegen, oder daß die Gewinne weniger Geschäfte größer als die Verluste der vielen erfolglosen Geschäfte sind. Die Situation des Spekulanten ist der eines Spielers gleichzusetzen: Er kann nur vermuten – aber nicht wissen – wie sich das Geschäft entwickelt. Die Geschicklichkeit des Spekulanten liegt nicht nur in der Voraussage der Kursentwicklung, sondern ebenso in der Aufstellung und disziplinierten Durchführung eines Spekulationsplans.

Der Spekulationsplan dient jedoch nur als Rohentwurf. Er enthält in kurzer Form die logischen Gründe für die Eröffnung und Glattstellung einer Position. Wenn eine Position eröffnet wurde, kann der Preis nur steigen, fallen oder gleichbleiben. Der Plan des Spekulanten sollte Aktionsanweisungen für alle drei Fälle enthalten. Jeder Plan muß Klarheit darüber geben, wann die Position glattgestellt wird. Dies bedeutet die Berücksichtigung der drei genannten Eventualitäten: steigende, fallende und unveränderte Preise. Der Plan muß einen Verlust- bzw. Gewinnausstieg vorsehen sowie die bessere Verwendung des Geldes, falls sich der Markt entgegen der Erwartung des Spekulanten nicht bewegt. Der Ausstieg für den Fall des Verlustes sollte durch einen vor Positionseröffnung festgelegten Stop-Loss-Punkt vorprogrammiert sein.

Im Fall der Gewinnentwicklung gibt es keine derartig klare Regel. Es hängt von den Zielen und Methoden des Spekulanten ab, wann und wie er Gewinne realisieren will. Neben einer festgelegten Kurshöhe kann auch ein Zeitpunkt als Gewinnmitnahmekriterium dienen. Bei unbeweglichen Märkten wird der Spekulant spätestens zum Liefermonat entscheiden müssen, was er mit seiner Position tut, da er keinesfalls in eine Liefersituation kommen will.

Wer sich ein derartiges Grundkonzept zurechtgelegt hat, kann dem Markt gelassener entgegensehen. Er ist nicht auf permanente Marktbeobachtungen und Impulsentscheidungen angewiesen, die sich in der Hitze des Augenblicks eher falsch als richtig erweisen, keinesfalls aber gut überlegt sind.

2.2 Verfügbares Kapital

Festzulegen ist die Mindestgrenze und die Obergrenze der für die Spekulation einzusetzenden Mittel. Das absolute Minimum ist der Einschuß nebst Provision, der für einen bestimmten Vertrag zu erbringen ist. Das absolute Maximum ist das Gesamtvermögen des Spekulanten einschließlich der ihm zur Verfügung stehenden Kredite. Beide Grenzen sind jedoch für eine überlegte Spekulation unsinnig.

Ein Spekulant, der nur den absoluten Mindestbetrag zur Verfügung hat, sollte die Spekulation in Termingeschäften lassen. Denn falls der Kurs sich entgegen der Erwartung entwickelt, bringt er sich sehr schnell durch die Hebelwirkung und die geringe Sicherheitsleistung in eine gefährliche Situation:

- Er muß seine Position entweder selbst liquidieren, um einen gewissen Prozentsatz seines Einschusses zu retten

– oder es kommt zur Zwangsliquidierung, wenn nicht rechtzeitig Nachschuß geleistet wird.

Es sollte deshalb zur Spekulation mindestens soviel Kapital zur Verfügung stehen, daß jederzeit einem Variation Margin Call nachgekommen werden kann.

Unter diesem Blickwinkel ist auch eine Spekulation auf Kredit zu sehen. Termingeschäfte mit ihrer großen Hebelwirkung sollten nicht durch Kredite finanziert werden. Eine Ausnahme bilden Kredite, die nur eine Form der Verflüssigung anderweitig investierten Kapitals sind.

Eine Grundregel des Geldmanagements lautet, nicht mehr als maximal 10% bis 20% des frei verfügbaren Kapitals für Spekulationszwecke zu verwenden. Hiervon sollten höchstens 50% als Einschuß auf eingegangene Positionen geleistet werden. Das heißt also, daß nur 5% bis 10% des Gesamtvermögens in Options und Futures angelegt werden sollten.

2.3 Beurteilung von Strategien

2.3.1 Auswahlkriterien bei der Datensammlung

In diesem Zusammenhang soll nicht die Analyse für die Eröffnung einer einzelnen Position erörtert werden, sondern die eher grundsätzliche Problematik, wie der Spekulant seine Spekulation generell handhaben will. Die Beurteilung einer einzelnen Position ist die Domäne der Fundamental- oder technischen Analyse. Hier soll vielmehr erörtert werden, nach welchen Prinzipien der Spekulant seine Strategie auswählt. Folgt er einer weitverbreiteten Methode oder einem relativ unbekannten Spekulationsrezept? Der Spekulant muß sich auch entscheiden, ob er häufiger ein- und aussteigt oder ob er das sogenannte Positiontrading (länger gehaltene Positionen) vorzieht, ob er sich auf ganz wenige Produkte beschränkt oder ob er versucht, eine größere Anzahl von Produkten zu verfolgen.

2.3.2 Trockenhandel

Beim Trockenhandel geht man Positionen ein – ohne echt zu handeln – um eine Strategie auf ihre Brauchbarkeit zu testen. Dadurch kann der Spekulant die Stärken und Schwächen des überprüften Systems besser beurteilen. Die Strategie muß gegen unterschiedliche Marktverhältnisse getestet werden, d. h., gegen trendlose Märkte und Märkte mit Trends.

Die Ein- und Ausstiegssignale müssen realistisch sein. Wird als Einstiegssignal der Schlußkurs des Vortages genommen, darf der Test diesen Kurs nicht als Kauf- bzw. Verkaufskurs ansetzen, sondern muß den nehmen, zu dem der Auftrag des Testers am nächsten Tag aller Wahrscheinlichkeit nach zum Zuge gekommen wäre. Dieser kann erheblich vom Schlußkurs abweichen und zu einem völlig anderen Ergebnis führen. Das Beispiel läßt sich dahingehend verallgemeinern, daß der Spekulant bei seiner Prüfung genügend Spielraum für schlechte Ausführungen geben muß.

Anschließend soll erwähnt werden, daß bei einer Prüfung verschiedene Strategien zum gleichen Gewinnergebnis führen können. Die Strategie, die einen Gesamtgewinn durch mehrere kleinere Gewinngeschäfte erzielt, ist einer anderen vorzuziehen, bei der viele Verlustgeschäfte durch einen großen Gewinn überkompensiert werden. Die Prüfung muß statistische Grundregeln beachten. Der Umfang der Testdaten muß groß genug sein, um repräsentative Ergebnisse zu erzielen. Eine zu schmale Datenbasis nimmt dem Prüfungsergebnis den Aussagewert. Da dies erhebliche Arbeit beinhaltet, scheuen die meisten Spekulanten davor zurück. Das ist einer der häufigsten Fehler. Die Strategie muß weiterhin realistische Stops vorsehen.

2.4 Dauer der Position

Das Hauptziel der Spekulation ist die Realisierung des größtmöglichen Gewinns im Verhältnis zum eingesetzten Kapital unter Berücksichtigung eines vertretbaren Risikos. Dabei spielt der Zeitraum, der zur Realisierung des Gewinns benötigt wird, eine wesentliche Rolle. Ein kleiner Gewinn innerhalb weniger Tage mag vertretbar sein, während der gleiche Gewinn unter Ausnutzung von Monaten unrentabel wäre. Der Spekulant sollte deshalb seine Spekulationsziele ins Verhältnis zur Spekulationszeit setzen.

2.5 Positionserweiterung

2.5.1 Averaging

Averaging beinhaltet das Eingehen einer zusätzlichen Position, die genauso groß ist wie die schon bestehende. Man kann Averaging sowohl mit dem Markt als auch gegen den Markt betreiben. Averaging mit dem Markt kann den Nachteil mit sich bringen, daß die Position zu einem Preisniveau erweitert wird, bei dem an sich die Gewinne realisiert werden sollten. Nunmehr werden sie durch den neuen Einsatz riskiert, und zwar mit höherem Risiko, da sich die Wahrscheinlichkeit einer weiteren günstigen ungebrochenen Preisentwicklung verringert.

Gegen den Markt – also bei negativem Kursverlauf zu erweitern – ist eine noch risikoreichere Art zu spekulieren. Der Spekulant wird nur bei weiterer negativer Entwicklung neue Positionen hinzufügen, bis er zu dem Punkt kommt, an dem seine finanziellen Mittel erschöpft sind.

2.5.2 Pyramiding

Neben der Entscheidung, wann und in welche Richtung eine Position erweitert werden soll, steht die Entscheidung, in welchem Umfang die Position erweitert wird. Hat eine ursprünglich eingenommene Position den Umfang von mehreren Kontrakten, sollte sie ausgebaut werden:

- nur wenn sich die Kurse zugunsten des Marktteilnehmers entwickeln und
- in einem kleineren Umfang als die ursprünglich eingenommene Position. Diese Art des Positionsaufbaus nennt sich Pyramiding.

Werden mit dem Markt auf einer schmalen Basis immer breitere Positionen aufgebaut (Bauen einer umgekehrten Pyramide), kann ein Drehen der Preise in die für den Spekulanten ungünstige Richtung zu ruinösen Verlusten führen. Die große Anzahl der jüngsten, nun verlustreichen Positionen erlaubt es dem Spekulanten nicht mehr, mit den nichtrealisierten Gewinnen der Basispositionen diese Verluste aufzufangen. Stattdessen wird das ursprüngliche Einsatzkapital aufgezehrt, das der Spekulant möglicherweise nicht riskieren wollte.

Eine Veranschaulichung dieser Regel sieht so aus:

Beispiel

	empfehlenswert
Umfang der 3. Erhöhung	X
Umfang der 2. Erhöhung	XXX
Umfang der 1. Erhöhung	XXXXX
Anfangsposition	XXXXXXX
	nicht empfehlenswert
Umfang der 3. Erhöhung	XXXXXXX
Umfang der 2. Erhöhung	XXXXX
Umfang der 1. Erhöhung	XXX
Anfangsposition	X

2.6 Spekulationsgrundsätze für Stopaufträge

Wichtig ist das Setzen eines Verluststops. Dadurch zwingt sich der Spekulant zur Überlegung, welchen Teil seines Kapitals er bei ungünstiger Entwicklung bereit ist zu verlieren. Der Verlustausstieg kann auch anhand der fundamentalen oder technischen Analyse bestimmt werden. Der für den Spekulanten akzeptable Verlust gibt den Ausgangspunkt für das Abstecken des Verlustterrains. Als Daumenregel wird sich der Spekulant sagen müssen, daß die Gewinnchance auf jeden Fall größer als das Verlustrisiko sein sollte. Wenn dem Spekulanten Wahrscheinlichkeitsüberlegungen oder Wahrscheinlichkeitsrechnungen zu unsicher oder kompliziert sind, sollte er sich zwei Grenzen setzen:

- eine, die das Risiko begrenzt und
- eine, die angibt, bei welcher Höhe des Gewinns der Spekulant bereit ist, diesen zu realisieren.

Bei dieser Überlegung sollte der erwartete Gewinn mindestens das Zwei- bis Dreifache des riskierten Einsatzes betragen.

Kritiker von Stopaufträgen meinen, es sei verfehlt, schon bei Positionseröffnung einen Verluststop zu setzen. Denn sollte die Stimmung am Markt schnell umschlagen, könnten die ausgestoppten Spekulanten in der folgenden Phase keine Gewinne mitnehmen.

Dies spricht jedoch nicht gegen das Setzen eines Stops an sich, sondern nur gegen die Marke, an der der Stop gesetzt wird. Der Spekulant muß sich dann überlegen, wo die Punkte liegen, bei denen Stops erwartet werden. Er sollte seinen Stop nicht an diesen Punkten setzen. Es kann sich jedoch immer erst im nachhinein erweisen, ob der Stop richtig gewählt wurde. Im übrigen ist es meist billiger, ausgestoppt zu werden und die Position nach Drehen des Markts neu zu eröffnen, als ohne Stop den gesamten Einsatz zu verlieren.

2.7 Muster eines Plans

Der Spekulant mag seinen Plan im Kopf haben. Vorzuziehen ist jedoch die schriftliche Form. Besteht der Plan nur in Gedanken, ist die Gefahr der Selbsttäuschung zu groß. Dem Geschriebenen wohnt ein größerer Zwang zur Durchführung und zur anschließenden kritischen Auseinandersetzung mit den eigenen Fehlern inne.

Er sollte z. B. enthalten:
- Termingegenstand,
- Terminmonat,
- Long/Short/Spread,
- Margin,
- Provision,
- Spekulationsform: kurzfristiges oder langfristiges Trading, Averaging mit oder gegen Marktbewegungen, Pyramiding,
- Einstiegsplan: Einstiegsbedingungen, Datum, Preis, Menge, Gesamtmenge, Durchschnittspreis,
- Einstiegsausführung: Datum, Preis, Menge, Gesamtmenge, Durchschnittspreis,
- Glattstellungsplan: Glattstellungsbedingungen, Datum, Preis, Menge, Restmenge, erwarteter Gewinn, Erststop, Anpassungs- oder gleitender Stop, letzter Glattstellungszeitpunkt,
- Gewinn- und Verlustwahrscheinlichkeiten,
- Glattstellungsausführung: Glattstellungsgrund (vorgesehener Zeitpunkt, Vertragsauslauf, Spekulationsziel erreicht, Stop ausgelöst, Zwangsliquidation, sonstige), Datum, Menge, Preis, Bruttogewinn, Bruttoverlust, Provision.

3. Spekulationsgrundsätze im Geldmanagement

3.1 Geldmanagement und Spieltheorie

Die Lehre vom Geldmanagement baut auf der Wahrscheinlichkeitsrechnung und ihrer Anwendung in der Spieltheorie auf. Insoweit ähneln sich Spiel und Spekulation. Ein Spekulant oder Spieler muß drei Punkte in seine Überlegung einbeziehen:

- Höhe des einzusetzenden Spekulationskapitals,
- Erwartungen über den Ausgang der Spekulation,
- Wahrscheinlichkeit eines Totalverlusts des verfügbaren Spekulationskapitals.

Höhe des einzusetzenden Spekulationskapitals ist schon unter Punkt 2.2. behandelt worden.

3.2 Erwartungen über den Ausgang der Spekulation

3.2.1 Wahrscheinlichkeit

Die Spekulation besteht aus einem oder mehreren Versuchen bzw. Transaktionen. Hierbei ist der Begriff Erwartungswert von Bedeutung. Der Erwartungswert zeigt das zu erwartende durchschnittliche Ergebnis einer bestimmten Anzahl von Transaktionen. Wenn die Spekulation nur in einer Transaktion bestünde, wäre die Erwartung der Spekulation und die der Transaktion identisch. Die Erwartung basiert jedoch grundsätzlich auf der relativen Häufigkeit eines Ereignisses bei langfristiger Wiederholung des Versuchs (eines Spekulationsgeschäftes), d. h. der Wahrscheinlichkeit. Diese wird dezimal von 0 bis 1 oder von 0% bis 100% gemessen.

3.2.2 Optimismus und Wahrscheinlichkeit

Eine Kursentwicklung kann nicht mit Sicherheit vorausgesagt werden. Deshalb sollte jeder Spekulant, der eine Position eingeht, eine Vorstellung über die künftige Kursentwicklung angeben können.

Je nach optimistischer oder pessimistischer Einstellung des Spekulanten werden den verschiedenen Kursentwicklungen unterschiedliche Wahrscheinlichkeitsgrade zugeordnet. Man unterscheidet hier zwischen der subjektiven Wahrscheinlichkeit und der objektiven Wahrscheinlichkeit.

Jeder Spekulant ordnet dem Eintreten bestimmter Ereignisse in der Zukunft eine Wahrscheinlichkeit zu. Da diese Aussage über die Wahrscheinlichkeit jedoch nur auf seiner persönlichen Einschätzung basiert, spricht man in diesem Fall von der subjektiven Wahrscheinlichkeit.

Kann man die Wahrscheinlichkeit für das Eintreffen eines bestimmten Ereignisses mathematisch exakt bestimmen, bezeichnet man dies als objektive Wahrscheinlichkeit.

Beispiel

Das wohl bekannteste Beispiel ist der Wurf einer Münze. Hier gibt es zwei mögliche Ereignisse, entweder Kopf oder Zahl. Das heißt für jede der beiden Seiten beträgt die Wahrscheinlichkeit $\frac{1}{2}$ bzw. 0,5 oder auch 50%.

Beispiel

Betrachten wir ein Kartenspiel mit 32 Karten und vier Königen. Wie groß ist die Wahrscheinlichkeit, beim Ziehen einer Karte einen König zu ziehen? Die Wahrscheinlichkeit beträgt in diesem Beispiel $\frac{4}{32}$ bzw. 0,125 oder 12,5%.

Beispiel

In einem Glas befinden sich 100 Kugeln. Von diesen Kugeln sind 25 rot und 75 schwarz. Wie groß ist die Wahrscheinlichkeit eine rote Kugel zu ziehen?

Die Wahrscheinlichkeit für das Ziehen einer roten Kugel beträgt $\frac{25}{100}$ bzw. 0,25 oder 25%.

Wie anhand der Beispiele zu erkennnen ist, errechnet sich die objektive Wahrscheinlichkeit aus der Division der Summe der positiven Ereignisse durch die Summe aller möglichen Ereignisse.

Wahrscheinlichkeit und Gegenwahrscheinlichkeit addieren sich immer zu 1 bzw. zu 100%. In der Statistik bezeichnet man die Wahrscheinlichkeit für das Eintreten eines positiven Ereignisses mit dem Buchstaben P sowie die Wahrscheinlichkeit für das Eintreten eines negativen Ereignisses mit Q.

Somit gilt:

$P + Q = 1$ bzw. 100%

Beispiel

Im Beispiel 2 betrug die Wahrscheinlichkeit P einen König zu ziehen $\frac{4}{32}$ oder 0,125. Wie groß ist nun die Wahrscheinlichkeit, keinen König zu ziehen?

Wie wir wissen, addieren sich die Wahrscheinlichkeiten zu 1. In unserer Aufgabe ist $P = 0{,}125$.

$$\begin{aligned} P \quad &+ Q = 1 \\ 0{,}125 \quad &+ Q = 1 \\ &Q = 1 - 0{,}125 \\ &Q = 0{,}875 \end{aligned}$$

Dies bedeutet, die Wahrscheinlichkeit, keinen König zu ziehen, beträgt 87,5%.

Im Beispiel der 100 Kugeln betrug die Wahrscheinlichkeit P, eine rote Kugel zu ziehen, 25%. Hieraus folgt, daß die Wahrscheinlichkeit für das Ziehen einer schwarzen Kugel 1 – P bzw. 1 – 0,25 = 0,75 oder 75% betragen muß.

3.2.3 Erwartungswert

Wenn der Spekulant seine Wahrscheinlichkeitsüberlegung angestellt hat, ist noch nicht entschieden, ob er nun die entsprechende Position eröffnen wird. Was ist ihm die Position wert? Als Maßstab bietet sich die Gewinnchance bzw. der Erwartungswert E der Position an, der sich mathematisch aus der Wahrscheinlichkeitserwartung als Durchschnittszahl errechnet.

Beispiel

Bei einer Position wird ein Gewinn G von DM 4.000 mit einer Wahrscheinlichkeit von 30% und ein Verlust V von DM 1.000 mit einer Wahrscheinlichkeit von 70 % erwartet. Die Gewinnchance oder der durchschnittliche Erlös, d. h. der Erwartungswert, beträgt:

$$E = (P \times G) - (Q \times V)$$

Im obigen Beispiel ist:

$P = 0{,}3$
$Q = 0{,}7$
$G = 4.000$ DM
$V = 1.000$ DM

$$\begin{aligned} E &= (0{,}3 \times 4.000) - (0{,}7 \times 1.000) \\ &= 1.200 - 700 \\ &= 500 \end{aligned}$$

Dies bedeutet: würde die Position häufig eingegangen, ergäbe sie einen Gewinn von DM 4.000, häufiger jedoch einen Verlust von DM 1.000. Im Durchschnitt würde jedoch ein Gewinn von DM 500 erwartet. Damit ist aber dem Spekulanten nicht geholfen, der die gleiche Position nicht hundertmal nacheinander eingehen kann, sondern der sich für die Position einmal entscheiden muß. Die Zahl von DM 500 als Durchschnitt ist nicht das einzige Kriterium. Des weiteren spielt seine Haltung zum Geld und zum Risiko eine Rolle. Man mache sich dies an folgenden hypothetischen Wetten klar:

a) Der Spekulant kann eine Münze werfen. Er gewinnt DM 100 bei Zahl und verliert DM 50 bei Kopf.
b) Der Spekulant setzt seine ganzen Lebensersparnisse von DM 1 Mio ein und wirft die Münze. Erscheint Zahl, erhält er zusätzlich DM 2 Mio, erscheint Kopf, verliert er die Ersparnisse von DM 1 Mio.

In beiden Fällen ist das Chancen-Risiko-Verhältnis 2:1, da die Wahrscheinlichkeit des einen oder anderen Ausgangs gleich ist. In welchen Fällen würde der Leser die Wette eingehen und in welchen nicht? Hasardeure mögen die Wette in beiden Fällen eingehen. Nicht ganz so optimistisch eingestellte Menschen würden Wette b) nicht wagen. Ein Gewinn von DM 2 Mio zusätzlich zu den ersparten DM 1 Mio würde das Desaster eines Verlustes der gesamten Lebensersparnisse nicht aufwiegen. Das bedeutet: Gewinn und Verlust haben in unterschiedlichen Situationen für verschiedene Personen unterschiedlichen Stellenwert. In unsicheren Verhältnissen reagieren die Menschen nicht mechanisch auf den höchsten zu erwartenden finanziellen Durchschnittsgewinn, sondern streben nach der größten persönlichen Befriedigung ihrer Bedürfnisse.

3.3 Wahrscheinlichkeit eines Totalverlusts des verfügbaren Spekulationskapitals

Ruin bedeutet in diesem Zusammenhang den Totalverlust des für die Spekulation frei verfügbaren Kapitals. Für den rationalen Spekulanten bedeutet dies die Unmöglichkeit, auf absehbare Zeit weiter an der Spekulation teilzunehmen. Dies ist ein Ergebnis, das es zu vermeiden gilt.

Beispiel

Ein Spekulant, der DM 60.000 zur Verfügung hat und dieses Spekulationskapital in 4 Einheiten von je DM 15.000 aufteilt, läuft Gefahr, den Einsatz viermal zu verlieren. Die Verlustwahrscheinlichkeit Q wird im folgenden Beispiel mit 45% angenommen. Die Wahrscheinlichkeit, daß er in allen vier Geschäften verliert, d. h., die Wahrscheinlichkeit für einen Totalverlust TV beträgt:

W(TV) = Qn

Q = Verlustwahrscheinlichkeit
n = Anzahl der Geschäfte
TV = Totalverlust

W(TV) = 0,454
= 0,041 oder 4,1%

Somit beträgt die Wahrscheinlichkeit viermal in Folge zu verlieren 4,1%.

4. Schlußbetrachtung

Häufige kleine Einsätze bei positiver Spekulation führen mit der größten Wahrscheinlichkeit zu einem Gesamtgewinn per Saldo. Im Verhältnis zum verfügbaren Spekulationskapital führen große Einsätze irgendwann zum Verlust des eingesetzten Kapitals.

Kapitel 5

Hedging

1. Einführung

Die Terminmärkte bieten Möglichkeiten zur Absicherung bestehender oder zukünftiger Positionen. Eine parallel verlaufende Entwicklung auf den Kassa- und Terminmärkten macht die Anwendung der Termingeschäfte als Hedge-Instrument sinnvoll und notwendig. Das Absichern, das sogenannte Hedging, besteht darin, daß ein Kursrisiko (z. B. Aktienkurs-, Wechselkurs- oder Zinsrisiko) auf dem Kassamarkt durch die Eröffnung einer Terminposition abgedeckt bzw. so gering wie möglich gehalten wird. Absicherung bedeutet die Eröffnung einer Terminposition, die der Kassaposition dem Gegenstand nach gleich, in der Auswirkung der Preisveränderung jedoch entgegengesetzt ist.

Durch die Standardisierung der Terminverträge wird eine Vielzahl von Marktteilnehmern zusammengeführt. Dem Absicherungsinteressenten steht dadurch eine wesentlich größere Anzahl von potentiellen Vertragspartnern gegenüber. Die Terminmärkte zeigen fortlaufend das Preisverhalten an; daneben kann der Hedger unabhängig von örtlichen Gegebenheiten Positionen aufbauen und glattstellen. Durch das Hedging wird das Risiko am Terminmarkt auf Marktteilnehmer übertragen, die bereit sind, dieses zu übernehmen, oder auf solche, die entgegengesetzte Positionen haben. Hedging kann somit als ein modernes Hilfsmittel des Risikomanagements bezeichnet werden, durch welches der Hedger eine solidere Kalkulationsbasis erhält.

Das Hedging ist für Personen und Institutionen von großer Bedeutung, die aufgrund ihrer Geschäftstätigkeit Preis- und Kalkulationsrisiken ausgesetzt sind. Hierzu zählen national und international tätige Unternehmen, die ihre Zahlungsein- und -ausgänge oder ihre Wertpapierportfolios gegen Kursrisiken absichern wollen. Zum anderen können auch Kreditinstitute einen gegenwärtigen Zinssatz für zukünftige Anlagen sichern, eine geplante Kreditaufnahme gegen steigende Zinsen schützen und Wertpapierbestände gegen Kursverluste absichern. Weiterhin können auch Privatanleger eigene Anlagebestände durch das Eingehen entgegengesetzter Terminpositionen gegen einen negativen Kursverlauf schützen.

2. Arten des Hedgings

2.1 Short-Hedge

Bei der Verkaufsabsicherung (Short-Hedge) werden Terminkontrakte verkauft, um eine Kassamarktposition (z. B. Edelmetalle, Aktien oder Anleihen) zu hedgen. Ziel des Short-Hedges ist es, die Bestände gegen einen möglichen Preisverfall zu schützen.

Beispiel

Ein Anleger besitzt 100 Goldmünzen zu je einer Unze. Er rechnet mit einem Absinken der Goldpreise, möchte seine Münzen aber nicht veräußern; deshalb verkauft er einen Goldterminkontrakt (Kontraktgröße 100 Unzen). Fällt der Goldpreis, so wird der Verlust bei den Goldmünzen durch den Gewinn des Goldterminkontrakts ausgeglichen. Steigt dagegen der Goldpreis, so wird die Wertsteigerung der Goldmünzen durch den Verlust aus dem Goldterminkontrakt aufgehoben.

Außer mit Terminkontrakten kann ein Short-Hedge auch mit Optionen durchgeführt werden. Hierbei wird zur Absicherung eine Verkaufsoption (Put) gekauft.

Beispiel

Ein Anleger besitzt 300 IBM-Aktien. Er rechnet in Kürze mit einem Kursverfall, möchte aber wegen bevorstehender Dividendenzahlung die Aktien noch eine gewisse Zeit halten. Er kauft deshalb drei Verkaufsoptionen (1 Option umfaßt 100 Aktien), um sich so das gegenwärtige Kursniveau zu sichern.

2.2 Long-Hedge

Bei einer Kaufabsicherung (Long-Hedge) will man sich z. B. das heutige Kursniveau für einen zukünftigen Kauf sichern.

Beispiel

Ein Fondsmanager erwartet Ende Oktober bei einem DAX-Stand von 1.600 einen größeren Geldeingang zum Jahresanfang. Da er glaubt, daß es bis zum Jahresende zu einer Aufwärtsbewegung der Kurse kommen wird, erwirbt er Aktienindex-Terminkontrakte im Werte des erwarteten Geldeingangs. Er hat sich damit den Indexstand von 1.600 für den geplanten Aktienkauf im Januar gesichert. Steigt der Aktienmarkt, so muß der Fondsmanager höhere Preise für die einzelnen Aktien bezahlen. Er wird dafür aber durch den Gewinn aus dem Termingeschäft entschädigt. Fallen die Aktienkurse, so entstehen dem Fondsmanager Verluste aus den Futures-Kontrakten. Er kann dafür die Aktien nun billiger erwerben.

2.3 Cross-Hedge

Da es nicht für jedes Anlageinstrument einen Futuresmarkt gibt, müssen Hedgetransaktionen oft mit Terminkontrakten durchgeführt werden, die sich von der zugrundeliegenden Kassaposition unterscheiden. Ein solcher Hedge wird als Cross-Hedge bezeichnet. Ein Portfoliomanager sichert z. B. seinen Bestand an DM-Euroanleihen mit DM-Bund-Futures-Kontrakten ab.

3. Instrumente und Anwendungsmöglichkeiten

3.1 Basis

Zum Verständnis der Instrumente und Anwendungsmöglichkeiten ist es notwendig, den Begriff „Basis" und den damit verbundenen Einfluß auf eine Hedgeposition zu erläutern.

Das Verhältnis zwischen den Kursen des Kassaproduktes (Underlying) und des entsprechenden Futures wird durch die Basis bestimmt. Die Basis ist gleich Kassakurs minus Futureskurs. Dieser Unterschied entspricht theoretisch der Differenz aus den Einnahmen und den Finanzierungskosten der Kassaposition während der Halteperiode (Zeitraum zwischen Aufbau der Position und Lieferung in den Kontrakt). Je kürzer der Zeitraum bis zur Fälligkeit ist, desto kleiner wird die Basis, da die Einnahmen aus der Kassaposition (z. B. Kuponzahlungen) und die Finanzierungskosten für eine solche Position mit abnehmender Restlaufzeit kleiner werden. Der Futureskurs konvergiert somit gegen den Kassakurs, so daß sich zum Zeitpunkt der Andienung beide Kurse entsprechen.

Liegt der Futureskurs über dem Kassakurs, ist die Basis negativ oder „unter" (Einnahmen kleiner als Finanzierungskosten), da die Differenz aus Kassakurs und Futureskurs negativ ist.

Wird die Kasse höher als der Futures gehandelt (Einnahmen größer als Finanzierungskosten), ist die Basis positiv oder „über". Damit ergeben

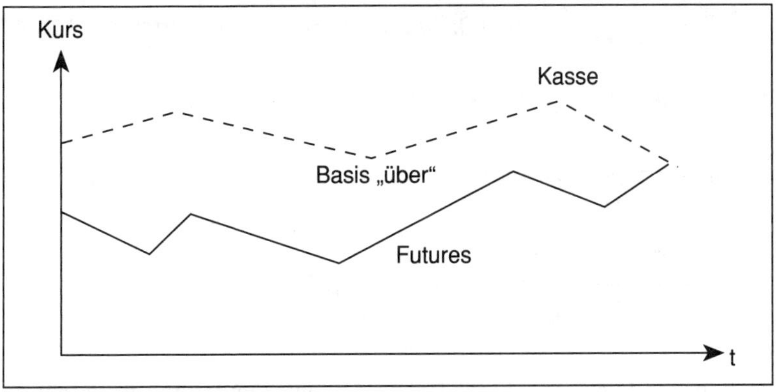

Abbildung 35: Kassakurs ist höher als Futureskurs

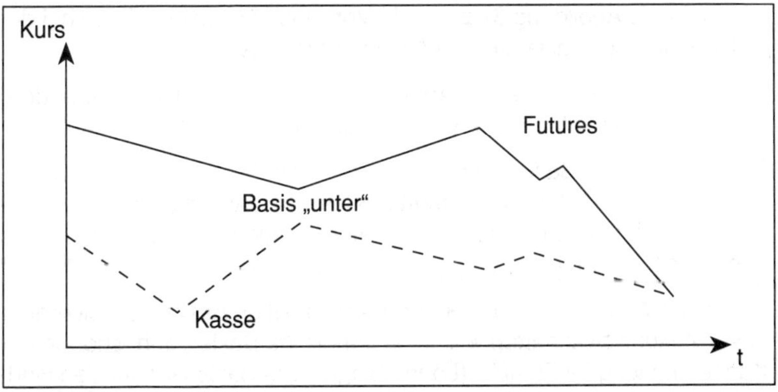

Abbildung 36: Kassakurs ist niedriger als Futureskurs

sich Konvergenzen aus unterschiedlichen Richtungen zwischen Kassakurs und Futureskurs).

Der Hedger, der eine Kassaposition hat (Long Kasse) und sich durch den Verkauf auf Termin abgesichert hat, ist „Long the Basis"; d. h. im Zeitraum des Hedges ist er „Long the Basis".

Beispiel

Aufbau einer Position am 15.03.

Kassakurs	100 (Long)
Futureskurs	– 90 (Short)
Basis	10 (Long)

Der Hedger ist Long the Basis und die Basis ist positiv und über.

Auflösung der Position am 31.05.

Kassakurs	105
Futureskurs	– 92
Basis	13

Neben der Absicherung der Position konnten aufgrund der positiven Basisentwicklung drei Basispunkte Gewinn realisiert werden.

Die folgende Abbildung 37 zeigt die Vor- und Nachteile auf, die bei der Entwicklung der Basis für eine Absicherung entstehen.

Anhand des Beipiels ist zu erkennen, daß sich die Basis verändern kann. Die Basis „atmet"; sie wird größer und kleiner im Zeitablauf.

Das Atmen der Basis hängt ab von Veränderungen der Finanzierungskosten, von den Einnahmen aus der Kassaposition sowie von diversen Markteinflußfaktoren (z. B. Wirtschaftsdaten) auf Preisbildung von Kasse und Futures.

Wenn der Absicherer heute keine Kassaposition besitzt, sie sich aber in der Zukunft beschaffen will, ist er „Short the Basis", d. h. short in der Kasse und long im Futures (Long-Hedge). Die Basis läuft für den Hedger, wenn sich die Differenz aus Kassakurs und Futureskurs verringert.

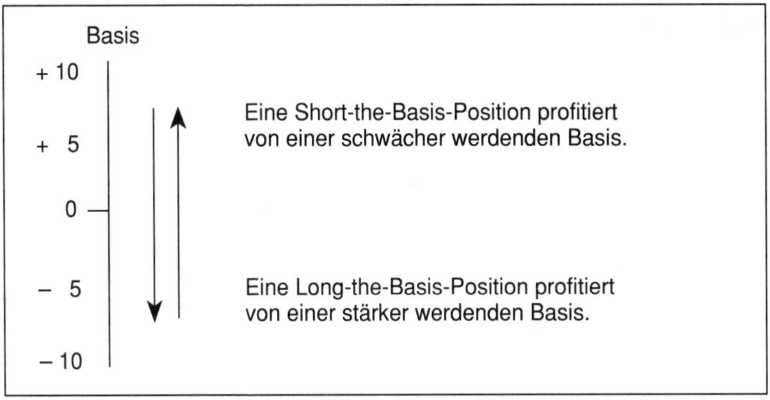

Abbildung 37: Entwicklung der Basis

Die Bewegungen der Basis sind das Risiko des Absicherers. Für den Hedger ist es deshalb wichtig zu wissen, wie groß seine Basis bei Aufbau einer Hedgeposition ist, um den Einfluß der Basisentwicklung auf das Ergebnis des Hedges zu erkennen. Er hat deshalb seine Basis zu managen. Für den Hedger ist jedoch in erster Linie die Eliminierung des Preisrisikos von Bedeutung. In zweiter Linie sollte er eine für ihn günstige Basis ausnutzen.

Die Absicherung muß sich am Terminmarkt in etwa mit dem Terminmonat des Absicherungsgeschäfts decken bzw. der Terminmonat sollte eventuell etwas später als die Zeit der Eindeckung oder Abgabe der Kassaposition liegen. Damit kommt das Absicherungsgeschäft nicht in die Lieferzeit hinein, denn Absicherer und Spekulanten möchten die Lieferung vermeiden. Allerdings können die Preise kürzerer Termine vorteilhafter oder die Terminmonate liquider sein, so daß es sich lohnt, mit einem kürzer laufenden Kontrakt zu hedgen und später in die entfernteren Monate zu wechseln (switchen).

Es kann günstiger sein, auf einen nicht so genau auf die abzusichernde Kassaposition zugeschnittenen Kontrakt auszuweichen, wenn dieser sehr liquide ist und noch ausreichend mit der Kassaware korreliert (siehe Cross-Hedging).

3.2 Futures

3.2.1 Zinskontrakte

a) Absicherung mit US-Treasury-Bond-Kontrakten
Am 1. Dezember verkauft ein Geschäftsmann in den USA einen Teil seiner Firma zum Preis von $ 500.000. Den Erlös, den er in US-T-Bonds investieren will, erhält er erst in drei Monaten. Die Durchschnittsrendite langfristig laufender Anleihen ist zur Zeit attraktiv. Der Geschäftsmann befürchtet einen Verfall der längeren Zinssätze bis er seine beabsichtigte Anlage tätigen kann. Er entschließt sich, ein Absicherungsgeschäft am Terminmarkt einzugehen.

Da sich Zinssätze und Anleihepreise in umgekehrter Richtung zueinander entwickeln, erhebt sich die Frage, wie der Geschäftsmann seinen beabsichtigten Kauf von Anleihen absichern soll. Fallen die Marktzinssätze, wie unser Anleger befürchtet, würden die Preise der Anleihen steigen. Unser Anleger müßte in diesem Falle seine T-Bonds zu einem höheren Preis mit einer niedrigeren Rendite bis Fälligkeit erstehen. Eine Absicherung gegen fallende Marktzinsen im längerfristigen Bereich bedeutet also in diesem Falle einen Kauf von T-Bond-Kontrakten.

Man versucht eine eventuelle Verringerung der Rendite bis Fälligkeit (verursacht durch den Kursanstieg der Anleihe) mit einem entsprechenden Gewinn durch Kursanstieg des T-Bond-Kontraktes im Terminmarkt aufzufangen.

Am 1. Dezember kauft der Anleger 5 T-Bond-Kontrakte per März zum Preis von 91–24 (die Kontraktgröße beträgt $ 100.000; der Kontrakt handelt wie T-Bonds im Kassamarkt zu 32-stel eines Prozents).

Beispiel

	Kassamarkt	März-Termin	Basis
1. Dez.	93 – 00	91 – 24	1–08 über
1. März	95 – 16	95 – 08	0–08 über
Gewinn / Verlust	$-2\frac{16}{32}$ – $ 12.500	$+3\frac{16}{32}$ + $ 17.500	1–00

Bei Erhalt des Verkaufserlöses am 1. März sind die Zinssätze gefallen. Der höhere Preis, den der Anleger bezahlen muß, ist in diesem Beispiel kompensiert durch den Kursgewinn im März-Terminkontrakt; die Basis hat sich zugunsten des Anlegers entwickelt. Er bezahlt am 1. März $ 12.500 mehr am Kassamarkt für die T- Bonds, indessen erhält er als Gewinn aus seiner Terminposition $ 17.500.

Da die Anzahl der zum Hedging benötigten Futureskontrakte dem wertmäßigen Bestand des Portfolios angeglichen werden muß, wird das sogenannte Hedge-Ratio berechnet. Hierzu können unterschiedliche Methoden herangezogen werden.

Methoden zur Berechnung des Hedge-Ratios sind:
- Nominalwert-Methode,
- Preisfaktor-Methode,
- Duration-Methode
- Basis-Point-Value-Methode,
- Regressions-Methode.

b) Cross-Hedge mit Bund-Futures-Kontrakten

Die Auslandstochter einer deutschen Bank entschließt sich, für einen multinationalen Konzern eine DM-Euroanleihe herauszubringen. Die Neuemission, die in drei Monaten (1. Juni) plaziert wird, soll DM 25.000.000 betragen. Sie soll eine Laufzeit von 10 Jahren und (vorbehaltlich) einen Kupon von 6 $\frac{1}{2}$% haben. Die Bank befürchtet, daß über den Zeitraum von drei Monaten die Zinsen im 10jährigen Bereich steigen können. Sie entscheidet sich daher, eine Absicherung gegen diese Möglichkeit mit DM-Bund-Futures durchzuführen.

Beispiel

	Kassamarkt	Futures Short	Basis
1. März	96,00	96,00	0
1. Juni	94,00	94,70	– 0,7
Gewinn / Verlust	– 2,00 – DM 500.000	+ 1,3 + DM 325.000	– 0,7 – DM 175.000

Zur Zeit der Vereinbarung zwischen der Bank und dem Emittenten handeln Anleihen mit ähnlicher Laufzeit und Verzinsung zu 96,00. Eine Absicherung gegen steigende Zinsen erfordert einen Verkauf von Bund-Futures-Kontrakten. Da die Kontraktgröße DM 250.000 beträgt, wird die Bank nach der Nominalwert-Methode 100 Kontrakte des Bund-Futures verkaufen (DM 25.000.000 geteilt durch DM 250.000). Die Zinsen steigen über den Zeitraum von drei Monaten, und die Neuemission erfolgt zum Preis von 94,00. Bis zur Emission fällt der Bund-Futures von 96,00 auf 94,70 (die Differenz beträgt 1,3% = 130 Ticks). Damit gewinnt die Bank DM 325.000 (130 x DM 25 x 100 Kontrakte = DM 325.000). Die Emission kann allerdings aufgrund der unterschiedlichen Kursentwicklungen zwischen Bundesanleihen und DM-Euroanleihen nur zu 94,00 anstatt zu 96,00 erfolgen. Damit steht der Futuresposition ein Verlust in Höhe von DM 500.000 (DM 25.000 000 x 0,02) gegenüber. Die Bank muß einen Gesamtverlust in Höhe von DM 175.000 (DM 500.000 – DM 325.000) hinnehmen. Hätte die Bank aber nicht abgesichert, so würde sie einen Verlust in Höhe von DM 500.000 erleiden.

Dieses Beispiel sollte einen Cross-Hedge anschaulich machen: Absicherung mit einem ähnlichen, aber nicht identischen Instrument – in diesem Fall eine DM-Euroanleihe gegen den DM-Bund-Futures.

Bei solchen Cross-Hedges unterliegt man dem Risiko, daß sich die Kassaposition (die nicht mit dem Underlying des Futures-Kontraktes übereinstimmt) in anderem Maße als der Futures-Kontrakt entwickeln kann.

c) Einfluß der Zinskurve auf die Preisbildung

Bei normalem Zinskurvenverlauf handeln Futures mit näherem Liefertermin über den Kontrakten mit späterem Liefertermin, da die kurzfristigen Finanzierungskosten kleiner sind als die Kupon-Einnahmen, die auf langfristigen Zinsen basieren (positive Haltekosten oder Cost-of-Carry).

Nimmt die Zinskurve eine inverse Struktur an, übersteigen die Finanzierungskosten die Einnahmen aus der Kassaposition (negative Haltekosten oder Cost-of-Carry), so daß Futures mit nahem Liefertermin unter den Futures mit weiteren Lieferterminen notieren:

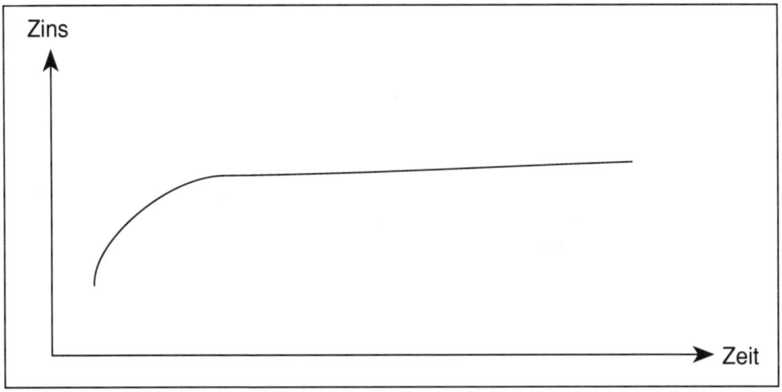

Abbildung 38: Zinskurve bei normaler Zinsstruktur

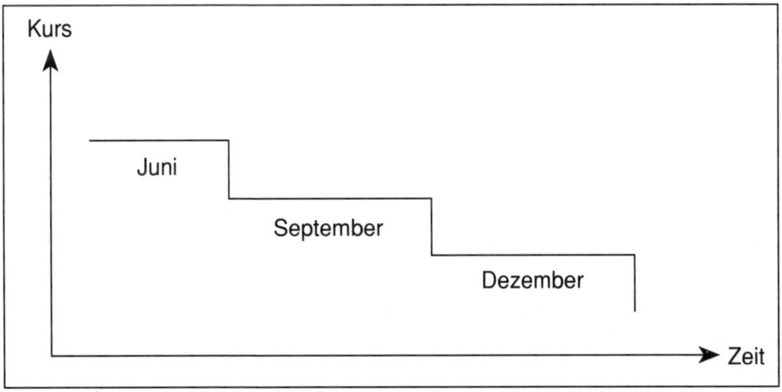

Abbildung 39: Verlauf des Futures bei normaler Zinskurve

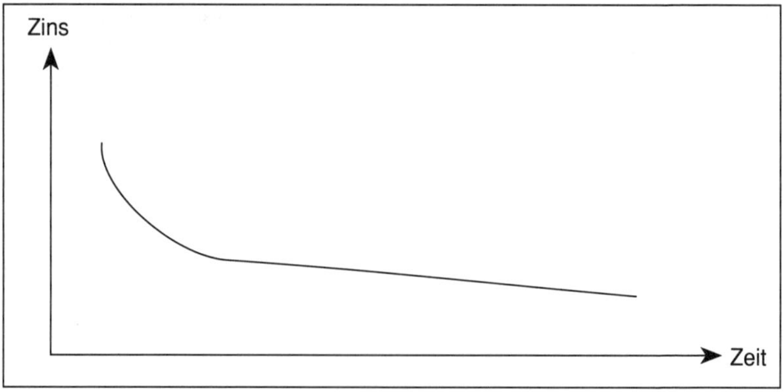

Abbildung 40: Zinskurve bei inverser Zinsstruktur

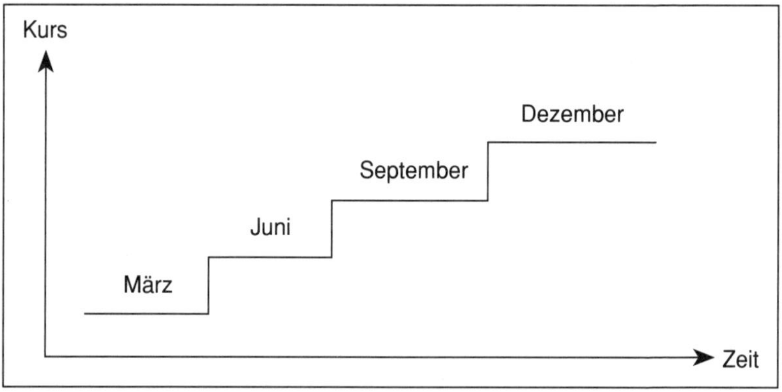

Abbildung 41: Verlauf bei inverser Zinsstruktur

Damit wird verdeutlicht, daß Preise von Zinsfutures positive oder negative Cost-of-Carry für das Halten der zugrundeliegenden Wertpapiere reflektieren.

3.2.2 Aktienindizes

Aktienindizes stellen den Kurs einer Vielzahl von Aktienwerten in einer Durchschnittszahl dar. Hinsichtlich der Zusammensetzung, Gewichtung und Berechnung der einzelnen Indizes existieren unterschiedliche Methoden. Gemeinsam ist ihnen der Versuch, die Marktentwicklung der zugrundeliegenden Aktienwerte durch eine abstrakte Größe wiederzugeben.

Die bekanntesten Aktienindizes sind:
- Dow Jones Industrial Average,
- Standard & Poors 500 ,
- Financial Times Stock Exchange Index,
- Deutscher Aktienindex (DAX) ,
- Nikkei Stock Average.

Fondsmanager verwalten Portfolios, die aus einer Vielzahl von Aktien bestehen. Sie setzen sich somit sowohl dem Risiko, dem eine einzelne Aktie unterliegt, als auch dem Risiko des gesamten Marktes aus.

Aktienindex-Futures bieten die Möglichkeit, sich gegen das Marktrisiko abzusichern. Nicht die einzelne Aktie, sondern das gesamte Portfolio steht im Vordergrund.

Eignet sich ein Aktienindex-Futures als Hedging-Instrument, so kann ein Fondsmanager, der beispielsweise US-Aktien im Werte von $ 15.000.000 betreut und nach einer längeren Haussephase eine stärkere Korrektur am Aktienmarkt erwartet, sein Portfolio damit gegen einen Wertverlust absichern.

Er verkauft deshalb im Januar 100 März-Kontrakte S & P 500 zu einem Kurs von 300 (Kontraktwert des S & P 500: $ 500 x Kurs des Futures-Kontraktes). Zur Zeit des Hedgeaufbaus notiert der Kassaindex zu 297, der März-Futures-Kontrakt zu 300.

Hedge-Ratio	=	Portfoliowert / Kontraktwert
	=	$ 15.000.000 / $ 150.000
	=	100 Kontrakte

Bei Auflösung der Absicherung am 15. Februar notiert der Kassaindex zu 282, der März-Futures-Kontrakt zu 283,50. Der Wert des Portfolios ist um 5 % auf $ 14.250.000 gesunken. Die Shortposition im Terminmarkt erbrachte durch den Kursrückgang auf 283,5 einen Gewinn von $ 825.000 (16,5 x 100 Kontrakte x $ 500). Der Gewinn hat den Verlust der Kassaposition mehr als ausgeglichen. Die Basis ist während des Absicherungszeitraums stärker geworden, sie hat sich zugunsten des Absicherers entwickelt.

Beispiel

	Kassa	Termin	Basis
3. Jan	$ 15.000.000 Portfolio – Wert Kurs 297	Verkauf von 100 März-kontrakten à 300 ergibt $ 15.000.000	297 – 300 = – 3
15. Feb	$ 14.250.000 Kurs 282	Kauf von 100 März-kontrakten á 283,5	282 – 283,5 = – 1,5
Gewinn / Verlust	– $ 750.000	16,5 ergibt + $ 825.000	1,5

In unserem Beispiel sind wir von einer genauen Entsprechung der abzusichernden Aktien und dem Aktienindex-Futures ausgegangen. Da dies in der Regel nicht der Fall ist, sind für eine realitätsnahe Absicherung folgende Punkte zu beachten:

1) Stimmen Portfolio- und Marktrisiko überein?
2) Stimmen Zusammensetzung und Entwicklung von Portfolio und Aktienindex überein?

Eine ausführliche Darstellung der nachfolgenden Koeffizienten (Beta und Korrelation) erfolgt in Kapitel 8.

Zu 1)
Im allgemeinen wird das Portfolio-Risiko anhand des Betakoeffizienten bestimmt. Er stellt den statistisch ermittelten Zusammenhang zwischen dem Risiko des Portfolios und dem Marktrisiko dar.

Weicht Beta vom Wert 1,0 (der vollkommenen Entsprechung von Portfoliorisiko und Marktrisiko) ab, nimmt es z. B. den Wert 1,3 an, so würde sich der Wert des Portfolios um 13% verändern, wenn sich der Markt um 10% verändert; Markt- und Portfolioentwicklung decken sich nicht genau. Das Hedge-Ratio muß entsprechend angepaßt werden.

Zu 2)
Die Gleichartigkeit der Kursentwicklungen des Portfolios und des Aktienindex wird mit Hilfe des Korrelationskoeffizienten bestimmt. Er gibt Auskunft über die Stärke der Gleichartigkeit.

Die Basis bei Aktienindex-Futures wird durch anfallende Dividenden und die Finanzierungskosten beeinflußt. Während die Dividenden zu einer Vergrößerung der Basis beitragen, wirken anfallende Finanzierungskosten auf eine Verringerung der Basis hin (die Basis errechnet sich aus Erträgen minus Finanzierungskosten).

3.2.3 Währungen

Seit dem Scheitern des Systems der festen Wechselkurse („Bretton Woods") im Jahre 1973, haben sich die Wechselkursschwankungen der wichtigsten Währungen verstärkt. Unternehmen, die internationale Finanztransaktionen tätigen, sind dem Wechselkursrisiko ausgesetzt. Währungs-Futures bieten die Möglichkeit, sich gegenüber Wechselkursschwankungen abzusichern.

Der liquideste Markt für Währungs-Futures ist der IMM (International Monetary Market – ein Teil der Chicago Mercantile Exchange). Die Kontraktgröße des dort gehandelten DM-Futures beträgt DM 125.000. Im Gegensatz zu der verbreiteten europäischen Notierungsform DM/$ wird der Kontrakt in $/DM notiert:

Europäische Notierungsform:

$$\frac{1\ \text{DM}}{0{,}5462\ \$} = 1{,}8308\ \text{DM/\$}$$

Amerikanische Notierungsform:

$$\frac{1\ \$}{1{,}8308\ \text{DM}} = 0{,}5462\ \text{\$/DM}$$

Beispiel

Ein deutsches Unternehmen hat im September eine Maschine nach Amerika verkauft. Der Finanzchef erwartet den Eingang des Verkaufserlöses in Höhe von $ 2.000.000 im Januar.

Um sich gegen einen sinkenden US-Dollar bzw. eine steigende D-Mark und folglich geringere DM-Einnahmen abzusichern, würde normalerweise das Unternehmen per Januar $ 2.000.000 am Interbankenmarkt verkaufen. Die so entstandene Verpflichtung würde die Firma im Januar durch die Lieferung der erhaltenen $ 2.000.000 einlösen.

Eine Alternative hierzu bieten Futureskontrakte in Währungen. Der Finanzchef des Unternehmens beschließt DM-Terminkontrakte zu kaufen. Warum verkauft der Finanzchef keine Dollar-Terminkontrakte, wo doch die Absicherung vor einem sinkenden US-Dollar schützen soll?

Der Grund hierfür ist das Fehlen eines Dollar-Terminkontrakts, da sämtliche Währungen gegen Dollar gehandelt werden. Es muß ersatzweise der DM-Terminkontrakt gekauft werden. Somit erreicht man dieselbe Wirkung wie bei einem möglichen Verkauf eines Dollar-Futures.

Die Kassa-DM notiert am 1. September bei $/DM 0,5462, der Terminkontrakt zu $/DM 0,5549.
$ 2.000.000 / $/DM 0,5462 = DM 3.661.662

Das Hedge-Ratio beträgt demnach:
DM 3.661.662 / DM 125.000 ≈ 29 Kontrakte

Am 4. Januar erhält das deutsche Unternehmen die $ 2.000.000. Sie entsprechen zum jetzigen Kassakurs ($ 0,6301) DM 3.174.099, gegenüber dem Verkaufszeitpunkt im September entsteht ein theoretischer Verlust von DM 487.563 (DM 3.661.662 – DM 3.174.099). Durch die Hedgeposition auf dem Terminmarkt (März Terminkontrakt 0,6350) wurde jedoch ein Gewinn von DM 460.819 ($ 2.301.875 – $ 2.011.512,5 = $ 290.362,5; $ 290.362,5 ÷ $/DM 0,6301 = DM 460.819) erzielt. Das deutsche Unternehmen erhält DM 3.634.918 (DM 3.174.099 + DM 460.819). Verglichen mit den erwarteten Einnahmen von DM 3.661.662, wurde mit der abgesicherten Position per Saldo ein Verlust von DM 26.744 realisiert. Eine nicht abgesicherte Position hätte einen Verlust von DM 487.563 aufgewiesen.

	Kassa	Termin	Basis
1. Sept.	$ 0,5462	$ 0,5549	$ 0,0087 negativ
	$ 2 Mio / $/DM 0,5462 = DM 3.661.662	Kauf 29 März-kontrakte: 29 × DM 125.000 × $ 0,5549 = $ 2.011.512,5	
4. Jan.	$ 0,6301	$ 0,6350	$ 0,0049 negativ
	$ 2 Mio / $/DM 0,6301 = DM 3.174.099	Kauf 29 März-kontrakte: 29 × DM 125.000 × $ 0,6350 = $ 2.301.875	

Zur Basis bei Währungsterminkontrakten:
Der wichtigste Faktor zur Bestimmung der Terminpreise gegenüber Kassapreisen bei Fremdwährungen sind die Zinsen als Haltekosten, die bei jeder der beiden Währungen ($, DM) anfallen.

Sind die Dollarzinsen höher als die DM-Zinsen, wird der DM-Terminkontrakt mit Aufschlag gegenüber der Kassa-DM gehandelt. Die Basis ist unter. Wären die DM-Zinsen höher als die Dollarzinsen, ergäbe sich die Basis über.

3.3 Optionen

Neben Terminkontrakten können auch Optionen für Hedge-Geschäfte eingesetzt werden. Optionen gibt es auf Zins-, Aktienindex-, Edelmetall- und Währungsterminkontrakte sowie auf bestimmte Kassaprodukte (Aktien, Aktienindizes, Edelmetalle und Währungen). Bei einem Short-Hedge wird eine Verkaufsoption, bei einem Long-Hedge eine Kaufoption erworben.

Short-Hedge:	**Long-Hedge:**
Kauf einer Verkaufsoption	Kauf einer Kaufoption
oder	oder
Verkauf eines Futures	Kauf eines Futures

Bei der Absicherung mit Optionen kann der Hedger zwischen verschiedenen Basispreisen wählen. Der Basispreis bestimmt den Grad der Absicherung genauso wie deren Kosten:

- Ein höherer Basispreis bietet beim Short-Hedge größeren Schutz, verursacht aber auch größere Absicherungskosten.
- Ein niedrigerer Basispreis bietet beim Long-Hedge größeren Schutz, der ebenfalls mit höheren Absicherungskosten verbunden ist.

Beispiel

Eine abzusichernde US-Staatsanleihe notiert bei 100. Zur Absicherung hat man die Möglichkeit, zwischen Verkaufsoptionen auf den T-Bond Futures mit verschiedenen Basispreisen zu wählen.

Basispreis	*Optionspreis*
98	1
100	2
102	3

Bei einem Preisrückgang der abzusichernden Anleihe bietet die Verkaufsoption mit dem höchsten Basispreis (102) den größten Schutz. Der Grund dafür ist, daß eine Verkaufsoption, bei der der Basiswert höher als der aktuelle Marktpreis der Anleihe ist, auf Preisveränderungen der Anleihe stärker reagiert als Verkaufsoptionen mit niedrigeren Basispreisen. Im Falle eines Preisanstiegs verliert die Verkaufsoption mit dem höheren Basispreis aber auch schneller an Wert.

Damit zeigt sich: Je höher der Grad der Absicherung, desto höher die Absicherungskosten.

3.4 Vergleich der Instrumente

Wie aus den vorangegangenen Ausführungen zu ersehen ist, sind Absicherungsgeschäfte sowohl mit Futures als auch mit Optionen durchführbar.

Ein direkter Vergleich der beiden Absicherungsinstrumente soll am Beispiel des S & P 500 die unterschiedlichen Auswirkungen aufzeigen.

Beispiel

Ein Fondsmanager verwaltet ein Portfolio amerikanischer Aktien (Beta des Portfolios sei hier = 1) im Wert von $ 15.000 000. Da er mit einem Kursrückgang rechnet, vergleicht er die Absicherungsmöglichkeiten über einen Zeitraum von 3 Monaten mittels Futures und Optionen.

Bei einem Indexstand des S & P 500 von 300 Punkten verkauft der Fondsmanager 100 Futureskontrakte (300 Punkte × $ 500 = $ 150.000) oder er kauft 200 S & P 500 Verkaufsoptionen (Basispreis 300) zu $ 7. Für die Optionen entsteht somit ein Gesamtaufwand von $ 700 .000 (200 Optionen × $ 7 × $ 500).

Das Hedge-Ratio von 200 Optionskontrakten errechnet sich anhand des Delta-Faktors der Option, welcher in Kapitel 7 näher erläutert wird.

Folgende Darstellung auf Seite 122 zeigt mögliche Auswirkungen von Kursveränderungen auf beide Hedgepositionen nach Ablauf eines Monats.

Wie aus der Darstellung zu ersehen ist, entsprechen bei einem Kursrückgang die Gewinne der Futuresposition den Verlusten aus der Kassaposition. Bei einer Absicherung mit Verkaufsoptionen gewinnen diese mehr an Wert, als die Kassaposition verliert, so daß ein zusätzlicher Gewinn möglich ist.

Kommt es jedoch zu einem Kursanstieg, entsprechen die Verluste aus der Futuresposition den entstandenen Gewinnen der Kassaposition. Auch in diesem Falle ist das Hedgen mit Optionen vorteilhafter, da die Optionsposition weniger an Wert verliert als die Futuresposition (maximal kann nur die gezahlte Optionsprämie verloren gehen).

	Portfolio	Futurespositionen	Optionsposition
Markt bleibt unverändert	± 0	± 0	Optionspreis $ 5,25: – $ 175.000 (Verlust)
10% Kursrückgang	– $ 1,5 Mio	+ $ 1,5 Mio	Optionspreis $ 33: + $ 2,6 Mio (Gewinn)
10% Kursanstieg	+ $ 1,5 Mio	– $ 1,5 Mio	Optionspreis $ 1,75: – $ 525.000 (Verlust)

Bei keiner oder nur geringer Marktbewegung entstehen durch den Prämienverfall (Zeitwertverlust) der Optionsposition Verluste, die bei einer Absicherung mit Futures-Kontrakten nicht auftreten.

4. Schlußbetrachtung

Wie aus der Darstellung hervorgeht, ist ein perfekter Hedge nahezu unmöglich, da gewisse Restrisiken (Basisrisiko u. a.) bestehen bleiben. Aufgrund der Kursschwankungen in den unterschiedlichen Märkten ist es für institutionelle und private Anleger unerläßlich, ihre Positionen abzusichern. Dies bedarf allerdings eines Hedgemanagements durch qualifiziertes Fachpersonal, welches Chancen und Risiken des Hedgings erkennt und im Sinne des Investors umsetzt.

Kapitel 6

Spreads

1. Charakterisierung

Ein Spread setzt sich zusammen aus dem gleichzeitigen Kauf und Verkauf verschiedener Futureskontrakte in ein und demselben oder ähnlichen Märkten. Dies stellt eine weitere Handelsmöglichkeit dar, die gegenüber einer einfachen Long- oder Shortposition mit weniger Risiko verbunden ist.

Spreadpositionen werden eingegangen

- in Erwartung einer bestimmten Zinsentwicklung (z. B. mit Zins-Futures)
- in Erwartung einer bestimmten Preisentwicklung (z. B. bei Edelmetallen).

Der Gewinn/Verlust eines Spreads ergibt sich aus den absoluten Preisveränderungen der Long- und Shortpositionen und damit aus der relativen Veränderung der Preise zueinander.

Beispiel:

Ermittlung eines Spreads und seine mögliche Veränderung im Zeitablauf.

01.07.: Kurs Bund-Futures September 95,00
Kurs Bund-Futures Dezember 94,50
Der Spread beträgt 0,50 (95,00 – 94,50) Punkte.

15.08.: Kurs Bund-Futures September 96,20
Kurs Bund-Futures Dezember 96,00
Der Spread beträgt nunmehr 0,20
(96,20 – 96,00) Punkte.

Aus der relativen Preisbewegung zueinander ist der Spread um 0,30 Punkte (30 Ticks) kleiner geworden.

Das Spread-Trading bietet gegenüber einer einfachen Long- oder Shortposition einige Vorteile bei der Erzielung von Gewinnen an volatilen Futuresmärkten:

- Spreads werden insbesondere durch fundamentale Faktoren beeinflußt, wie z. B. eine Veränderung der Zinskurve.
- Spreads sind relativ immun gegen technisch bedingte Preisveränderungen der jeweiligen Long- und Shortpositionen, dennoch achten

Spread-Trader insbesondere in liquiden Spreadmärkten auch auf technische Faktoren.

- Das Risiko von Spreadpositionen ist daher geringer als das von einfachen Long- oder Shortpositionen. Es kann aber auch in besonderen Fällen größer sein, wenn beide eingegangenen Positionen sich jeweils der Erwartung entgegengesetzt entwickeln.
- Die Margin beim Spread ist geringer als bei einfachen Positionen.

2. Spreadbildung

2.1 Futurespreis

Der Futurespreis und unterschiedliche Erwartungen im Zeitablauf an den Kapitalmärkten tragen zur Bildung von Spreads und zur Veränderung in der Breite des Spreads bei.

Zwischen Futuresmärkten und Kassamärkten besteht ein enger Zusammenhang. Die Beziehungsfaktoren sind:

- der Kurs des Kassainstruments,
- der erwartete Ertrag des Kassainstruments (z. B. Zinserträge, Dividenden) bzw. Kosten für Lagerung und Versicherung,
- die Finanzierungskosten der Kassaposition,
- die Laufzeit des Kontrakts.

Der Kurs des Kassainstruments entspricht in der Regel nicht dem des entsprechenden Futures. Die Differenz zwischen Kassakurs und nächstem Futureskurs wird Basis genannt. Der Wert der Basis kann größer, kleiner oder gleich null sein. Die Basis ist nicht konstant, sondern ändert sich während der Laufzeit. Ist der Futures richtig bewertet, entspricht die Basis in etwa den Haltekosten (Cost-of-Carry). Die Haltekosten setzen sich zusammen aus:

- Erträgen aus der Kassaposition, z. B. Zinserträge und Aktiendividenden,
- Finanzierungskosten,
- Kosten für Lager,
- Versicherungskosten.

Für Financial Futures bestehen die Haltekosten nur aus Erträgen der Kassapositionen und den Finanzierungskosten. Als Finanzierungskosten sind diejenigen Beträge anzusetzen, die bei Fremdfinanzierung der entsprechenden Kassaposition aufzubringen wären.

Basis = K – F
Haltekosten = E – FK
(1) K – F = E – FK

mit

K = Kurs des Kassainstruments
F = Kurs des Futures
E = Ertrag des Kassainstruments
FK = Finanzierung der Kassaposition

Diese Gleichung kann nach dem Futureskurs aufgelöst werden und man erhält:

(2) F = K – (E – FK)

Die Gleichung besagt also, daß der Futureskurs gleich dem Kurs des Kassainstruments abzüglich der Haltekosten ist.

Die Haltekosten werden bei abnehmender Restlaufzeit immer kleiner und gehen gegen Null. Aus diesem Grund nähern sich der Kurs des Kassainstruments und der Futureskurs gegen Ende der Laufzeit des Futures an (Konvergenz, siehe Kapitel 5).

2.1.1. Normalmarkt

Ein Normalmarkt liegt dann vor, wenn die Preise für spätere Terminmonate über den näher liegenden Terminmonaten notieren. Der Grund dafür ist, daß

- bei Futures auf Aktien mit normaler Zinskurve (abgesehen von anderen Einflüssen) sowie
- bei Zinsfutures mit inverser Zinskurve

die Haltekosten kleiner als null sind, d. h., die Erträge der Kassaposition sind kleiner als die Finanzierungskosten der Kassaposition.

Wäre der Futureskurs nicht größer als der Kassakurs, dann würden Arbitrageure auf den Markt treten und so lange Futureskontrakte kaufen und Kasse verkaufen, bis die Differenz aus Futureskurs und Kassakurs den Haltekosten entspricht, d. h. die Erträge der Kassaposition sind kleiner als die Finanzierungskosten der Kassaposition.

Außergewöhnliche Einflußfaktoren (z. B. extreme Angebotsverknappung) können dazu führen, daß unabhängig von der Zinskurve ein Normalmarkt zu einem umgekehrten Markt wird (wie Abbildung 42 zeigt).

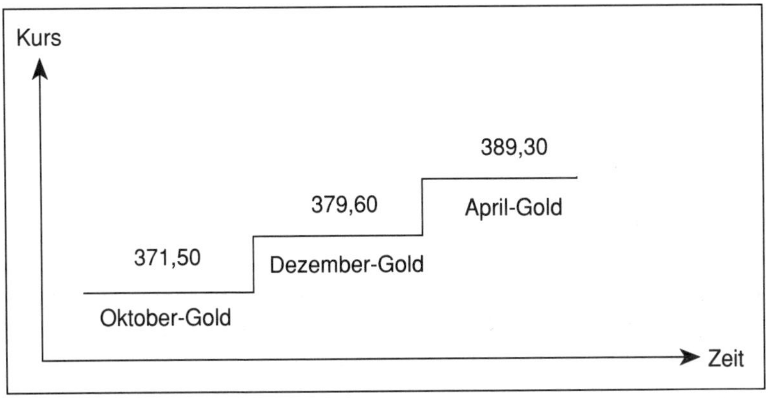

Abbildung 42: Normalmarkt bei Goldterminkontrakten

2.1.2. Umgekehrter Markt

Ein umgekehrter Markt liegt vor, wenn die Preise für spätere Termine unter den näher liegenden Terminmonaten liegen. Hierbei sind die Haltekosten positiv, d. h. die Erträge aus der Kassaposition größer als die Aufwendungen zur Finanzierung der Position. Dies wäre der Fall, wenn bei Aktienindizes die Dividenden größer als die Finanzierungskosten sind.

Ein umgekehrter Markt entsteht bei Warentermingeschäften nur sehr selten, da hier die Haltekosten meist negativ sind.

Bei Zinsfutures hingegen ist eine normale Zinskurve und daraus resultierend ein umgekehrter Markt die Regel.

Derjenige, der eine Spreadposition aufbaut, sollte eine genaue Vorstellung über die zukünftige Entwicklung der Zinskurve haben, denn Zinserträge und Zinsaufwendungen sind bei sämtlichen Futures die wesentlichen Bestandteile der Cost-of-Carry.

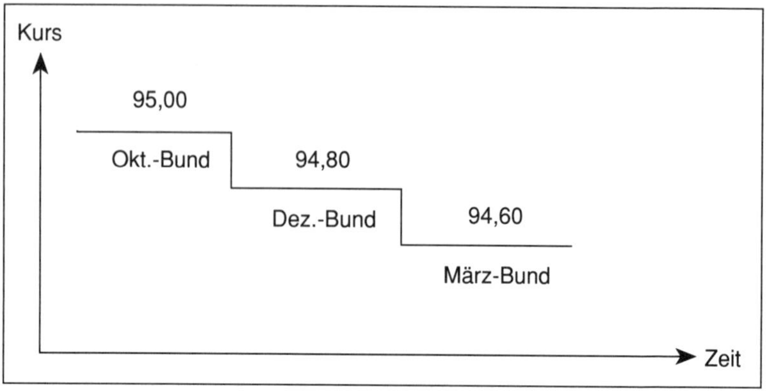

Abbildung 43: DM-Bund-Futures

Erwartet ein Anleger, daß die normale Zinskurve flacher wird und präferiert er eine Anlage im Bund-Futures, sollte er seine Position wie folgt aufbauen:

Verkauf Bund-Futures September/Kauf Bund-Futures Dezember.

Begründung: Hier handelt es sich um einen umgekehrten Markt; wird die Zinskurve invers, dann verringert sich der Spread zwischen den Futureskursen.

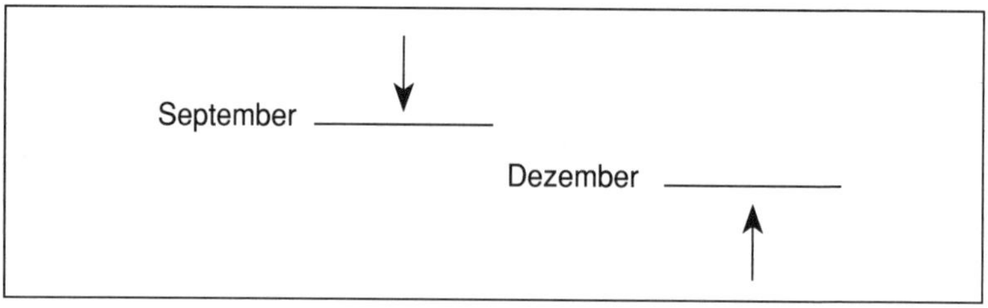

Abbildung 44: Marktsituation und Erwartung bei Positionsaufbau

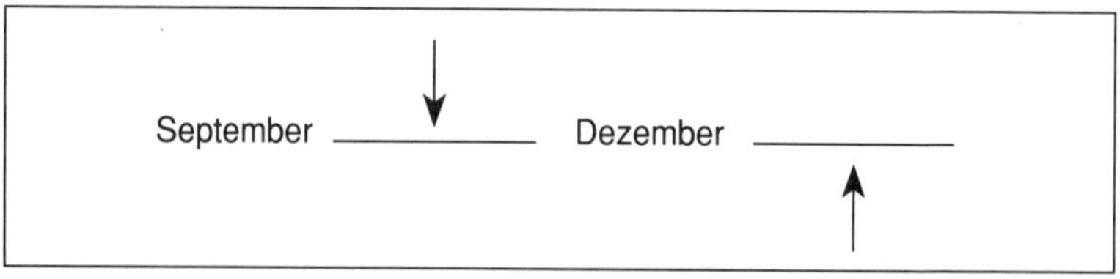

Abbildung 45: Marktsituation bei Erreichen der flachen Zinskurve

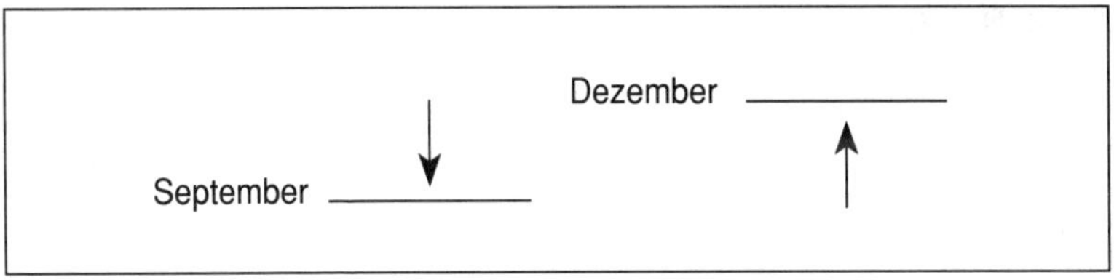

Abbildung 46: Marktsituation bei Erreichen der inversen Zinskurve

Der Anleger hat durch seine Shortposition im Spread (gekennzeichnet durch den Verkauf zum näheren Liefertermin des Futures) einen Gewinn erzielt.

In Abhängigkeit von der Zinskurve ergeben sich für einzelne Futures üblicherweise folgende Märkte:

	Zinskurve	
Futures	normal	invers
Aktien- indizes	normaler Markt umgekehrter Markt	umgekehrter Markt normaler Markt

2.2 Sonstige Faktoren

2.2.1 Mangelnde Liquidität

In Märkten mit relativ geringer Liquidität oder in Märkten mit mangelnder Liquidität in den weiter entfernteren Lieferterminen können Spreads über- oder unterbewertet sein. Fehlendes Angebot und/oder fehlende Nachfrage können zu Preisverzerrungen führen. Sowohl für den Aufbau als auch für das Auflösen einer großen Spreadposition können in solchen Märkten Preisverzerrungen auftreten.

2.2.2 Roll-Over (Switch)

Bevor Futureskontrakte in den Kassamonat kommen (vor dem First Notice Day) ist zu beachten, daß Hedger, die auch zukünftig ihre Positionen als Hedgepositionen halten möchten, ihre Short-Positionen zum nahen Liefertermin (Nearby) glattstellen und daher eine weitere Shortposition zu einem späteren Liefertermin (Deferred) als Nearby aufbauen. Auf Grund der daraus resultierenden starken Nachfrage für den Nearby und des starken Angebots im Deferred können erhebliche Abweichungen zwischen theoretischem und tatsächlichem Spread entstehen (für Longpositionen gilt der umgekehrte Fall).

Beispiel:

Der DM-Bund notiert im März-Termin zu DM 91,70 und im Juni-Termin zu DM 91,50. Ein Portfoliomanager, der einen größeren Bestand an Bundesanleihen mit März-Bund-Futures abgesichert hat, muß wegen des Auslaufs des März-Termin in den Juni-Termin überwechseln (Switch). Er geht deshalb folgendes Spread ein: Kauf März-Bund-Futures – Verkauf Juni-Bund-Futures

Da diese Switches von vielen Marktteilnehmern vorgenommen werden, notiert nun der DM-Bund-Futures im März-Termin bei 91,73 und der Juni-Termin bei 91,48. Der Spread hat sich dadurch von 20 auf 25 erhöht.

3. Spreadarten

3.1 Intramarketspread

Intramarketspreads sind durch den gleichzeitigen Kauf und Verkauf desselben Instruments zu unterschiedlichen Liefermonaten (Delivery Months) an einer Börse gekennzeichnet. Diese Art Spread kommt am häufigsten vor.

Beispiel

Ein Bund-Futures wird an der LIFFE gehandelt. Der Kurs für Juni ist 95,20, der Kurs für September 95.

Ein Spreadhändler erwartet, daß der Juni-Futures relativ stärker steigen wird als der September-Futures. Er kauft deshalb den Juni-Futures und verkauft den September-Futures und rechnet mit einer Ausweitung des Spreads, da er einen Spread im umgekehrten Markt kauft.

3.2 Intermarketspread

Unter einem Intermarketspread versteht man den gleichzeitigen Kauf und Verkauf des gleichen Instruments oder Ware mit gleichen oder unterschiedlichen Liefermonaten an verschiedenen Börsen. Wird der Spread zwischen unterschiedlichen Liefermonaten gebildet, so handelt es sich um einen Intermarket-Timespread.

Beispiel

Gold-Futures an dem IMM Februar 1990 notieren mit $ 380.

Gold-Futures an der Commodity Exchange in New York Februar 1991 notieren mit $ 418.

Wird eine Verringerung des Spreads erwartet und handelt es sich hier um einen normalen Markt, dann kauft der Spreadhändler den Februar Kontrakt 1990 in Chicago und verkauft den Februar-Kontrakt 1991 in New York. Hier liegt ein Intermarket-Timespread vor.

Anhand dieser Position kann der sogenannte Bogey-Effekt demonstriert werden. Unter der Annahme, daß die Cost-of-Carry ausschließlich aus Zinskosten bestehen, beträgt der Zins für oben genannte Positionen 10% ($ 380,00 + 10% = $ 418). Normalerweise ist das Risiko bei einer Spreadposition relativ gering. Sind jedoch – wie beim Bogey-Effekt – die Kursschwankungen des Underlyings erheblich und bleiben die Zinskosten bei 10% konstant, so können Risiko bzw. Chancen in einem Spread steigen.

Erhöht sich beispielsweise aufgrund einer besonderen politischen Situation der Goldpreis Februar 1990 um \$ 200 auf \$ 580, dann ist der Futureskurs für Februar 1991 \$ 638 (\$ 580 x 0,1 = \$ 58; \$ 58 + \$ 580 = \$ 638).

Der Spread hat sich von \$ 38 auf \$ 58 ausgeweitet, d. h., unabhängig von der Zinsentwicklung ändert sich der Spread.

3.3. Intercommodityspread

Gleichzeitiger Kauf und Verkauf ähnlicher Instrumente (Waren) mit gleichen Liefermonaten an gleichen oder unterschiedlichen Börsen kennzeichnen diese Art von Spread.

3.3.1. Treasury-Bill / Eurodollar-Spread (TED-Spread)

Man kann Treasury-Bill (T-Bill) und Eurodollar-Kontrakte als Spreads handeln. Die Preisbildung bezieht sich nicht auf die jeweilige Kontraktgröße (1 Million US-Dollar), sondern auf die Zinsunterschiede. Eurodollar-Quotierungen basieren auf Geldmarktzinsen, T-Bill-Quotierungen auf einer Renditebildung. Diese Renditeveränderung äußert sich in den Preisen der beiden Zinstitel. T-Bills – emittiert und garantiert durch die US-Regierung – gelten als risikolose Anlage. Eurodollars sind keine Wertpapiere, sondern Einlagen, die von großen kreditwürdigen Banken gehalten werden, sie sind aber durch keine öffentliche Institution garantiert und unterliegen folglich einem Bonitätsrisiko. Aus diesem Grund besteht immer ein Zinsaufschlag für Eurodollars gegenüber T-Bills.

Die Preise der T-Bills und Eurodollars werden errechnet als Index 100 minus Diskontierungssatz der T-Bills, bzw. minus dem Eurodollar-Einlagensatz. Da die risikolosen T-Bills eine niedrigere Rendite als Eurodollar-Einlagen erbringen, wird der Preis eines T-Bill-Kontrakts höher sein als der Preis des Eurodollar-Kontrakts.

Sollte beispielsweise der T-Bill-Kontrakt per September eine Rendite von 4,95% widerspiegeln, wird der Kurs 95,05 Basispunkte betragen (100% – 4,95%).

Sollte analog dazu eine Eurodollar-Einlage per September einen Zins von 5,88% widerspiegeln, wird der Kurs mit 94,12 Basispunkten angegeben (100% – 5,88%). (Zur Preisermittlung von T-Bills und Euro-Dollar siehe Kapitel 9).

Der Spread zwischen den beiden Kontrakten wäre dann 0,93 (95,05% – 94,12%). Diese Differenz stellt 93 Basispunkte (0,93 eines Prozents) dar. Jeder Basispunkt der beiden Kontrakte hat einen Wert von $ 25. Wenn man den Kontraktwert (1 Million US-Dollar) mit einem Basispunkt (0,0001) multipliziert, bekommt man nicht $ 25, sondern $ 100. Daher ist zu berücksichtigen, daß die Rendite bzw. der Zinssatz auf ein Jahr (annualisiert) gerechnet ist, die Laufzeit der beiden Zinstitel aber nur drei Monate ($\frac{1}{4}$ Jahr) beträgt. Der Wert eines Basispunktes in diesen Kontrakten ist daher auf $ 25 zu beziffern.

Seit 1980 variiert dieser Spread ungefähr zwischen 50 und 500 Basispunkten. Der Spread schwankt infolge von Veränderungen der Bonitätseinschätzung der Eurodollar-Einlagen. Als die Continental Illinois National Bank im Mai 1984 durch Maßnahmen der US-Regierung vor dem Zusammenbruch gerettet werden mußte, erweiterte sich der Spread erheblich (Flucht in die Qualität, d. h. Kauf von Staatspapieren). Die Spanne zwischen den beiden Terminkontrakten ist hauptsächlich eine Funktion der vermeintlichen Bonitätsstufe der Eurodollar-Einlagen.

Steigt die Kreditvergabe der Großbanken, wird vermutet, daß diese Banken auf aggressive Art und Weise – d. h. mit höheren Zinsangeboten für Eurodollars – werben müssen, um ihren erhöhten Bedarf an Kapital decken zu können. Solche Überlegungen bringen auch eine Erweiterung der Spreadspanne mit sich.

TED-Spread ist die gängige Bezeichnung dieser Art des Spreads.

Beispiel

Wir haben einen Kunden, der einen T-Bill-Kontrakt per Juni kauft, einen Eurodollar-Kontrakt per Juni verkauft – in der Hoffnung, daß der Spread sich erweitern wird. Die Geld/Brief-Kurse der einzelnen Kontrakte sind 94,82/94,83 (T-Bill per Juni) und 93,93/93,94 (Eurodollar per Juni). Der Parkettmakler stellt den Spread mit 88/90 Geld/Brief (94,82 – 93,94 = 0,88; 94,83 – 93,93 = 0,90).

Für das Margining eines Kundenkontos ergeben sich beispielsweise folgende Auswirkungen:

Original Margin $ 1000, Maintenance pro TED-Spread $ 750. Ein Kunde kauft T-Bills zu 94,83, verkauft Eurodollar zu 93,93 und leistet eine Margin in Höhe von $ 1.000. Drei Tage später hat sich die

Spreadspanne auf 79 verengt. Hat der Kunde nur $ 1.000 beim Kauf des Spreads eingezahlt, ist sein Guthaben auf $ 725 geschrumpft (90 – 79 = 11 Punkte, 11 x $ 25 = $ 275, $ 1.000 – $ 275 = $ 725). Nun wird der Kunde von seiner Bank aufgefordert werden, seine Margin auf $ 1.000 aufzustocken.

Nehmen wir an, der Spread entwickelt sich schließlich doch zugunsten des Kunden und erweitert sich auf 104/105 Geld/Brief. Der Spread beträgt nun 104 Basispunkte. Die Differenz zwischen 90 und 104 ist der Gewinn des Kunden; 14 Basispunkte x $ 25 ergibt $ 350 (vor Spesen).

Es muß daran erinnert werden, daß der TED-Spread ein Verhältnis zwischen Terminkontrakten darstellt. Die zugrundeliegenden Kassainstrumente spiegeln dieses Terminverhältnis nicht unbedingt wider; die Basis zwischen Kassainstrument und Terminkontrakt verändert sich auch. Das heißt, ein Spread-Trader sollte sich eine Meinung über die künftigen Basisveränderungen bilden, bevor er seine Meinung über die Entwicklung der Terminverhältnisse festigt.

3.3.2 Treasury-Note / Treasury-Bonds (NOB-Spread)

Ein Spread zwischen T-Note- und T-Bond-Kontrakten im selben Terminmonat spiegelt die Veränderungserwartungen im mittel- bis längerfristigen Bereich des Zinsgefüges wider.

Es existieren 2 Futures-Kontrakte auf T-Notes:
- ein 5jähriger T-Note Futures mit einem Kupon von 8% und einem Nominalwert von $ 100.000;
- ein 10jähriger T-Note Futures ebenfalls mit 8% Kupon und $ 100.000 Nominalwert.

Der T-Bond-Futures repräsentiert eine synthetische Anleihe mit 30jähriger Laufzeit sowie eine Verzinsung und einen Nominalwert wie bei den T-Note Futures.

Beim NOB-Spread besteht im Gegensatz zum TED-Spread keine Bonitätsdifferenz zwischen den zugrundeliegenden Kassainstrumenten. Da T-Notes und T-Bonds unterschiedlich stark auf Renditeveränderungen reagieren, muß hierbei das Spread-Ratio (das Verhältnis der Long- und Shortkontrakte) ermittelt werden. Zur Ermittlung dieses Ratios benötigt man die Basis-Point-Value-Werte (BPV) für die einzelnen Kontrakte. Ein BPV gibt an, um wieviel Dollar sich der Wert des Underlying bei einer Renditeveränderung um 0,01% (= 1 Basispunkt) verändert.

BPV	T-Note Futures:	$ 60
BPV	T-Bond Futures:	$ 133

$$\text{Spread-Ratio} = \frac{60}{133} = 0{,}45$$

Um einen NOB-Spread aufzubauen, benötigt man in unserem Beispiel für 45 T-Bonds 100 T-Notes.

3.3.3 Treasury-Bill / Treasury-Bond

Ein Positionsaufbau von T-Bills gegen T-Bonds ist zwar möglich, aber risikoreich, da praktisch das gesamte Spektrum der Zinsstruktur über alle Laufzeiten durch diesen Spread erfaßt wird. Hier muß man zudem wegen der unterschiedlichen Größe der Kontrakte eine Gewichtung des Spreads vornehmen. Die kleinste Preisveränderung (Tick) in dem T-Bill-Kontrakt stellt einen Betrag von $ 25, in dem T-Bond-Kontrakt dagegen von $ 31,25 dar.

Stehen T-Bond-Kontrakte stellvertretend für das lange Ende des Zinsgefüges, so repräsentieren T-Bill-Kontrakte das kurze Ende (ein synthetisches Instrument mit einer Laufzeit von mindestens 15 Jahren gegen ein synthetisches 90-Tage-Instrument). Glaubt ein Kunde, das Zinsgefüge würde sich von einem normalen in einen inversen Zustand verändern, könnte er T-Bill-Kontrakte verkaufen und T-Bond-Kontrakte kaufen.

Sollte sich das Zinsgefüge ändern, dann würden tendenziell T-Bill-Preise fallen, T-Bond-Preise steigen (Zinsen im kurzen Bereich steigen, Zinsen im langen Bereich fallen). Solche grundlegenden Veränderungen im Zinsgefüge vollziehen sich über Zeiträume, die in Terminkontrakten oft nicht erfaßt werden können. Man hofft, mit einem Spread einen Teil der Bewegung erfassen zu können, bzw. man verlängert den Spread auch durch einen Switch. Wie beim NOB-Spread muß auch hier das Spread-Ratio errechnet werden.

Ein BPV beim T-Bill beträgt immer $ 25, denn durch die Standardisierung des Kontrakts wurde festgelegt, daß eine Renditeänderung um 0,01% (= 1 BPV) einem Tick entspricht. BPV von T-Bond aus dem Beispiel von Seite 135 beträgt 133.

$$\text{Spread-Ratio (Bill/Bond)} = \frac{\text{BPV Bill}}{\text{BPV Bond}} = \frac{25}{133} = 0{,}19$$

Das heißt, für 19 T-Bonds benötigt man für diesen Spread 100 T-Bills.

3.4 Commodity-Product-Spread

Dieser Spread sei hier nur zur Vervollständigung kurz erwähnt. Der gleichzeitige Kauf und Verkauf von Erzeugnissen („Rohstoffen") und daraus resultierenden Produkten zu gleichen oder unterschiedlichen Terminen wird Commodity-Product-Spread genannt.

Beispiele

1. Verkauf Sojabohnen/Kauf Sojamehl/Kauf Sojaöl (Crush-Spread).
2. Kauf Rohöl/Verkauf Heizöl/Verkauf Benzin (Crack-Spread).

4. Spreadhandel

4.1 Order

Spreads werden durch eine Spread-Order in den Markt gebracht. Der Kauf oder Verkauf eines Spreads bezieht sich auf den Nearby, wenn verschiedene Kontrakt-Monate gespreadet werden. Spreadpositionen können aufgebaut und glattgestellt werden mit billigst/bestens Aufträgen und mit Limitaufträgen.

Beispiel

Kauf 50 Spreads S&P 500 März/Juni.

Hier werden 50 S&P 500 März-Kontrakte gekauft und 50 S&P 500 Juni-Kontrakte verkauft. Der Juni-Kontrakt handelt über dem März-Kontrakt und der Käufer dieses Spreads rechnet damit, daß sich der Spread verengen wird.

Daneben existiert eine andere weitverbreitete Möglichkeit, einen Spreadkauf als den Kauf eines Debits (= Kauf des teureren Kontrakts und Verkauf des billigeren Kontrakts) zu bezeichnen. Das bedeutet für das o.g. Beispiel:

- Kauf 50 Juni S&P 500,
- Verkauf 50 März S&P 500,

sofern der Juni-Kontrakt über dem März-Kontrakt handelt.

Analog dazu liegt der Verkauf eines Spreads bei einem Credit (Verkauf des teureren Kontrakts und Kauf des billigeren Kontrakts) vor. Um eine eindeutige Order weiterzuleiten, sollte im Auftrag stets angegeben werden, welcher Kontrakt gekauft und welcher Kontrakt verkauft werden soll. Der Kauf eines TED-Spreads bedeutet Long im T-Bill und Short im Eurodollar (Ausweitung des Spreads), d. h., bei einer Order wird der T-Bill zuerst genannt. Gleiches gilt für den NOB-Spread.

4.2 Margining

Spreads unterliegen aufgrund des in der Regel geringeren Risikos als bei einer einfachen Long- oder Shortposition einer geringeren Marginleistung. Die Margin wird anhand der Kontostände für die unterschiedlichen Liefertermine ermittelt.

Beispiel Bund-Futures

Kauf/September	Verkauf/Dezember
+ 50	– 50

Hier ist nur eine Spread-Margin zu leisten. Dies gilt unabhängig davon, wann die Positionen aufgebaut wurden. So kann beispielsweise die

September-Position am 01.06. als einfache Longposition aufgebaut worden sein und die Dezember-Position am 15.06 als Shortposition. Für den Zeitraum vom 01.06. bis zum 15.06. war die volle Futures-Margin zu zahlen, und ab dem 16.06. ist eine Spread-Margin zu leisten.

Soll später die September-Position aufgelöst werden, ist für den Dezember die volle Futures-Margin zu zahlen.

4.3 Ausführungskosten

Die Ausführungskosten bei Spreads können geringer sein als bei einer einfachen Long- und Shortposition. Nur wenn Spreads als eine einheitliche Position eröffnet und glattgestellt werden, können geringere Ausführungskosten anfallen; anderenfalls werden Kosten in Höhe für einfache Long- und Shortpositionen berechnet. Das bedeutet auch, daß ein Roll-Over vom September in den Dezember in Form einer Spread-Order nicht zu geringeren Kosten ausgeführt würde, weil der Bestand im Nearby durch einen solchen Switch aufgelöst wäre.

4.4 Einfluß auf offenes Interesse und Volumen

Der Aufbau von Spreadpositionen führt zur Erhöhung des offenen Interesses. Mit offenem Interesse wird die Anzahl der noch nicht glattgestellten Kontrakte bezeichnet. So erhöht die Order Kauf 50 Spreads Bund-Futures September/Dezember das offene Interesse für die Monate September und Dezember um jeweils 50 Kontrakte. Gleichzeitig kann durch Spreads das Umsatz-Volumen erheblich erhöht werden, so daß sich daraus unter anderem Einflüsse auf die technische Analyse ergeben können.

Kapitel 7

Optionen

1. Einleitung

1.1 Was ist eine Option?

Eine Option ist ein Vertrag zwischen zwei Kontrahenten, der für den Käufer das Recht, für den Verkäufer jedoch die Pflicht beinhaltet, eine bestimmte Menge eines Aggregats zu einem fixierten Preis (Basispreis) zu beziehen (Kaufoption) oder zu veräußern (Verkaufsoption). Der Vertrag ist zeitlich begrenzt.

Während dem Käufer einer Option das Recht zum Kauf (Call-Option) bzw. zum Verkauf (Put-Option) des zugrundeliegenden Handelsobjekts zusteht, übernimmt der Verkäufer der Option die Verpflichtung zur Lieferung bzw. Abnahme des Handelsobjekts. Für die Einräumung des Rechts entrichtet der Optionskäufer an den Optionsverkäufer (Stillhalter, Schreiber) einen Preis, der Optionsprämie genannt wird.

1.2 Unterscheidungsmerkmale von Optionen

Optionen unterscheiden sich aufgrund der Ware oder des Wertrechts, welche dem Vertrag zugrunde liegen. Der Fachterminus für das der Option zugrundeliegende Aggregat (Handelsobjekt) ist Underlying. Somit lassen sich hinsichtlich des Underlyings z. B. Getreide-, Edelmetall-, Währungs- oder Wertpapieroptionen und hier Renten- und Aktien-, aber auch Indexoptionen unterscheiden.

Werden auf ein Aggregat Optionen gehandelt, so gibt es stets nur die zwei dargestellten Typen von Optionen:

- Kaufoptionen (Calls) und
- Verkaufsoptionen (Puts).

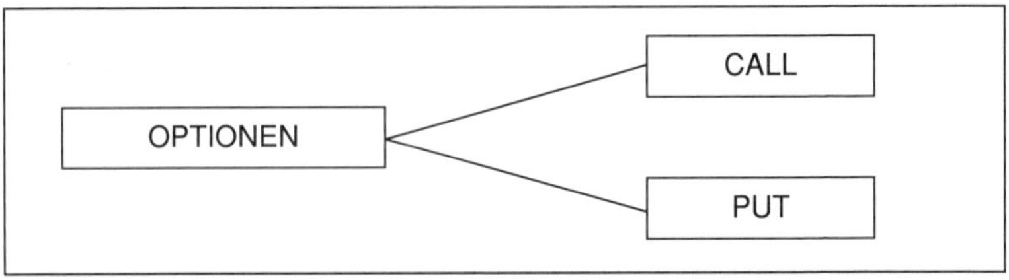

Abbildung 47: Typen von Optionen

Das sich in einer Option dokumentierende Recht auf Kauf- oder Verkauf eines Aggregats ist zeitlich limitiert. Es erlischt an einem vorbestimmten Tag, dem Verfalltag. Der Verfalltag bestimmt auch die Laufzeit der Option: Sie entspricht dem Zeitraum zwischen dem Abschluß des Geschäfts und dessen Verfall.

Nun kann unterschieden werden, ob eine Option nur am Ende der Laufzeit, d. h. am letzten Handelstag ausgeübt werden kann oder aber zu jedem Zeitpunkt während der Laufzeit.

Ist das Recht nur zu einem bestimmten Zeitpunkt (dem letzten Handelstag) ausübbar, handelt es sich um Optionen europäischer Art. Demgegenüber werden solche, die während der gesamten Laufzeit zur Ausübung berechtigen, als Optionen amerikanischer Art bezeichnet.

Die Fachtermini deuten auf eine geographische Unterscheidung hin, die aber heutzutage ohne Bedeutung ist. So werden sowohl in Europa als auch in Amerika Optionen beider Arten gehandelt.

Je nach Spezifikation der Option kann für den Fall der Ausübung die physische Lieferung des zugrundeliegenden Aggregats (z. B. die Wertpapierlieferung) ausgeschlossen sein. In diesen Fällen wird am Ausübungstag der rechnerische Gewinn bzw. Verlust ermittelt und den Kontraktpartnern gutgeschrieben bzw. belastet (Cash-Settlement, siehe Kapitel 1).

1.3 Standardisierung

Ein bedeutendes Charakteristikum von Terminbörsen ist die Standardisierung der Geschäfte, die dem Markt Funktionsfähigkeit und Liquidität verleiht. Bei Optionen kann durch die Standardisierung von allen Merkmalen nur noch der Preis frei bestimmt werden.

Im einzelnen zeichnet sich eine Option dadurch aus, daß sie den Kontrahenten das Recht einräumt bzw. die Pflicht auferlegt,

- eine bestimmte Anzahl
- eines bestimmten Aggregats (im folgenden soll nur noch von Wertpapieren gesprochen werden)
- an (europäisch) oder bis zu (amerikanisch) einem bestimmten Termin
- zu einem vorher bestimmten Preis
- zu kaufen (Call) bzw. zu verkaufen (Put),
- wobei für die Einräumung des Rechts ein Preis zu entrichten ist.

Die kleinste handelbare Einheit ist eine Option. Sie wird von den einzelnen Optionsbörsen festgelegt und gilt grundsätzlich für alle an der jeweiligen Börse gehandelten Optionen. An der DTB umfaßt ein Optionskontrakt 50 Basiswerte (Ausnahme Allianz: 5 Basiswerte). Kontraktgrößen variieren jedoch von Land zu Land; so beinhaltet z. B. ein Optionskontrakt in den USA 100 und in der Schweiz z. B. fünf Aktien.

Eine Einschränkung ist nur insofern zu machen, als die Anzahl der eine Option umfassenden Wertpapiere dann geändert wird, wenn die Aktien während der Laufzeit des Optionsgeschäfts von einer Kapitalveränderung betroffen werden. Sodann wird die Anzahl der Wertpapiere pro Option dem Berichtigungsverhältnis angepaßt, um nicht einen der beiden Optionskontrahenten einseitig durch die Kapitalveränderung zu begünstigen.

Bei börsengängigen Optionen wird das dem Vertrag zugrundeliegende Aggregat bzw. das Wertpapier im allgemeinen als Basiswert, Basistitel oder aber Underlying bezeichnet. Zu beachten ist, daß der Basiswert von den am Optionsgeschäft Beteiligten nicht vollkommen frei gewählt werden kann. Vielmehr sind nur bestimmte Wertpapiere, die zuvor aufgestellte Zulassungsvoraussetzungen der jeweiligen Börse erfüllen müssen, zum Optionshandel zugelassen. Beispielsweise dienen bei der DTB nur die Aktien von 15 Gesellschaften als Underlying.

Einer Standardisierung unterliegen ebenfalls die Verfalltermine von börsengängigen Optionen. An der DTB ist der letzte Handelstag – z. B. bei Aktienoptionen – der dritte Freitag im Monat des Verfalls. Der Verfalltag ist der darauf folgende Börsentag. Nun ist es aber keineswegs so, daß Optionen mit beliebigem Verfallmonat abgeschlossen werden können. Vielmehr sind auch die am Abschlußtag zur Verfügung stehenden Verfallmonate standardisiert und richten sich nach zuvor festgelegten Zyklen. Die DTB bietet beispielsweise Ende Januar nur Optionen mit Verfall im Februar, im März, im April im Juni und im September an (vergl. Kapitel 1).

Der Preis, zu dem ein Call den Käufer berechtigt, die Wertpapiere zu beziehen, bzw. zu dem ein Put den Käufer berechtigt, die Wertpapiere zu verkaufen, wird mit Basispreis, Strike Price oder Exercise Price bezeichnet. Nicht jeder Preis kann als Basispreis gehandelt werden. Für die Basispreise gibt es eine Staffelung in Abhängigkeit vom Aktienkurs. Beispielsweise könnten in dem Intervall zwischen 620 und 975 nur die Basispreise 650, 700, 750, 800, 850, 900 und 950 zugelassen sein. Vielfach läßt die Börse den Optionshandel nur in wenigen Basispreisen

Beispiel

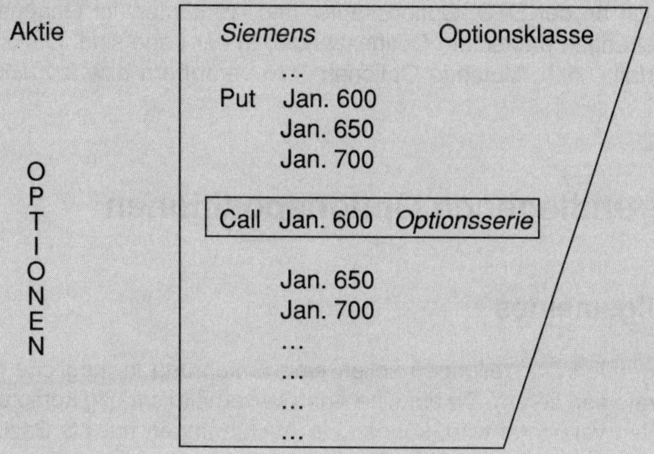

(z. B. 700, 750 und 800) zu, um das Geschäft zu konzentrieren und die Liquidität in den Basispreisen zu erhöhen.

Alle Optionen, die auf dem gleichen Wertpapier basieren, bezeichnet man als eine Optionsklasse. Optionen der gleichen Klasse, vom gleichen Typ, mit gleicher Basis und gleichem Verfalldatum werden Optionsserie genannt.

Wie schon erwähnt, ist der einzige frei bestimmbare Parameter einer Kauf- oder Verkaufsoption der Preis des Geschäfts. Er wird auch als Optionsprämie, Optionspreis oder Premium bezeichnet. Allerdings unterliegt diese Freiheit einer kleinen Einschränkung, denn vielfach ist die zweite Stelle hinter dem Komma – wie auch bei Börsennotierungen im herkömmlichen Wertpapiergeschäft üblich – von der Börse limitiert (in den USA sind dies nur bestimmte Quotienten wie z. B. $\frac{1}{8}$ oder $\frac{1}{16}$). Explizit bezeichnet man diese Einschränkung als Vorgabe der minimalen Preisveränderung, der Tick-Größe oder des Ticks schlechthin.

Durch die Standardisierung und damit durch die Börsengängigkeit von Optionen stellen die Ausübung bzw. der Verfall nicht die einzigen Möglichkeiten dar, sich aus einer Option zu lösen, was im allgemeinen als Glattstellung oder Schließen einer Position bezeichnet wird. Optionsmärkte bieten aufgrund der Standardisierung der Verträge die Möglichkeit, Optionen während ihrer Laufzeit zu veräußern, um somit bereits vor dem Verfalltag die Optionspositionen glattzustellen. Es muß besonders hervorgehoben werden, daß an modernen Optionsmärkten, also auch an der DTB, Optionskäufer und -verkäufer (im Gegensatz zum bisherigen deutschen Optionshandel) in der Lage sind, Optionen vor Verfall – d. h. laufende Optionen – zu veräußern bzw. zurückzukaufen.

2. Grundlegende Optionspositionen

2.1 Allgemeines

Die folgenden Darstellungen sollen eine Einführung in mögliche Optionsstrategien liefern. Da auf eine Analyse verhältnismäßig komplexer Strategien verzichtet wird, können die Ausführungen nur als Basisinformation verstanden werden. Zudem empfiehlt es sich aus Gründen der Anschaulichkeit, die Strategien nur hinsichtlich ihrer Gewinne respektive Verluste zum Zeitpunkt des Verfalls der Optionen zu betrachten. Desweiteren ist die Betrachtung wiederum auf Wertpapieroptionen ausgerichtet.

Die Darstellung hat im wesentlichen die vier Grundpositionen im Optionsgeschäft zum Inhalt:

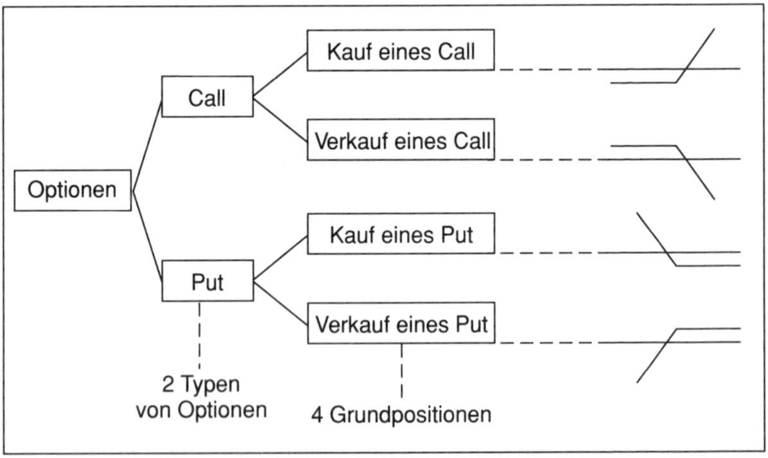

Abbildung 48: Grundpositionen im Optionsgeschäft/Gewinn- und Verlustprofile

Alle komplexeren Strategien basieren jedoch auf den vier Grundpositionen, möglicherweise ergänzt um den Kauf oder Verkauf des Basiswertes (z. B. der Aktie) selbst.

Somit lassen sich entweder verschiedene Grundpositionen eines Underlyings kombinieren (z. B. Straddle: Put und Call), oder es werden nur Optionen eines Typs auf dasselbe Underlying eingegangen (z. B. Call-Spread: nur Calls). Oder aber es erfolgt eine Kombination von gleichen oder unterschiedlichen Grundpositionen mit verschiedenen Underlyings (z. B. Product-Spread). Auf all diese komplexeren Strategien wird jedoch in diesem Kapitel nicht näher eingegangen.

2.2 Kauf einer Kaufoption (Buy Call)

Der Kauf einer Kaufoption amerikanischer Art begründet das Recht, aber nicht die Pflicht, eine festgelegte Anzahl von Wertpapieren zu einem vereinbarten Basispreis jederzeit während der Laufzeit zu beziehen. Per Verfalltermin resultiert aus der Position das in Abbildung 49 dargestellte Erfolgspotential.

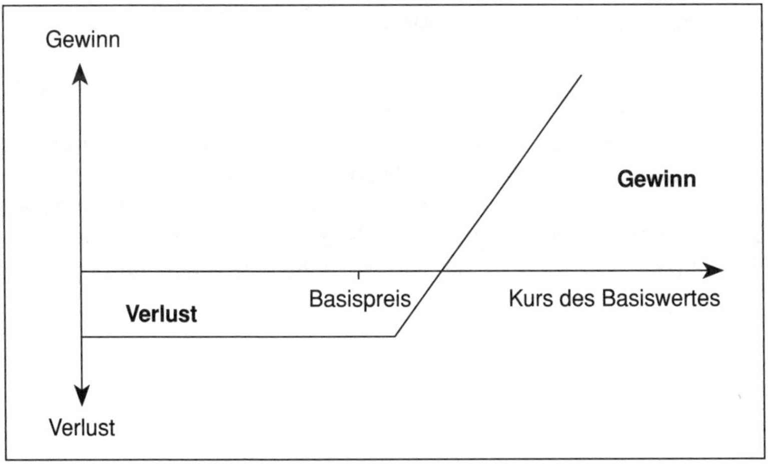

Abbildung 49: Kauf einer Kaufoption amerikanischer Art

Sollte der Kurs des Basiswertes am Verfalltag unter (oder gleich) dem Basispreis liegen, hat der Käufer der Kaufoption einen Verlust in Höhe der gezahlten Optionsprämie zu tragen. Wie weit der Kurs des Basiswertes den Basispreis unterschreitet, ist für den Verlust unerheblich, da der rational handelnde Käufer der Kaufoption in diesem Fall von seiner Option keinen Gebrauch machen wird. Er läßt die Kaufoption wertlos verfallen, weil selbst für einen am Wertpapiererwerb interessierten Optionskäufer der Kauf des Wertpapieres am Kassamarkt bei einem derartigen Kursverlauf die im Vergleich zur Optionsausübung kostengünstigere Alternative darstellt. Folglich ist bei dieser Strategie der mögliche Verlust limitiert, und zwar in Höhe der gezahlten Prämie.

Sollte der Kurs des Basiswertes über den Basispreis der Kaufoption gestiegen sein, verzeichnet der Kauf einer Kaufoption einen Erfolg. Sobald der Kurs den zu zahlenden Basispreis zuzüglich der gezahlten Optionsprämie übersteigt, resultiert aus der Strategie ein Gewinn. In seiner Höhe ist der potentielle Gewinn unbegrenzt. Somit kann die Strategie des Kaufs einer Kaufoption nur in Erwartung einer hinreichend starken Kurssteigerung des Basiswertes empfohlen werden. Aufgrund dieser Erwartung wird der Kauf einer Kaufoption auch als bullische Strategie bezeichnet, d. h., man setzt auf steigende Wertpapierkurse.

2.3 Verkauf einer Kaufoption (Sell Call)

Der Verkäufer einer Kaufoption amerikanischer Art verpflichtet sich, gegen Erhalt der Optionsprämie die vereinbarte Menge Wertpapiere zum vereinbarten Preis jederzeit während der Laufzeit zu liefern. Es lassen sich grundsätzlich zwei Situationen unterscheiden: Einerseits kann man eine Kaufoption verkaufen, ohne im Besitz der Wertpapiere zu sein (naked call writing), und andererseits kann der Verkäufer die Wertpapiere bei Verkauf der Option bereits besitzen (covered call writing).

Ohne Besitz der Wertpapiere stellt sich die Strategie folgendermaßen dar:

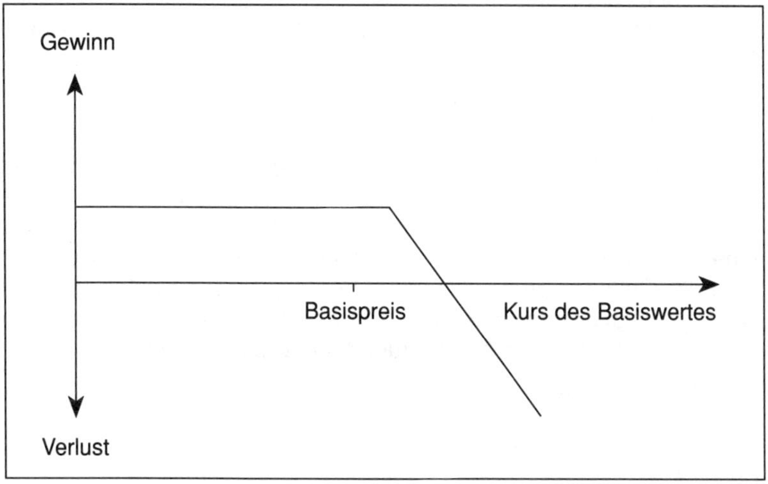

Abbildung 50: Verkauf einer Kaufoption amerikanischer Art

Bei Kursen unterhalb des Basispreises erzielt der Verkäufer einer Kaufoption einen Gewinn. Dieser resultiert aus der vereinnahmten Optionsprämie und ist somit in seiner Höhe limitiert. Der Erfolg liegt in dem Verhalten des Optionskäufers begründet, welcher bei Wertpapierkursen unterhalb des Basispreises von seinem Kaufrecht keinen Gebrauch machen wird.

Sollten jedoch die Wertpapierkurse den Basispreis übersteigen, ist von einer Ausübung der Kaufoption auszugehen. Der Verkäufer der Option muß dann am Kassamarkt die Wertpapiere beschaffen, was ihm nur zu verhältnismäßig hohen Kursen gelingen kann. Das negative Ergebnis zwischen Kauf der Wertpapiere und ihrem Verkauf zum Basispreis an den Optionskäufer wird bis zu einer bestimmten Höhe durch die vereinnahmte Optionsprämie ausgeglichen. Erst wenn die Differenz zwischen dem zu zahlenden Kurs der Wertpapiere am Kassamarkt und dem Verkaufserlös in Höhe des Basispreises die vereinnahmte Optionsprämie übersteigt, resultiert aus dieser Strategie ein Verlust.

Mit steigenden Wertpapierkursen vergrößert sich der potentielle Verlust. Er ist um so größer, je höher am Verfalltag die der Option zugrundeliegenden Wertpapiere notieren. Die Strategie des Verkaufs einer Kaufoption empfiehlt sich somit nur in Erwartung fallender Kurse. Insbesondere bei leicht fallenden Wertpapierkursen erscheint der Verkauf einer Kaufoption, ohne die Wertpapiere zu besitzen, im Vergleich zu den anderen, noch darzustellenden Strategien empfehlenswert. Jedoch scheint diese Strategie wegen des unbegrenzten Risikos bei steigenden Wertpapierkursen für den im Optionsgeschäft Ungeübten nicht ratsam zu sein. Management bzw. Anpassungshandlungen müssen erfolgen.

Von alledem unterscheidet sich das Erfolgspotential eines gedeckten Verkaufs einer Kaufoption (covered call writing) grundlegend. Diese Strategie setzt sich zusammen aus dem soeben dargestellten Verkauf einer Kaufoption und einer Long-Position (Besitz des Basiswertes) in dem der Option zugrundeliegenden Wertpapier. Die Erfolgskurve der Strategie zeigt die gestrichelte Linie, wobei in dem dargestellten Fall der Basispreis der Option dem Kaufkurs der Wertpapiere entspricht.

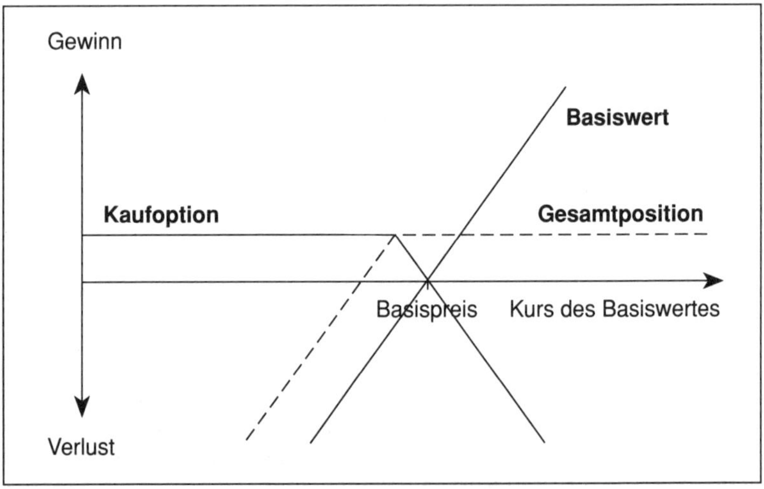

Abbildung 51: Gedeckter Verkauf einer Kaufoption

Liegt am Verfalltag der Wertpapierkurs über dem vereinbarten Basispreis, ist die Strategie gewinnbringend. In dieser Situation kompensiert der Verlust aus dem Verkauf der Kaufoption den Gewinn aus den gehaltenen Wertpapieren bis auf einen Gewinn in Höhe der vereinnahmten Optionsprämie aus dem Optionsverkauf.

Bei Kassakursen unter dem Basispreis resultiert aus der Wertpapierposition ein Verlust, welcher durch die Prämieneinnahme vermindert wird. Unterschreitet der Aktienkurs aber den um die Optionsprämie verminderten Basispreis, wiegt die vereinnahmte Optionsprämie den negativen Erfolgsbeitrag der Wertpapierposition nicht mehr auf und die Strategie des gedeckten Verkaufs einer Kaufoption verursacht einen Verlust.

Aufgrund der Erfolgsstruktur empfiehlt sich die Strategie in Erwartung gleichbleibender oder leicht steigender Wertpapierkurse. Allgemein wird hervorgehoben, daß es für den Wertpapierbesitzer ratsam sei, Kaufoptionen zu verkaufen, um die Rendite seines Portefeuilles mit den vereinnahmten Optionsprämien zu steigern. In diesem Fall würde die Strategie nicht darauf abzielen, daß der Optionskäufer die Option ausübt, sondern daß der Wertpapierbesitzer seine Effekten auch nach Ablauf der Optionslaufzeit noch in seinem Besitz hält. Verdeutlicht man sich jedoch noch einmal die Erfolgsstruktur des Verkaufs einer gedeckten Kaufoption, so läßt sich bei dieser Strategie immer dann der Maximalgewinn erzielen, wenn die Option ausgeübt wird, der Optionsverkäufer also die Wertpapiere liefern muß. Würde man diese Strategie zur Renditesteigerung wählen, ohne seinen Wertpapierbesitz aufgeben zu wollen, so ließe sich der Maximalgewinn nicht erzielen. Diesen Sachverhalt sollte sich der Anleger verdeutlichen, der beabsichtigt, mit dem Verkauf von Kaufoptionen die Rendite seines Portefeuilles zu erhöhen.

Der Maximalgewinn kann auch erreicht werden, ohne die Wertpapiere abzugeben, wenn der Aktienkurs des Wertpapiers am Verfalltag genau dem Basispreis der Option entspricht. Dann nämlich ist es für den Optionskäufer gleichbedeutend, ob er die Wertpapiere über die Option erwirbt oder sich statt dessen des Kassamarktes bedient. Jedoch sollte diese Situation als Spezialfall angesehen werden.

An dieser Stelle soll darauf hingewiesen werden, daß die Strategie des gedeckten Verkaufs einer Kaufoption in ihrer Erfolgsstruktur der des Verkaufs einer Verkaufsoption entspricht. Das heißt, durch den gedeckten Verkauf einer Kaufoption kann die Strategie des Verkaufs einer Verkaufsoption synthetisch dargestellt werden.

Hervorgehoben werden muß, daß sich der Verkäufer einer Kaufoption – wie auch der einer Verkaufsoption – aus seiner Position während der Laufzeit der Option durch eine entgegengesetzte Transaktion – Kauf der gleichen Optionsserie – lösen kann. Diese Möglichkeit des sogenannten Sekundärhandels von Verkaufspositionen ist beim deutschen Optionshandel traditioneller Prägung nicht gegeben.

2.4 Kauf einer Verkaufsoption (Buy Put)

Der Kauf einer Verkaufsoption räumt dem Käufer das Recht ein, während der Laufzeit der Option die Wertpapiere zu dem vereinbarten Basiskurs an den Verkäufer der Option zu verkaufen.

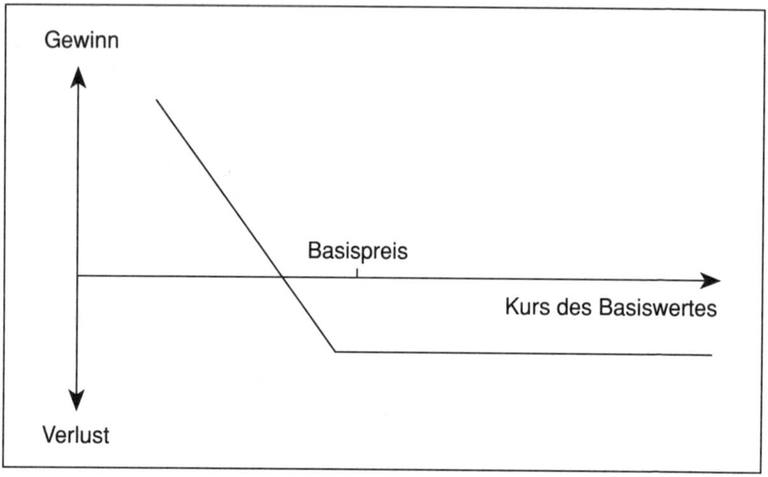

Abbildung 52: Kauf einer Verkaufsoption

Der Käufer der Verkaufsoption realisiert bei Wertpapierkursen, die per Verfalltag mindestens so hoch sind wie der Basispreis, den auf die gezahlte Optionsprämie limitierten Verlust; darunterliegende Wertpapierkurse wirken dagegen erfolgserhöhend. Sobald die Aktienkurse den um die Optionsprämie verminderten Basispreis unterschreiten, verheißt die Strategie einen Gewinn. Dieser ist um so größer, je niedriger der Aktienkurs notiert, und findet theoretisch sein Maximum bei einem Aktienkurs von Null.

Die Strategie des Kaufs einer Verkaufsoption bietet sich in Erwartung fallender, insbesondere stark fallender Wertpapierkurse an. Sie eignet sich darüber hinaus zum Absichern von Wertpapierbeständen. In diesem Fall entspricht der Optionskauf dem Abschluß einer Versicherung, die gegen Zahlung einer Prämie (der Optionsprämie) einen Mindesterlös für die Wertpapierbestände in Höhe des Basispreises garantiert.

2.5 Verkauf einer Verkaufsoption (Sell Put)

Der Verkauf einer Verkaufsoption verpflichtet den Verkäufer gegen Erhalt der Optionsprämie zur Abnahme der Wertpapiere zu einem vereinbarten Basispreis. Er ist hinsichtlich seiner Erfolgsstruktur vom gedeckten Verkauf einer Kaufoption bekannt.

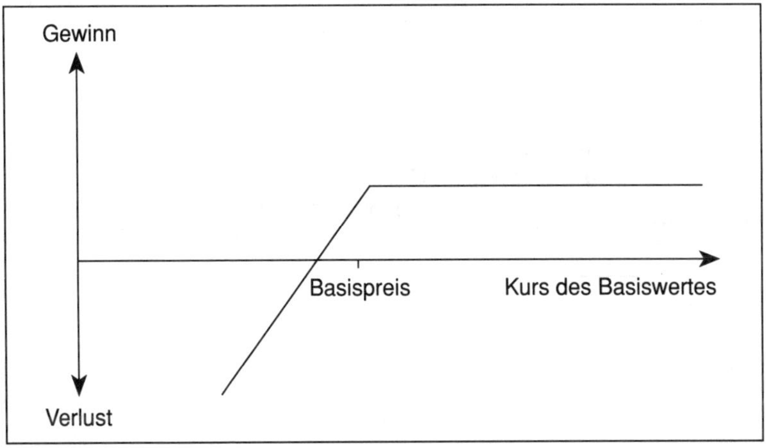

Abbildung 53: Verkauf einer Verkaufsoption

Auch diese Verkaufsposition ist durch ein limitiertes Gewinnpotential in Höhe der Optionsprämie gekennzeichnet. Das Gewinnmaximum wird realisiert, wenn die Wertpapierkurse mindestens die Höhe des Basispreises erreichen. Unterschreitet der Wertpapierkurs am Verfalltag den Basispreis, führt dies zur Schmälerung des Gewinns oder sogar zu einem Verlust, wenn der Wertpapierkurs unter dem um die Optionsprämie verminderten Basispreis liegen sollte.

Der Verkauf einer Verkaufsoption ist in Erwartung steigender Wertpapierkurse zu empfehlen. Insbesondere bei leicht steigenden Kursen ist der Verkauf einer Verkaufsoption im Vergleich zu den anderen dargestellten Strategien bei bullischer Einstellung erfolgversprechend.

Aber ähnlich wie der Verkauf einer Kaufoption sollte auch die Strategie des Verkaufs einer Verkaufsoption nur von erfahrenen Anlegern gewählt werden. Der Grund dafür liegt in dem Risiko hoher, nicht durch die Höhe der erhaltenen Optionsprämie limitierter Verluste bei fallenden Wertpapierkursen.

2.6 Kauf eines Straddle

Werden aus einem ruhigen Markt heraus plötzliche größere Kursschwankungen erwartet, empfiehlt sich der Kauf eines Straddle. Dies gilt insbesondere dann, wenn die Richtung der Kurse nicht vorhersehbar ist. Die Strategie wird aufgebaut durch den Kauf einer gleichen Anzahl von Kauf- und Verkaufsoptionen mit demselben Basispreis und Verfalldatum. Sie läßt sich folgendermaßen darstellen:

Beispiel

Aktienkurs:		DM 300
Call	300:	Optionspreis DM 25,–
Put	300:	Optionspreis DM 15,–

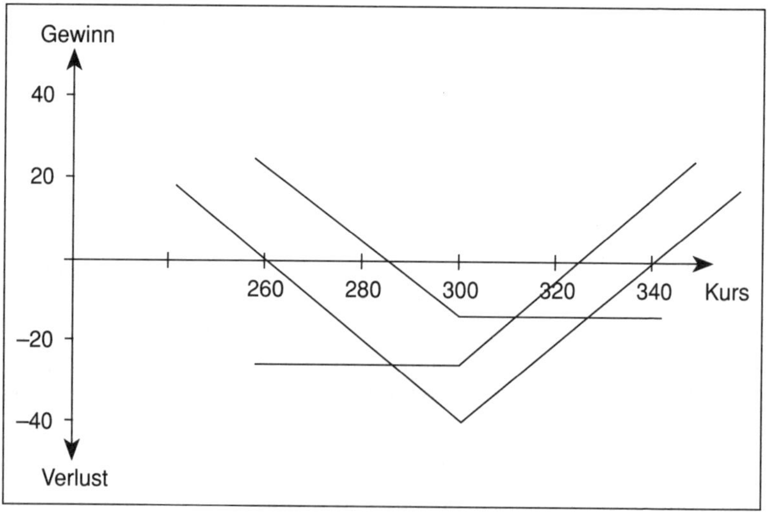

Abbildung 54: Kauf eines Straddle

Der Straddle-Käufer erzielt einen Gewinn, wenn es tatsächlich zu einer so starken Kursveränderung kommt, daß mindestens die bezahlten Prämien verdient werden.

Der maximale Verlust dieser Optionsposition ist beschränkt auf die Summe der Prämien für den Kauf der Optionen. Diese Situation tritt nur dann ein, wenn der Aktienkurs per Verfall genau gleich dem Basispreis ist. Die Wahrscheinlichkeit dafür ist jedoch gering. Umgekehrt kann ein Straddle-Verkäufer auch nur mit dieser geringen Wahrscheinlichkeit den maximal möglichen Gewinn realisieren.

2.7 Verkauf eines Straddle

Straddles sind Strategien, bei denen nicht die Richtung der Kursveränderung, sondern deren Intensität ausschlaggebend ist. Der Verkauf eines Straddle ergibt folgendes Gewinn- und Verlust-Diagramm per Verfall der Option:

Beispiel

Aktienkurs:		DM 300
Call	300:	Optionspreis DM 25,–
Put	300:	Optionspreis DM 15,–

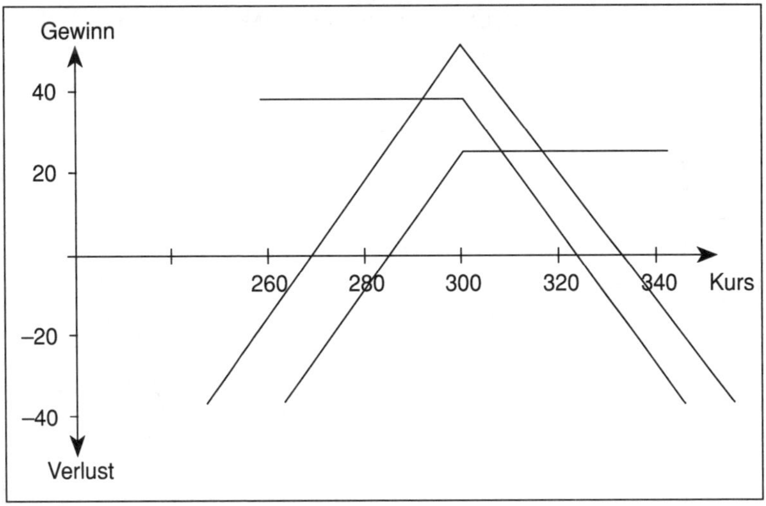

Abbildung 55: Verkauf eines Straddles

Der Verkauf eines Straddle besteht aus dem Verkauf einer gleich großen Anzahl von Verkaufs- und Kaufoptionen mit dem gleichen Basispreis und Verfalldatum. Der maximale Gewinn wird erreicht, wenn der Kurs des Wertpapiers am Verfalltag genau dem Basispreis entspricht. Die Höhe des maximalen Gewinns ist dabei die Summe der vereinnahmten Optionsprämien. Wenn die Kursschwankungen jedoch so stark sind, daß die vereinnahmte Optionsprämie aufgezehrt wird, entsteht ein Verlust. Insbesondere in ruhigen Märkten wird der Investor leicht dazu verleitet, auch in Zukunft von wenig veränderten Kursen auszugehen und Straddles zu verkaufen. Tatsächlich sind jedoch erst starke Kursschwankungen die Voraussetzung dafür, daß der Verkauf von Straddles in einem sich dann beruhigenden Markt Gewinn verspricht.

2.8 Kauf eines Strangle

Beim Kauf eines Strangle entsteht die umgekehrte Position zum Verkauf eines Strangle.

Beispiel

Aktienkurs:		DM 300
Call	320:	Optionspreis DM 10,–
Put	280:	Optionspreis DM 5,–

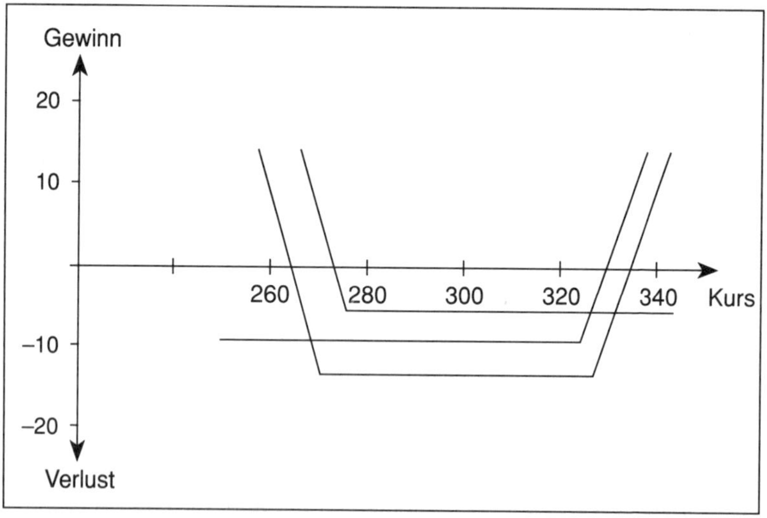

Abbildung 56: Kauf eines Strangle

2.9 Verkauf eines Strangle

Ein Strangle kombiniert ebenfalls den Kauf bzw. Verkauf einer Put- und einer Call-Serie mit gleicher Laufzeit, allerdings verschiedenen Basispreisen. Wie beim Straddle spricht man von einem gekauften Strangle bzw. einem verkauften Strangle. Der verkaufte Strangle weitet die Bandbreite der Aktienkurse, innerhalb der ein Investor per Verfall einen positiven Ertrag erzielt, gegenüber dem Straddle aus. Der maximal mögliche Gewinn ist zwar reduziert, man muß aber berücksichtigen, daß beim verkauften Straddle die Wahrscheinlichkeit, den maximalen Gewinn auch tatsächlich zu erzielen, sehr gering ist. Daher ist der Strangle als Einstieg eher zu empfehlen als der Straddle.

Beispiel

Aktienkurs:		DM 300
Call	320:	Optionspreis DM 10,–
Put	280:	Optionspreis DM 5,–

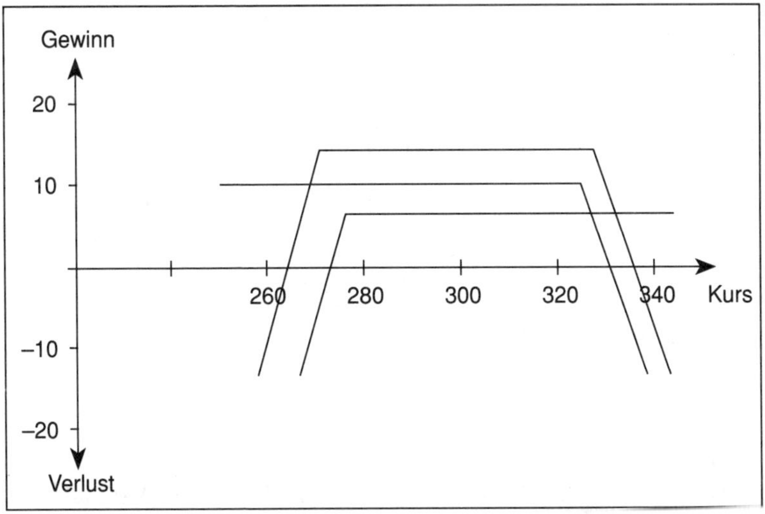

Abbildung 57: Verkauf eines Straddles

2.10 Options-Spreads

Ein Options-Spread beinhaltet den gleichzeitigen Kauf und Verkauf von Optionen desselben Typs, wobei sich die beiden Optionen in Basispreis und/oder Verfalldatum unterscheiden. Man bezeichnet diese Strategie als Spread, weil Gewinn und Verlust abhängig sind von der Entwicklung der Spanne zwischen den beiden Optionskursen. Sowohl das Gewinn- als auch das Verlustpotential dieser Strategie sind begrenzt.

Zu unterscheiden sind: Vertikal-, Horizontal- und Diagonal-Spreads.

Tabelle 5: Spreads

Spreads	**Vertikal-Spread**	**Horizontal-Spread**	**Diagonal-Spread**
Basispreis	verschieden	gleich	verschieden
Verfallmonat	gleich	verschieden	verschieden

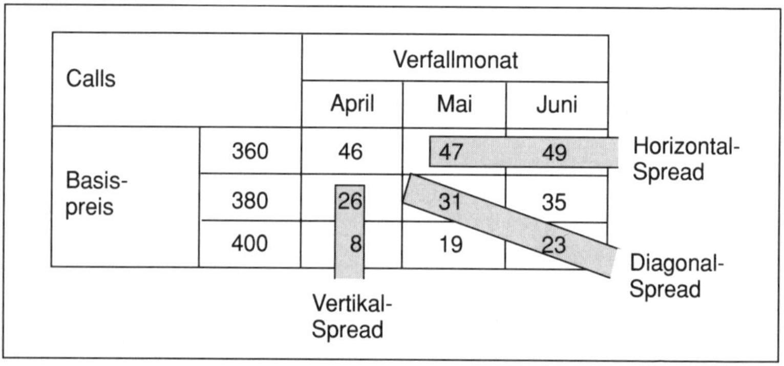

Abbildung 58: Spreadarten

Erläuterungen:

- *Vertikal Spread*
  Kauf Call, Verfall April, Basispreis 380, Prämie 26. Verkauf Call, Verfall April, Basispreis 400, Prämie 8.
- *Horizontal-Spread*
  Kauf Call, Verfall Mai, Basispreis 360, Prämie 47. Verkauf Call, Verfall Juni, Basispreis 360, Prämie 49.

– *Diagonal-Spread*
  Kauf Call, Verfall Mai, Basispreis 380, Prämie 31. Verkauf Call, Verfall Juni, Basispreis 400, Prämie 23.

Auch Spreads können gekauft oder verkauft werden. Ist die gekaufte Option teurer als die verkaufte, spricht man von einem *Debit-Spread.* Entsteht dagegen netto eine Gutschrift, wird also die teurere Option verkauft und die billigere gekauft, wird die entstehende Position *Credit-Spread* genannt. Sowohl Call- als auch Put-Spreads können „Bullish" oder „Bearish" ausgelegt sein.

2.10.1 Bull-Call-Spread (Debit-Spread)

Dem Bull-Call-Spread liegt die Erwartung zugrunde, daß der Kurs des Basiswerts im begrenzten Umfang ansteigt. Ein Bull-Call-Spread wird durch den Kauf eines Calls mit niedrigerem Basispreis und im Verkauf eines Calls mit höherem Basispreis gebildet. Durch den Verkauf des Calls wird der Prämienaufwand der gesamten Position gesenkt. Der größtmögliche Gewinn errechnet sich aus der Basispreis-Differenz ab-

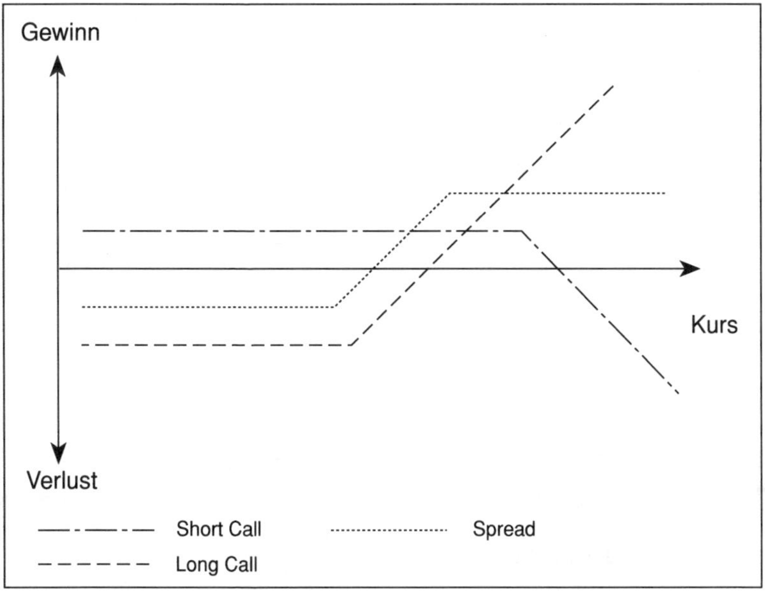

Abbildung 59: Bull-Call-Spread

züglich des Nettoprämien-Aufwands. Der maximale Verlust in Höhe des Nettoprämienaufwands entsteht, wenn der Kurs des Underlying unter den tieferen Basispreis sinkt und beide Optionen wertlos verfallen.

2.10.2 Bull-Put-Spread (Credit-Spread)

Die gleiche Erwartung, die beim Bull-Call-Spread besteht, läßt sich auch durch den Verkauf eines Puts mit höherem Basispreis und den Kauf eines Puts mit niedrigerem Basispreis (Bull-Put-Spread) umsetzen.

Durch den Verkauf des Puts mit höherem Basispreis nimmt der Anleger mehr ein, als er für den Kauf des Puts mit niedrigerem Basispreis aufwendet. Diese Differenz aus Prämienaufwand und -erlös stellt den größtmöglichen Gewinn dar. Der maximale Verlust errechnet sich aus der Differenz der beiden Basispreise abzüglich des Nettoprämien-Erlöses bei Eröffnung der Position.

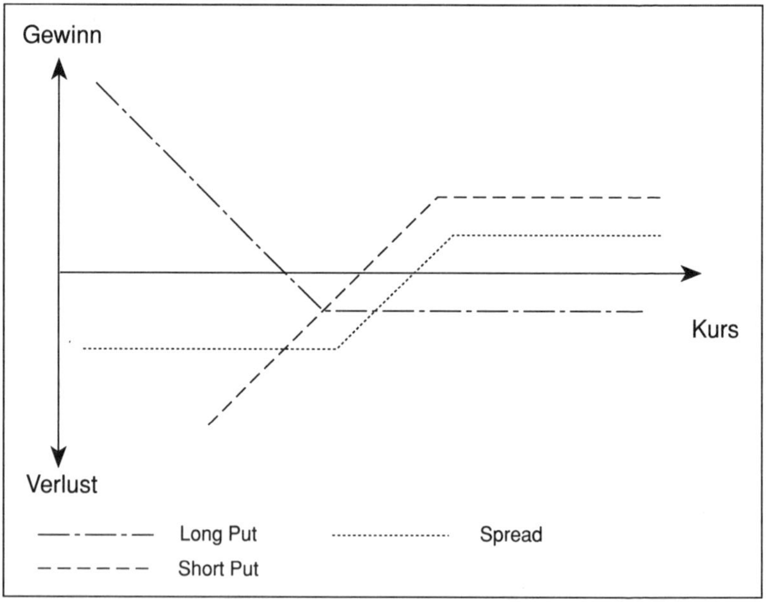

Abbildung 60: Bull-Put-Spread

2.10.3 Bear-Call-Spread (Credit-Spread)

Beim Bear-Call-Spread wird erwartet, daß der Kurs des Basiswerts im begrenzten Umfang fällt. Der Call mit dem niedrigeren Basispreis wird verkauft und der Call mit höherem Basispreis gekauft. Liegt der Kurs des Basiswerts am Verfalltag unter dem niedrigeren Basispreis, wird der maximale Gewinn in Höhe der Nettoprämiengutschrift erzielt. Der maximale Verlust entsteht, wenn der Basiswert am Verfalltag über dem höheren Basispreis liegt. Er besteht aus der Basispreis-Differenz abzüglich der Nettoprämien-Gutschrift.

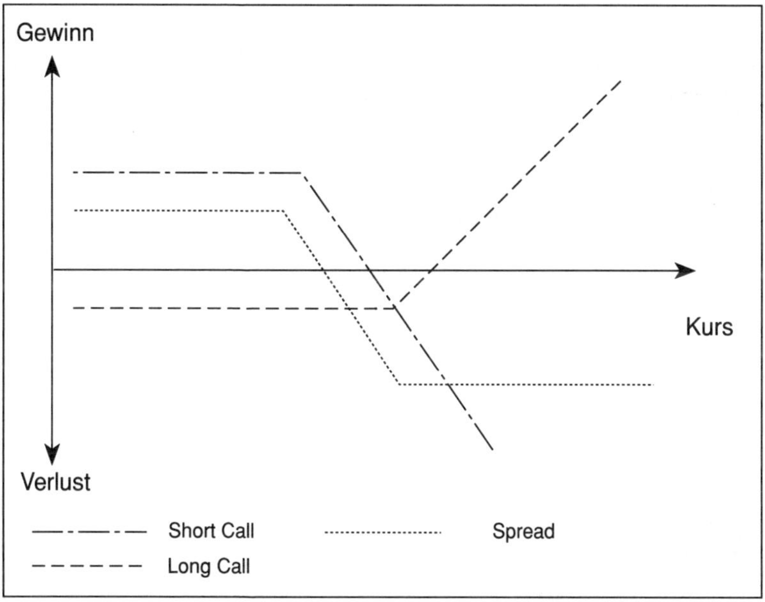

Abbildung 61: Bear-Call-Spread

2.10.4 Bear-Put-Spread (Debit-Spread)

Für den Anleger, der von einem begrenzten Rückgang der Kurse ausgeht, gibt es neben dem Bear-Call-Spread auch die Strategie des Bear-Put-Spread. Die Kombination besteht aus dem Kauf eines Puts mit höherem Basispreis und dem Verkauf eines Puts mit niedrigerem Basispreis. Der größtmögliche Gewinn wird erzielt, wenn am Verfalltag der Kurs des Basiswerts unter dem niedrigeren Basispreis liegt. Er entspricht der Basispreis-Differenz abzüglich der Nettoprämien-Zahlung bei Eröffnung der Position. Übersteigt der Kurs des Basiswerts am Verfalltag den höheren Basispreis, entsteht dem Anleger der Maximal-Verlust.

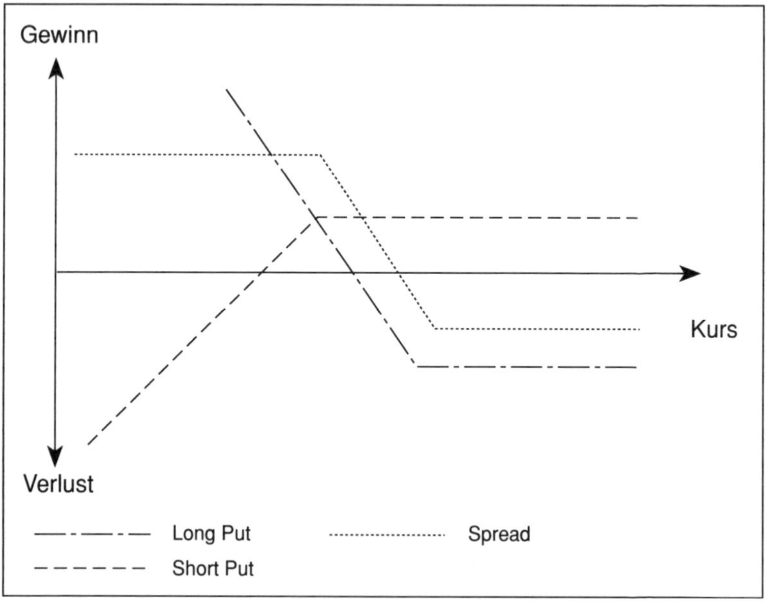

Abbildung 62: Bear-Put-Spread

3. Optionspreisbestimmung

3.1 Unterscheidung zwischen Innerem Wert und Zeitwert einer Option

Die bisherige Analyse hat sich darauf beschränkt, den Erfolg verschiedener Strategien lediglich per Verfalltag zu betrachten, um so die Anschaulichkeit der Darstellung zu erleichtern.

Ansatzpunkt für die Ermittlung des Erfolgs einzelner Strategien war neben der gezahlten bzw. der vereinnahmten Optionsprämie stets ein Vergleich zwischen den Basispreisen der Optionen und den Kursen der den Optionen zugrundeliegenden Wertpapieren. Der positive Differenzbetrag wird als Innerer Wert einer Option bezeichnet. Er ergibt sich

- bei einem Call als: Aktienkurs – Basispreis;
- bei einem Put als : Basispreis – Aktienkurs.

Je nach Verhältnis zwischen dem Wertpapierkurs am Kassamarkt und dem Basispreis einer Option unterscheidet man zwischen Optionen, die in-the-money, at-money und out-of-the-money sind:

Tabelle 6: Optionspreise

Option	**Call**	**Put**
in-the-money	Aktienkurs > Basispreis	Aktienkurs < Basispreis
at-the-money	Aktienkurs = Basispreis	Aktienkurs = Basispreis
out-of-the-money	Aktienkurs < Basispreis	Aktienkurs > Basispreis

Würde sich die Optionsprämie nur an dem Inneren Wert einer Option ausrichten, könnten nur in-the-money-Optionen einen Wert haben. Die Realität zeigt aber, daß auch at-the-money- und sogar out-of-the-money-Optionen einen Preis erzielen. Darüber hinaus werden auch in-the-money-Optionen zu Preisen gehandelt, die den Inneren Wert übersteigen. Diese Differenz zwischen Optionsprämie und Innerem Wert wird als Zeitwert bezeichnet.

Der Zeitwert von Optionen verzeichnet at-the-money sein Maximum, da dort von den Optionen, die noch nicht im Geld sind, die Wahrscheinlichkeit am größten ist, daß eine Option ins Geld läuft. Je höher der

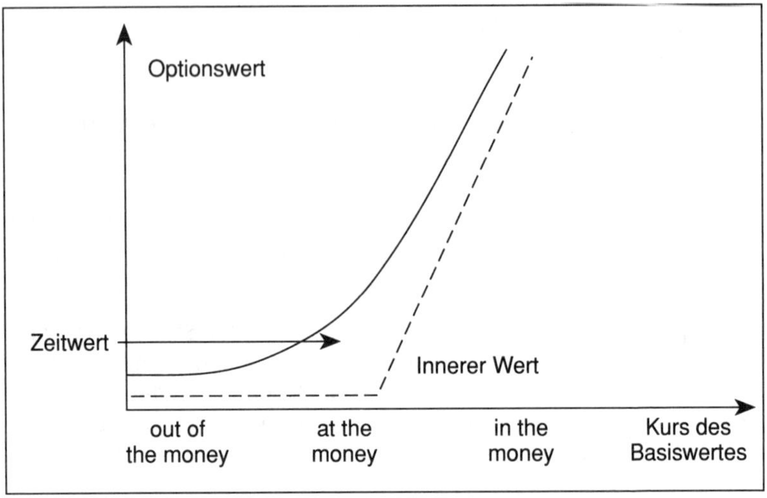

Abbildung 63: Innerer Wert einer Kaufoption

Basispreis einer Kaufoption (bzw. je niedriger der einer Verkaufsoption), desto unwahrscheinlicher ist es, daß mit dem Optionskauf die Gewinnschwelle (per Verfall) erreicht wird. Daraus resultiert bei out-of-the-money-Optionen auch ein geringerer Zeitwert. Befindet sich eine

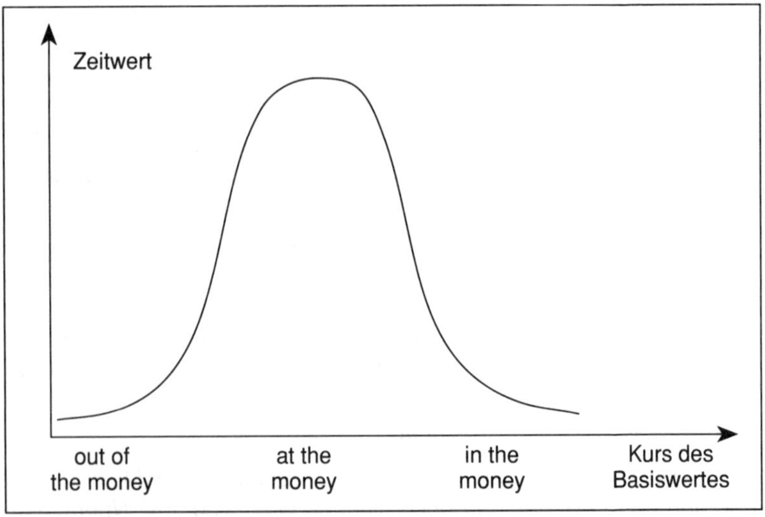

Abbildung 64: Zeitwert einer Kaufoption

Option in-the-money, entspricht die Option um so mehr der Alternative des Wertpapierkaufs bzw. Wertpapierverkaufs, je tiefer der Basispreis der Kaufoption bzw. je höher der Basispreis einer Verkaufsoption liegt. Aus diesem Grund wird die Bereitschaft, den Zeitwert zu zahlen, um so mehr sinken, je tiefer sich eine Option im Geld befindet.

Der Zeitwert einer Option führt dazu, daß sich die Erfolgsstruktur der Optionsstrategien während der Laufzeit der Optionen von denen per Verfall – so wie sie oben dargestellt wurden – unterscheiden. Denn zum Zeitpunkt des Verfalls kann eine Option nur noch einen Inneren Wert haben, da der Zeitwert gleich Null ist.

In der folgenden Abbildung werden die Faktoren vorgestellt, die den Inneren Wert sowie den Zeitwert an sich und deren jeweilige Höhe bedingen.

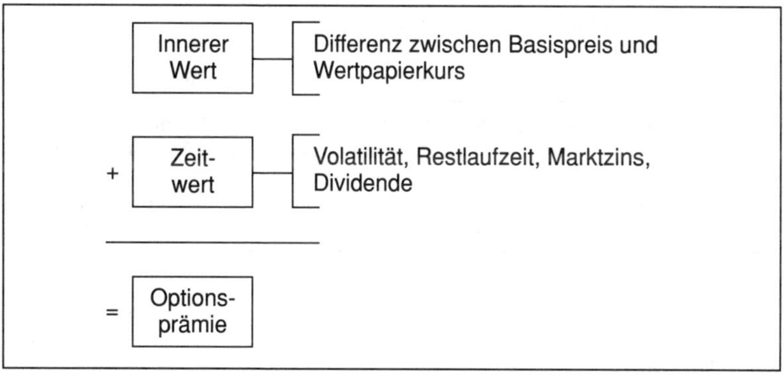

Abbildung 65: Innerer Wert und Zeitwert

3.2 Bestimmungsfaktoren des Optionspreises

3.2.1 Basispreis

Ein Bestimmungsfaktor des Inneren Wertes einer Option, der bereits im letzten Kapitel analysiert wurde, ist der Basispreis.

Unter sonst gleichen Umständen (insbesondere bei unverändertem Kurs des Basiswertes) liegt der Wert einer Kaufoption um so höher, je niedriger der Basispreis veranschlagt wird. Im Gegensatz dazu verleiht ein hoher Basispreis einer Verkaufsoption einen höheren Wert als dies unter sonst gleichen Umständen ein niedriger Basispreis vermag.

3.2.2 Aktueller Wertpapierkurs

Der aktuelle Kurs des der Option zugrundeliegenden Wertpapiers hat ebenfalls einen Einfluß auf den Wert einer Option. Wie im vorangestellten Kapitel verdeutlicht (vgl. Punkt 3.1.), steigt unter sonst gleichen Umständen der Wert einer Kaufoption bei steigendem Kurs des Basistitels. Für eine Verkaufsoption ist die Wirkungsrichtung des aktuellen Wertpapierkurses dazu entgegengesetzt.

Der Einfluß der Faktoren Basispreis und aktueller Wertpapierkurs auf den Wert von Optionen kann wie folgt zusammengefaßt werden:

Tabelle 7: Einflüsse auf den Optionswert

	Kaufoption	Verkaufsoption
Basispreis > Aktienpreis	je größer die Differenz, desto geringer die Prämie	je größer die Differenz, desto höher die Prämie
Basispreis < Aktienpreis	je größer die Differenz, desto höher die Prämie	je größer die Differenz, desto geringer die Prämie

3.2.3 Volatilität

Während die obigen Faktoren den Inneren Wert einer Option bestimmen, dienen die folgenden Faktoren der Bestimmung des Zeitwertes.

Die Volatilität ist ein Maß für die Intensität, mit der die Wertpapierkurse schwanken. Sie gibt das Ausmaß und nicht die Richtung der Kursschwankungen an.

Wertpapiere, deren Kurse gewöhnlich starken Schwankungen unterliegen, haben eine größere Chance, einen in bestimmter Höhe fixierten Basispreis zu erreichen bzw. diesen hinreichend stark zu über- (Kauf einer Kaufoption) oder zu unterschreiten (Kauf einer Verkaufsoption), als kursmäßig eher stagnierende Papiere. Deshalb wird bei Wertpapieren mit hoher Volatilität tendenziell der Wert der auf diesen Effekten basierenden Optionen höher sein als bei weniger volatilen Papieren. Der

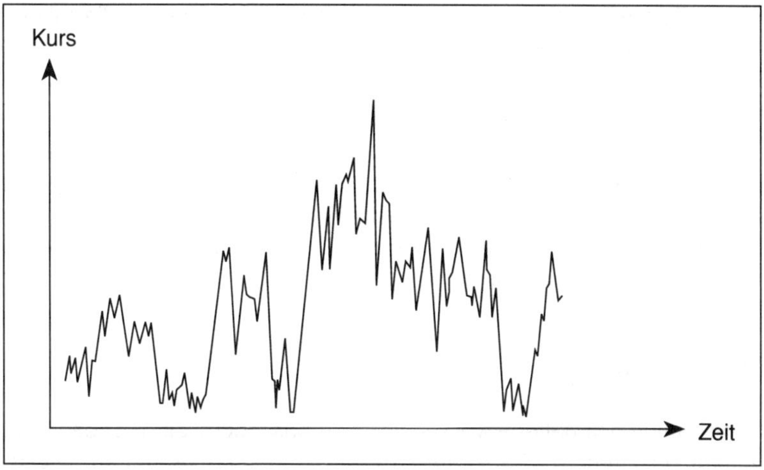

Abbildung 66: Hohe Volatilität

höhere Optionswert kann gewissermaßen als Entgelt für die größere Gewinnchance infolge starker Kursbewegungen verstanden werden.

In der Praxis bereitet es jedoch Probleme, die richtige Volatilität einzelner Wertpapiere für die Optionswertbestimmung zu ermitteln. Zwar läßt sich anhand der aufgezeichneten Kursverläufe einzelner Wertpapiere deren Volatilität in der Vergangenheit bestimmen (historische Volatilität);

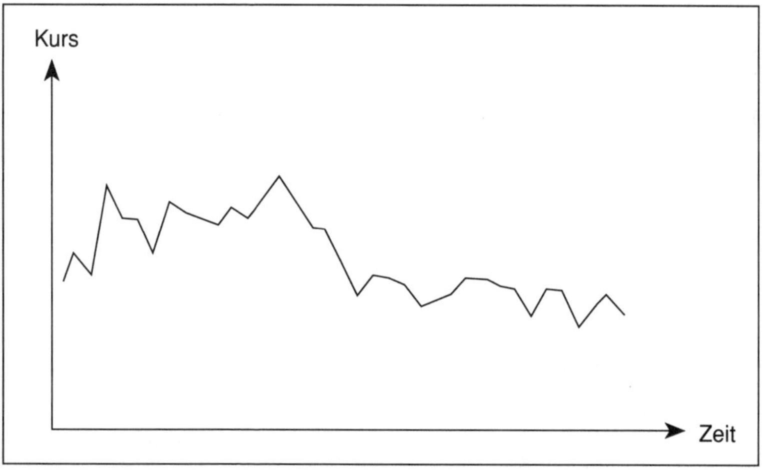

Abbildung 67: Geringe Volatilität

für die Bestimmung des Optionswertes aber kann primär nur die zukünftige, während der Laufzeit einer Option gültige Volatilität von Interesse sein. Diese zukünftige Volatilität ist jedoch nicht bestimmbar.

Mit Hilfe von mathematischen Modellen zur Bewertung von Optionen ist es lediglich möglich, anhand gegebener, am Markt bezahlter Optionsprämien die in der Höhe der Prämie zum Ausdruck kommende, also für die Laufzeit der Option erwartete Volatilität zu berechnen. Diese sich in der Höhe der Optionsprämie widerspiegelnde Volatilität wird als implizite Volatilität bezeichnet.

3.2.4 Restlaufzeit

Eine Option beinhaltet – wie wir wissen – das Recht, ein Wertpapier zu einem bestimmten Basispreis zu kaufen oder zu verkaufen. Dieses Recht ist zeitlich begrenzt (bis zum Verfalltag). Grundsätzlich kann festgestellt werden, daß der Wert des Rechts (die Optionsprämie) um so höher ist, je länger das Recht Gültigkeit besitzt (bzw. je länger die Laufzeit der Option ist).

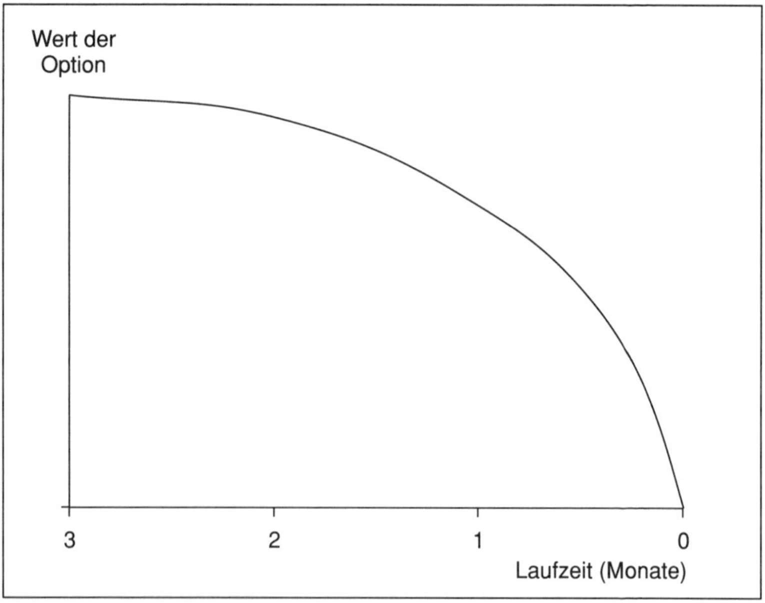

Abbildung 68: Optionsprämie

Analog dazu läßt sich nachvollziehen, daß der Wert einer Option mit der Zeit, d. h. mit abnehmender Restlaufzeit, sinkt. Die Verminderung des Zeitwertes im Zeitablauf erfolgt aber nicht linear, sondern verstärkt sich gegen Ende der Laufzeit einer Option. Dieses Phänomen wird dann verständlich, wenn man sich verdeutlicht, daß die Verkürzung der Optionslaufzeit um einen Tag von geringerem Gewicht ist, wenn die Option noch eine relativ lange Restlaufzeit besitzt (z. B. 90 Tage). Verbleibt jedoch nur noch eine verhältnismäßig kurze Restlaufzeit (z. B. 4 Tage), wirkt eine Laufzeitverkürzung um einen Tag ungleich stärker.

3.2.5 Marktzins

Die Wirkungsweise des Marktzinses läßt sich aus der Sicht des Verkäufers von Optionen verdeutlichen. Der Verkäufer einer Kaufoption geht dann nicht die Gefahr ein, bei Ausübung der Option die Basiswerte zu einem hohen, dann gültigen Aktienkurs erwerben zu müssen, wenn er die Wertpapiere bereits bei Abschluß der Option am Kassamarkt kauft (covered call writing). Die Wertpapiere muß er sodann bis zur eventuellen Ausübung halten. Der Wertpapierkauf bindet Kapital des Optionsverkäufers, welches er möglicherweise fremdfinanzieren muß – bei Eigenfinanzierung entgehen dem Optionsverkäufer Zinserträge, die er mit Anlage des Kapitals hätte erzielen können. Bei einer Erhöhung des Marktzinses steigen die Finanzierungskosten bzw. der entgangene Zinsertrag. Deshalb wird der Verkäufer einer Kaufoption bei anziehendem Marktzins unter sonst gleichen Umständen nur bereit sein, die Option zu einem höheren Preis zu verkaufen. Folglich wirkt eine Marktzinssteigerung im Falle einer Kaufoption erhöhend auf die Optionsprämie.

Eine dazu entgegengesetzte Entwicklung zeigt die Optionsprämie einer Verkaufsoption. Um einer möglichen Andienung des Basiswertes durch den Käufer der Verkaufsoption entgegenzuwirken, wird der Verkäufer die Basiswerte bereits bei Abschluß des Optionsgeschäfts veräußern. (Im Zweifel kann von einem Leer-Verkauf der Wertpapiere ausgegangen werden.) Mit der Anlage des Verkaufserlöses wird ein Zinsertrag erzielt. Bei einer Marktzinserhöhung läßt sich der Zinsertrag steigern, was tendenziell die Bereitschaft des Verkäufers erhöht, die Verkaufsoption zu einem geringeren Preis zu veräußern. Somit führt eine Marktzinserhöhung unter sonst gleichen Umständen zu einer Senkung der Optionsprämie der Verkaufsoption.

Ergänzend darf jedoch festgestellt werden, daß der Einfluß des Marktzinses auf die Optionsprämien im Vergleich zu den anderen Faktoren nur von untergeordneter Bedeutung ist.

3.2.6 Dividenden

Eine Dividendenausschüttung senkt unter sonst gleichen Umständen den Kurs des Basiswertes. Der Basispreis der Optionen aber bleibt von einer Dividendenzahlung unberührt – er wird nicht gesenkt. Somit ist eine Dividendenzahlung hinsichtlich ihres Einflusses auf die Optionsprämie grundsätzlich einem Kursrückgang des Basiswertes am Kassamarkt gleichgestellt.

Folglich führt eine Dividendenzahlung, wegen der Starrheit der Basispreise der Optionen, bei Kaufoptionen zu einer Verminderung des Optionswertes sowie bei Verkaufsoptionen zu einer Erhöhung des Optionswertes.

Tabelle 8: Zusammenfassung aller Einflußparameter

		Kaufoptionsprämie	Verkaufsoptionsprämie
Basiswert	↑	↑	↓
	↓	↓	↑
Volatilität	↑	↑	↑
	↓	↓	↓
Zeitablauf	↓	↓	↓
kurzf. Zinsen	↑	↑	↓
	↓	↓	↑

3.3 Optionspreise und veränderte Marktbedingungen

3.3.1 Allgemeines

Im vorangegangenen Abschnitt wurden die verschiedenen Einflußfaktoren auf den Optionspreis vorgestellt. Optionspreismodelle erlauben eine theoretische Bewertung von Optionen. Sie bieten die Möglichkeit, einen theoretischen Optionspreis als Funktion der Einflußfaktoren zu errechnen. Darüber hinaus liefern sie Maßzahlen betreffend

- Verhältnis zwischen Basiswert- und Optionspreisänderungen,
- Optionspreis und Laufzeit,
- Optionspreis und erwartete Volatilität.

Da es sich bei Optionspreismodellen um theoretische Abbilder des Marktes handelt, stimmen die Ergebnisse der Modellrechnung nicht unbedingt mit den Ergebnissen des Marktes überein.

Die im folgenden vorgestellten Maßzahlen geben Auskunft über Richtung und Ausmaß von Preisänderungen bei sich ändernden Marktbedingungen.

3.3.2 Delta

Die folgende Abbildung 69 zeigt, wie sich der theoretische Preis einer Kaufoption verhält, wenn sich der Preis des zugrundeliegenden Basiswertes (Aktie) ändert.

Der theoretische Optionspreis reagiert unterschiedlich stark auf Preisschwankungen des zugrundeliegenden Wertes.

Das Delta einer Option ist ein Maß dafür, wie stark sich der Preis einer Option verändert, wenn der Preis des Basiswertes um 1 Punkt variiert. Der Wert, den das Delta annehmen kann, liegt zwischen 0 und 1 bei Long Call und Short Put Positionen und zwischen 0 und -1 bei Long Put und Short Call Positionen.

Weist eine Option ein Delta von 1 auf, so entspricht das Ausmaß der Optionspreisveränderung genau dem der Preisänderung des Basiswertes. Bei einem Delta von 0 würde der Optionspreis ungeachtet einer Preisvariation des Basiswertes gleichbleiben.

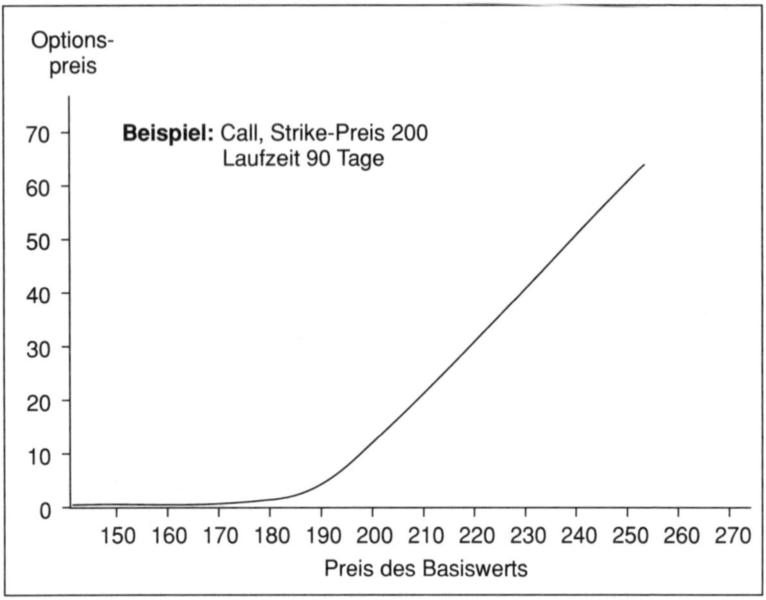

Abbildung 69: Theoretischer Preis einer Kaufoption

Tabelle 9: Delta

Vorzeichen des Delta	**Call**	**Put**
Long-Position (Optionskäufer)	(+)	(–)
Short-Position (Optionsverkäufer)	(–)	(+)

Zur Bestimmung des Deltas kann folgende Faustregel herangezogen werden:

Für Optionen

- weit aus dem Geld geht das Delta gegen 0,
- am Geld liegt das Delta in etwa bei 0,5 (bzw. – 0,5),
- tief im Geld geht das Delta gegen 1 (bzw. –1).

Neben den bereits vorgestellten Anwendungen kann das Delta auch zur Berechnung der Anzahl der Basiswerte herangezogen werden, welche äquivalent zu einer Optionsposition ist. In diesem Falle zeigt das Delta einer Option das sogenannte Hedge-Ratio an.

Beispiel 1:

Die Siemens Aktie steht bei DM 750.
Ein gekaufter Siemens Call mit einem Basispreis von DM 650 und einer Restlaufzeit von 30 Tagen hat einen Wert von DM 100 und ein Delta von 1.
Steigt die Aktie um einen Punkt (von DM 750 auf DM 751) so erhöht sich die Optionsprämie ebenfalls um DM 1.–, d. h. auf DM 101.

Beispiel 2:

Ein gekaufter Siemens Put mit Basispreis DM 750 und einer Restlaufzeit von 30 Tagen hat einen Wert von DM 25 und ein Delta von –0,5.
Steigt die Aktie nun um einen Punkt, so vermindert sich die Prämie des Puts um das 0,5-fache dieser Veränderung, d. h., der Put weist den Wert von DM 24,50 auf.

Die untenstehende Abbildung zeigt die Höhe des Deltas eines gekauften Calls in Abhängigkeit des zugrundeliegenden Basiswertes.

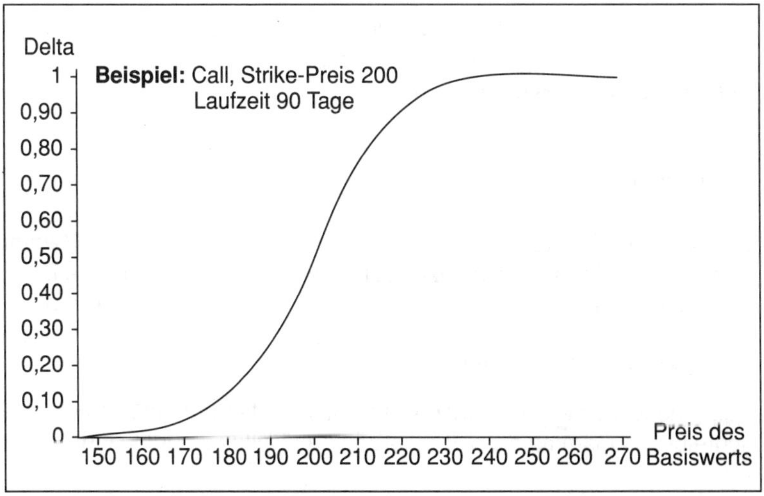

Abbildung 70: Delta eines gekauften Calls

Beispiel 3

Weist ein gekaufter Call z. B. ein Delta von 0,4 auf, so entspricht dies:

0,4 x 50 Aktien = 20 Aktien

Die Optionsposition kommt einer theoretischen Long-Position von 20 Aktien gleich.

Anhand des Deltas kann auch eine deltaneutrale Hedge-Position für eine abzusichernde Kassaposition errechnet werden.

Beispiel 4

Eine Aktienposition von 100 Aktien soll mit einer entgegengesetzten Optionsposition abgesichert werden. Die ausgewählte Optionsserie weist ein Delta von –0,5 auf. Jeder Put entspricht also einer Short-Position von 25 Aktien (50 x 0,5).

Das neutrale Hedge-Ratio beträgt:

1/Delta = 1/–0.5 = –2

Das heißt, um 100 Aktien abzusichern, werden vier Optionen auf (à 50 Aktien) benötigt. Das Hedge-Ratio zum sog. Delta-Hedging ist der Kehrwert des Deltas der Option.

3.3.3 Gamma

Eine weitere Maßzahl, die Optionspreismodelle liefern, ist das Gamma einer Option. Das Gamma bezieht sich auf das eben vorgestellte Delta. Da sich das Delta bei einer Veränderung des Preises des Basiswertes ebenfalls ändert, erscheint es sinnvoll, eine Maßzahl für die Veränderung des Deltas zu ermitteln.

Ausgehend von einer Variation des Basiswertes um einen Punkt, beschreibt das Gamma die Veränderung des Deltas einer Option.

Beispiel 5

Weist ein gekaufter Call ein Delta von 0,3 und ein Gamma von 0,05 auf, so wird bei einer Erhöhung des Preises der zugrundeliegenden Aktie um einen Punkt das Delta der Option den Wert 0,35 annehmen.

3.3.4 Theta

Bei der Zusammensetzung des Optionspreises wird grundlegend zwischen zwei Faktoren unterschieden:

- dem Inneren Wert und
- dem Zeitwert der Option.

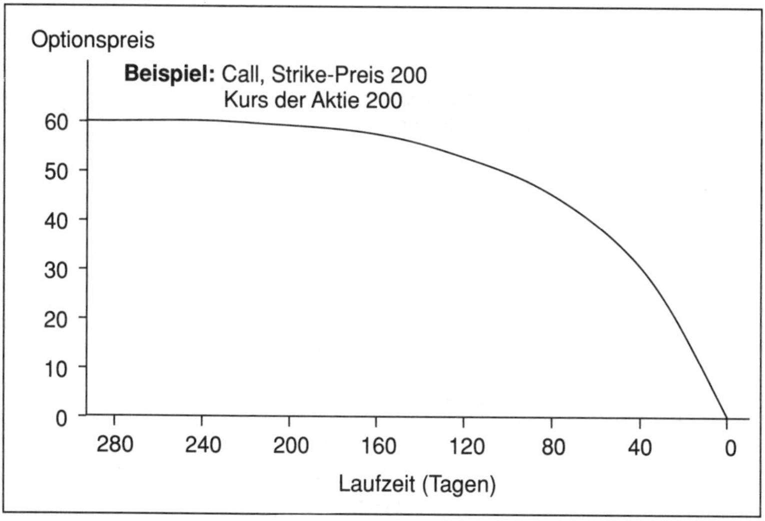

Abbildung 71: Zeitwertverfall

Im Zeitverlauf, d. h. bei Verringerung der Restlaufzeit einer Option, verringert sich der Zeitwert und somit der Optionspreis in unterschiedlichem Maße.

Das Theta beschreibt den theoretischen Wertverlust einer Option, wenn die Restlaufzeit um einen Tag abnimmt und alle anderen Variablen konstant gehalten werden.

Beispiel

Eine Option besitzt an einem bestimmten Tag ein Theta von – 0,25. Diese Option verliert theoretisch bis zu dem nächsten Tag DM 0,25 an Wert.

Gekaufte Optionen haben grundsätzlich ein negatives, verkaufte Optionen ein positives Theta.

3.3.5 Vega

Die vierte Maßzahl, die von Optionspreismodellen bereitgestellt wird, ist das Vega. Das Vega bezieht sich auf die implizite Volatilität einer Option.

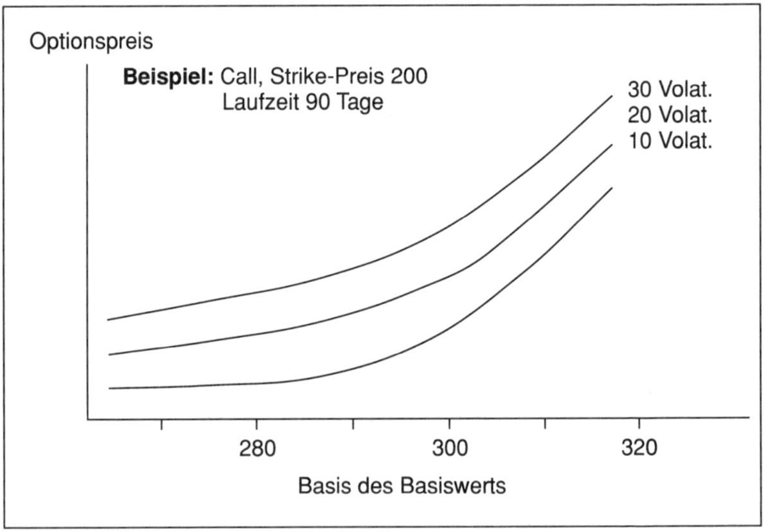

Abbildung 72: Theoretische Veränderung des Optionspreises bei Variationen der impliziten Volatilität

Ein Anstieg der Volatilität führt zu ansteigenden Optionspreisen, unabhängig, ob es sich um Calls oder Puts handelt. Sinkende Volatilität verringert die Optionspreise.

Das Vega mißt die theoretische Veränderung des Optionspreises bei einer Variation der impliziten Volatilität um einen Prozentpunkt unter der Annahme, daß alle anderen Variablen unverändert bleiben.

Beispiel

Eine Option mit einem Vega von 0,4 erfährt einen Prämienzuwachs von DM 0,40, wenn sich die implizite Volatilität der Option um einen Prozentpunkt (z. B. von 15% auf 16%) erhöht. Dies gilt für Calls und Puts.

Kapitel 8

Terminkontrakte auf Aktienindizes

1. Einleitung

Futures und Optionen auf Aktienindizes stellen eine erhebliche Erweiterung der Anlagemöglichkeiten dar. Seit der Einführung im Jahre 1982 in den USA stieg das Handelsvolumen in diesen Produkten ständig an. Die Umsätze übersteigen regelmäßig das Volumen im zugrundeliegenden Kassamarkt. Dieses Kapitel ist in zwei Abschnitte unterteilt. Der erste Teil beschäftigt sich ausschließlich mit amerikanischen Indexprodukten, während sich der zweite Teil mit dem Deutschen Aktienindex und dessen Futures befaßt.

In beiden Abschnitten werden die Eigenheiten der verschiedenen Indizes sowie die Kontraktspezifikationen der Futures und einige Anwendungsmöglichkeiten beschrieben bzw. erläutert.

2. Amerikanische Aktienindizes

2.1 Gewichtung

In den USA werden drei Möglichkeiten der Indexberechnung unterschieden.

2.1.1 Nach Kapitalisierung errechnete Indizes

Die Marktkapitalisierung eines Unternehmens ergibt sich, indem man die Anzahl der im Umlauf befindlichen Aktien mit ihrem aktuellen Kurs multipliziert.

Nach der so errechneten Kapitalisierung sämtlicher im Index enthaltenen Unternehmen addiert man alle Einzelergebnisse. Anschließend dividiert man diese Summe durch einen Divisor. Die Wahl des Divisors richtet sich bei der Konzeption eines neuen Aktienindex nach der gewünschten Anfangsgröße des Indexwertes (z. B. 100).

Der Divisor muß neu angepaßt werden, wenn

a) eine Aktiengesellschaft eine Kapitalerhöhung durchführt oder
b) ein Wert im Index gegen einen anderen ausgetauscht wird.

Beispiel

Aktie	Kurs	Stückzahl
A	100	4
B	50	2

Devisor = 5

$$\text{Index} = \frac{(\text{Kurs von A} \times \text{Stückzahl}) + (\text{Kurs von B} \times \text{Stückzahl})}{\text{Divisor (Annahme: Divisor} = 5)}$$

$$= \frac{400 + 100}{5} = 100$$

– Nur Aktie A steigt um 50 Punkte:

$$\text{Index} = \frac{(150 \times 4) + (50 \times 2)}{5} = 140$$

– Nur Aktie B steigt um 50 Punkte:

$$\text{Index} = \frac{(100 \times 4) + (100 \times 2)}{5} = 120$$

Bei einem kapitalisierungsgewichteten Index ist zu beachten, daß die Gesellschaft mit der größten Aktienstückzahl bei gleicher absoluter Kursveränderung der im Index enthaltenen Werte diesen am stärksten beeinflußt.

Die meisten der Aktienindizes werden nach Kapitalisierung errechnet, unter anderem der S & P 500, der S & P 100, der New York Stock Exchange Index und der American Stock Exchange Index.

2.1.2 Nach Preisgewichtung errechnete Indizes

Zur Berechnung dieser Indizes werden lediglich die aktuellen Aktienkurse herangezogen. Die Anzahl der jeweils ausgegebenen Aktien bleibt unberücksichtigt. Alle Kurse der im Index enthaltenen Werte werden addiert und anschließend durch einen Divisor dividiert.

Der Divisor muß dann neu angepaßt werden, wenn

- eine Aktiengesellschaft einen Aktiensplit durchführt oder
- ein Wert im Index gegen einen anderen ausgetauscht wird.

Bei einem preisgewichteten Index ist zu beachten, daß die Gesellschaft mit dem höchsten Aktienkurs bei gleicher prozentualer Kursveränderung der im Index enthaltenen Werte diesen am stärksten beeinflußt.

Beispiel

Aktie	Kurs
A	100
B	50

$$\text{Index} = \frac{\text{Kurs von A} + \text{Kurs von B}}{\text{Divisor (Annahme: Divisor = 1,5)}}$$

$$= \frac{100 + 50}{1{,}5} = 100$$

– Nur Aktie A steigt um 10%

$$= \frac{110 + 50}{1{,}5} = 107$$

– Nur Aktie B steigt um 10%

$$= \frac{100 + 55}{1{,}5} = 103$$

Der Major Market Index ist ein preisgewichteter Index.

2.1.3. Arithmetisch gewichtete Indizes

Diese Art der Indexerrechnung hat in der Praxis stark an Bedeutung verloren. Sie soll der Vollständigkeit halber jedoch nicht unerwähnt bleiben.

Die Formel für die Errechnung lautet:

$$SI \times \frac{\left[\frac{AK_1}{SK_1} + \frac{AK_2}{SK_2} + \ldots + \frac{AK_n}{SK_n}\right]}{N}$$

wobei SI = Schlußstand des Index am Vortag
AK_1 = Aktueller Kurs der Aktie 1
SK_1 = Schlußkurs der Aktie 1 vom Vortag
N = Anzahl der Aktien im Index

Da hier der Divisor genau definiert ist, wird bei einem Aktiensplit der Vortagesschlußstand des Index angepaßt. Die Eigenart des arithmetisch gewichteten Index liegt darin, daß die Gesellschaft mit dem niedrigsten Aktienkurs bei gleicher absoluter Kursveränderung der im Index enthaltenen Werte diesen am stärksten beeinflußt.

Beispiel

Aktie	Kurs
A	100
B	50

SI = 200

$$\text{Index} = 200 \times \frac{\left[\frac{100}{100} + \frac{50}{50}\right]}{2} = 200$$

– Nur Aktie A steigt um 50 Punkte:

$$\text{Index} = 200 \times \frac{\left[\frac{150}{100} + \frac{50}{50}\right]}{2} = 250$$

– Nur Aktie B steigt um 150 Punkte:

$$\text{Index} = 200 \times \frac{\left[\frac{100}{100} + \frac{100}{50}\right]}{2} = 300$$

Der Value Line Index ist ein arithmetisch gewichteter Index.

2.2 Ausgewählte US-Aktienindizes

In den USA ist der Dow Jones Industrial der älteste und bekannteste Index. Er wird seit 1897 berechnet. Seit Oktober 1928 enthält er 30 Titel. Diese wurden allerdings schon häufig ausgetauscht. Er gehört, wie die anderen Indizes (Transport und Versorgung) sowie der Major Market Index, zu den preisgewichteten Indizes.

Achtzehn Werte enthalten der Major Market Index (MMI)und der Dow Jones Industrial Average (DJIA) gemeinsam. Da der MMI 20, der DJIA 30 Werte enthält, ist es klar, daß sie miteinander eng korrelieren. Der MMI ist erst erstellt worden, nachdem die Dow Jones Gesellschaft ihren

Industrial Average erfolgreich gegen Kräfte verteidigte, die einen Terminkontrakt mit Optionen auf ihn einführen wollten.

Die Optionen auf den Major Market Kassaindex werden auch an der EOE in Amsterdam gehandelt (Handelszeit 12.00 – 16.30 Uhr).

Der S & P 500 ist der erfolgreichste Futureskontrakt, der auf einen Aktienindex gehandelt wird. Er weist bei weitem die höchste Liquidität auf.

Der S & P 100 – auch OEX genannt – ist ein Kassaindex. Auf diesem Index handeln zwar Optionen, aber keine Futureskontrakte. Es ist aber relativ einfach mit OEX-Optionen eine S & P 500 Futurespoisition zu simulieren. Ein Anleger kann beispielsweise 5 Optionskontrakte im Geld (Delta fast 1) kaufen. Da der Multiplikator $ 100 beträgt, verhält sich diese Position wie ein S & P 500 Futures. Der Anleger beschränkt jedoch sein Risiko auf das der eingezahlten Optionsprämie. Er muß keine Margin hinterlegen, da er die volle Optionsprämie bezahlt hat.

Der OEX ist der erfolgreichste Optionsmarkt, der überhaupt existiert. Er besticht durch sein hohes Volumen und, dadurch bedingt, durch faire Optionspreise.

2.3 Kontraktspezifikationen

In nachfolgender Tabelle 10 sind die spezifischen Anforderungen im Überblick dargestellt.

Tabelle 10: Kontraktspezifikationen

	S&P 500	NYSE Composite	MMI	Value Line
Zusammen-setzung	400 Industrie 40 Versorger 40 Finanz 20 Transport	Alle an der NYSE gehandelten Aktien ca. 2.200	20 Blue-Chips 18 davon im Dow Jones enthalten	ca. 1.700 ausgewählte Werte
Gewichtung	Kapital-gewichtet	Kapital-gewichtet	Preis-gewichtet	Arith-metisch
Börse	CME Chicago Mercantile Exchange	NYFE New York Futures Exchanges	CME Chicago Mercantile Exchange	KCBT Kansas City Board of Trade
Handels-monate	März Juni September Dezember	März Juni September Dezember	Jeder Monat	März Juni September Dezember
Settlement	Am dritten Freitag im jeweiligen Kontraktmonat	gleich	gleich	gleich
Kleinste Kursver-änderung	.05 = $ 25	.05 = $ 25	.05 = $ 12.50	.05 = $ 25
Multiplikator	500	500	250	500

2.4 Risiken des Wertpapierinvestments

Viele Käufer einer Aktie haben sehr konkrete Vorstellungen vom erwarteten Ertrag ihres Investments, übersehen jedoch allzugerne das Risiko. Dies liegt in der Mentalität der Anleger: Die meisten sind Optimisten.

Jeder Investor sollte jedoch das Risiko seines Portfolios genau analysieren. Das Risiko einer Aktie läßt sich in das Gesamtmarkt- und das Einzelaktienrisiko untergliedern.

2.4.1 Gesamtmarktrisiko (systematisches oder generelles Risiko)

Auf Ereignisse, die den gesamten Aktienmarkt mit allen darin enthaltenen Titeln erfassen, kann der Anleger keinen Einfluß nehmen. Solche Ereignisse können beispielsweise Zinssatzänderungen oder wichtige politische Entscheidungen sein. Dieses Risiko kann nicht eliminiert werden.

2.4.2 Einzelaktienrisiko (unsystematisches oder individuelles Risiko)

Dies sind Ereignisse, die speziell auf einen einzelnen Titel einwirken, wie beispielsweise der Ertragsverlauf einer Aktiengesellschaft. Das Risiko eines einzelnen Titels besteht aus dem Gesamtmarktrisiko plus dem Einzelaktienrisiko.

Das Einzelaktienrisiko kann man durch Depotdiversifikation reduzieren:

Bei 5 verschiedenen Titeln ist die Wahrscheinlichkeit, daß alle Gesellschaften in Konkurs gehen, geringer als bei einem einzigen Titel.

Minimiert wird das Einzelaktienrisiko jedoch im Aktienindex, da dieser den Gesamtmarkt darstellt. Durch die Möglichkeit des Handels von Futures auf Aktienindizes beschränkt der Marktteilnehmer sein Risiko auf das des Gesamtmarktes.

2.5 Beta

Das Beta gibt die Beziehung zwischen der Kursentwicklung einer Aktie und der Indexentwicklung an. Es erfaßt damit das relative Verhalten dieser Einzelaktie zu einer Indexbewegung.

Man kann Aktien wie folgt nach dem Beta kategorisieren:

Aktie mit Beta < 1:	Aktie bewegt sich weniger als Gesamtmarkt
Aktie mit Beta $= 1$:	Aktie bewegt sich wie Gesamtmarkt
Aktie mit Beta > 1:	Aktie bewegt sich stärker als Gesamtmarkt

Beispiel

Aktie X hat ein Beta von 1,20. Steigt nun der Gesamtmarkt um 10%, so steigt Aktie X um 1,20 x 10% = 12%.

2.6 Korrelation

Vergleicht man den Kursverlauf verschiedener Aktienwerte, so stellt man fest, daß unterschiedlich große Zusammenhänge zwischen den verschiedenen Kursen existieren. Statistisch kann der Zusammenhang zwischen zwei verschiedenen Datenreihen mit dem Korrelationskoeffizienten gemessen werden.

Eine Korrelation von 1 zwischen den Datenreihen A und B sagt aus, daß die Bewegungen der beiden Datenreihen in der gleichen Richtung verlaufen:

Steigt A, so steigt auch B; fällt A, so fällt auch B.

Eine Korrelation von beispielsweise 0,9 entspricht 90% des Maximalwertes.

Bei Erreichung des Maximalwertes von 1 besteht ein vollkommener Gleichlauf der beiden Datenreihen.

Eine Korrelation von 0 sagt aus, daß zwischen den beiden Datenreihen keinerlei Zusammenhang besteht.

Eine Korrelation von – 1 bedeutet, daß B bei Steigen von A fällt, bei Fallen von A steigt.

Achtung: Der Beta- und der Korrelationskoeffizient sind vergangenheitsbezogen. Sie sind nicht ohne weiteres auf die Zukunft anwendbar. Nach starken Kursschwankungen sollten beide Faktoren neu berechnet werden.

2.7 Hedging als Anwendungsmöglichkeit

In der Regel stellen institutionelle Anleger ihre Aktienportfolios mit großer Sorgfalt zusammen. Sie verfolgen hiermit langfristige Ziele und sind infolgedessen oft nicht bereit, ihre Portfolios zu verkaufen, auch wenn sie eine Schwächephase im Aktienmarkt erwarten. Es sind nicht nur die Transaktionskosten, die diese Haltung verursachen. Dividendenerwartungen und steuerliche Überlegungen spielen ebenso eine Rolle. Viele Fonds dürfen ihren Satzungen nach nur Aktienportfolios halten. Sie können also nicht kurzfristig in festverzinsliche Wertpapiere umsteigen. Mit Futures ist es dem Fondsmanager jedoch möglich, eine wirksame Absicherung gegen Schwächeperioden im Aktienmarkt aufzubauen.

Als Beispiel nehmen wir den Verwalter eines $ 20-Millionen-Aktienportfolios. Da er einen Kursrückgang am Aktienmarkt befürchtet, bereitet er eine Absicherung vor.

Beispiel

Folgende Branchen sind im Portfolio enthalten:

	Kurswert	Anteil im Portfolio %	Beta
Internationale Ölwerte	$ 3.800.000	19	1,06
Chemiewerte	$ 2.800.000	14	0,95
Papierwerte	$ 4.400.000	22	1,21
Aerospace	$ 4.400.000	22	1,49
Elektrowerte	$ 1.600.000	8	0,85
Stahlwerte	$ 3.000.000	15	0,97

In der Praxis weicht die Zusammensetzung eines Aktienfonds von der des Index ab. Um für Hedgeoperationen die Anzahl der zu verkaufenden Kontrakte zu berechnen, die für das Hedging notwendig sind, muß das Portfolio dem Index rechnerisch angepaßt werden. Hierfür wird der Beta-Faktor benutzt.

Als Sicherung des Aktienportfolios sollen Futures-Kontrakte auf den S & P 500 Index (Beta 1) verwendet werden.

Die Marktempfindlichkeit der geplanten Short-Position in Futures-Kontrakten soll der Marktempfindlichkeit des Portfolios möglichst gleichkommen. Hierzu muß ein gewichtetes Beta für das Portfolio errechnet werden: Das Beta der einzelnen Gruppierungen wird mit dem aktuellen, in der jeweiligen Branche angelegten Dollar-Volumen multipliziert und anschließend durch den Gesamtwert des Portfolios dividiert, bzw. es wird gleich mit dem jeweiligen prozentualen Portfolioanteil multipliziert. Die Summe der so gewichteten Beta-Faktoren ergibt dann das Portfolio-Beta.

Beispiel

Internationale Ölwerte	1,06 × 19% = 0,2014
Chemiewerte	0,95 × 14% = 0,1330
Papierwerte	1,21 × 22% = 0,2662
Aerospace	1,49 × 22% = 0,3278
Elektrowerte	0,85 × 8% = 0,0680
Stahlwerte	0,97 × 15% = 0,1455
gewichtetes Beta	= 1,1419

Die Formel zur Errechnung der benötigten S&P-Kontrakte zum Aufbau einer Sicherung lautet:

$$\frac{\text{Wert des Portfolios}}{\text{Wert des Terminkontraktes}} \times \text{gewichtetes Beta}$$

Annahme: Stand des S&P 500-Index: 310

$$\frac{\$\,20.000.000}{\$\,310 \times \$\,500\ \text{(Multiplikator)}} \times 1{,}1419 = 147\ \text{Kontrakte (gerundet)}$$

Nach Aufbau einer Sicherung mit 147 Kontrakten des S&P 500-Index kommt es zu einem Einbruch im Markt. Nach Rückgang des Index um 9,5% hat das Portfolio folgende Konstellation:

	neuer Marktwert	Anteil im Portfolio %	Futures-Short-Position
Internationale Ölwerte	3.417.000	19,2	bei 310
Chemiewerte	2.547.000	14,3	jetzt
Papierwerte	3.894.000	21,8	280
Aerospace	3.778.000	21,2	
Elektrowerte	1.471.000	8,2	
Stahlwerte	2.723.000	15,3	
	17 830 000		Diff.: 30 Punkte
Gewinn in der Futures-Position	$ 2.205.000		
Verlust im Portfolio	$ 2.170.000		

Abbildung 73: Portfolio-Konstellation

Nach dem Kurseinbruch im Aktienmarkt haben die Gewinne mit den Futures-Kontrakten den Verlust im Portfolio wettgemacht. Dieses Beispiel einer erfolgreichen Absicherung ließ sich relativ leicht konstruieren. In der Praxis müssen dagegen noch weitere Punkte beachtet werden:

- Es muß eine möglichst hohe Korrelation zwischen dem Portfolio und dem Aktienindex bestehen.
- Das Beta verändert sich; es muß ständig neu berechnet werden. Dadurch verändert sich die Anzahl der zu verkaufenden Kontrakte. Der Hedge muß „gemanagt" werden.

2.8 Lieferung/Delivery eines Aktienterminkontrakts

Futures-Kontrakte auf Aktienindizes werden bei Fälligkeit in bar abgerechnet: Die meisten Indizes erfassen eine zu große Anzahl von Börsenwerten, als daß man sie auf eine praktikable Art und Weise erwerben und liefern könnte.

Beispiel

Der Marktteilnehmer X geht am Mittwoch vor der Fälligkeit des S & P 500 Kontrakts eine Long-Position in den Juni-Kontrakt zum Kurs von 300 ein. Seine Bank verlangt eine Initial Margin in Höhe von $ 10.000.

Am Mittwochabend beträgt der Settlement-Kurs des S&P 500 Kontrakts 297,50.

Der Unterschied zum Einstandskurs beträgt 2,50 Indexpunkte.

2,50 Punkte x $ 500 = $ 1.250 werden dem Konto von X belastet. Sein Guthaben beträgt somit $ 8.750.

Donnerstag (letzter Handelstag)
Am Donnerstagabend beträgt der Settlement-Kurs des S&P 500 Kontrakts 304.

Der Unterschied zum Vortag beträgt 6,50 Indexpunkte. 6,50 Punkte x $ 500 = $ 3.250 werden dem Konto von X gutgeschrieben. Sein Guthaben beträgt jetzt $ 12.000.

Freitag (der dritte Freitag des Kontraktmonats)
Der Settlement-Kurs für den Barausgleich des Kontrakts entspricht dem Eröffnungskurs des sogenannten Special-Index an diesem Tag:

Es werden die Eröffnungskurse aller 500 im Index enthaltenen Aktien festgehalten. Diese Eröffnungsphase kann sich ca. 1 bis 2 Stunden hinziehen.

Der Special-Index ist somit kein Laufindex. Es wird hiermit gewährleistet, daß tatsächlich nur die Eröffnungskurse an diesem Tag ausschlaggebend sind.

Eröffnungskurs: 304,50.

Der endgültige Abrechnungspreis des Kontrakts ist um 0,50 Punkte gegenüber dem Settlement-Kurs des letzten Handelstags gestiegen. Dieser Anstieg entspricht $ 250 (0,50 x $ 500).

Dieser Betrag wird dem Konto von X gutgeschrieben.

2.9 Optionen auf den S&P 500 Terminkontrakt

Diese Optionen werden in Indexpunkten gehandelt, wie der Futureskontrakt. Der Preis einer Optionsprämie ist – wie beim Index – der Indexwert mal $ 500. Bei einer Optionsprämie von $ 7,55 kostet ein Optionskontrakt analog $ 3.775. Festgelegt wurden Basispreise mit Abstand von 5 Punkten, z. B. 295, 300, 305.

Die Fälligkeiten der S&P 500 Terminkontrakte stimmen mit den Quartalsenden überein: März, Juni, September, Dezember. Auf diese vier Kontrakte handeln Optionen, die Fälligkeiten für jeden Kalendermonat aufweisen. Sollte man eine Option am letzten Handelstag ausüben, deren Fälligkeit mit einem Terminkontrakt übereinstimmt, ergibt sich ein Ausgleich in Bargeld, da der Handel im zugrundeliegenden Terminkontrakt am gleichen Tag zu Ende geht. Die Clearingstelle der Chicago Mercantile Exchange übt ohne Aufforderung alle solche Optionen aus, die im Geld sind. Der Fälligkeitstermin der meisten Optionen auf Terminkontrakte liegt vor der Fälligkeit des Terminkontrakts. Bei S&P 500 Optionen ist dies nicht der Fall. Beim Auslauf der Optionen, deren Fälligkeiten nicht mit dem zugrundeliegenden Terminkontrakt übereinstimmen (z. B. für Januar, Februar, April), nimmt die Clearingstelle keine Ausübung vor, da sich durch die Ausübung in diesem Falle eine Long- oder Short-Position im zugrundeliegenden Futureskontrakt ergeben würde. Die damit verbundenen Risiken erfordern, daß der Optionsinhaber die Ausübung formell beantragt.

Beispiel

Ein Anleger kauft eine Februar Kaufoption mit Basispreis 330 auf den März-Terminkontrakt. Am letzten Handelstag der Option steht der März-Terminkontrakt bei 336,50. Der Optionsinhaber übt seine Option aus. Er bekommt eine Long-Position im März-Terminkontrakt zum Kurs von 330 (Basispreis der Option) und muß nun Margin bereitstellen.

3. Deutscher Aktienindex (DAX)

3.1 Allgemeines

Der DAX ist seit dem 1. Juli 1988 ein Trendbarometer für den deutschen Aktienmarkt. Er ist im Hinblick auf die Deutsche Terminbörse (DTB) erforderlich geworden, weil er der einzige deutsche Index ist, auf den ein Terminkontrakt gehandelt werden kann. Wichtigster Unterschied zu den anderen deutschen Indizes ist die Eigenschaft, daß er während der Frankfurter Börsensitzung jede Minute anhand der fortlaufenden Notierungen der Aktien neu berechnet wird, d. h., der DAX ist ein Laufindex.

Seine Basis wurde Ultimo 1987 auf 1 000 Punkte festgesetzt. Um eine längere Zeitreihe zur Verfügung zu haben, wurde der DAX mit dem Index der Börsen-Zeitung (BZ-Index) verknüpft. Dies war möglich, weil sich Aufbau und Konzeption der beiden Indizes stark ähneln. Die täglichen Schlußkurse des DAX sind durch diese Verknüpfung theoretisch seit Ende 1959 nachvollziehbar.

Der DAX ist ein fiktives Aktienportfolio, das aus 30 Titeln besteht; diese wurden nach folgenden Kriterien ausgewählt:

a) Höhe des Börsenumsatzes
Die 30 DAX-Werte erklärten 1987 etwa 80% des gesamten Börsenumsatzes in Frankfurt.
b) Höhe der Marktkapitalisierung
Die Marktkapitalisierung der DAX-Werte machte 1987 etwa 60% der Marktkapitalisierung aller Werte aus.
c) Frühe Eröffnungskurse in der täglichen Börsensitzung, damit der erste DAX-Wert schon frühzeitig errechnet werden kann.

3.2 Gewichtung nach Grundkapital

Die ausgewählten Titel gehen nicht gleichgewichtig in die Berechnung des DAX-Werts ein, sondern sind gewichtet. Statt der international üblichen Gewichtung nach Marktkapitalisierung wurde hier das zugelassene Grundkapital der Unternehmen als Gewichtungsgrundlage herangezogen. Das zugelassene Grundkapital ist der Nominalwert der Aktie (in Deutschland meist DM 50) multipliziert mit der Anzahl der ausgegebenen Aktien. Dies wurde für jeden DAX-Titel errechnet. Die Summe des zugelassenen Kapitals aller Unternehmen wird gleich 100 Prozent gesetzt, dann wird der jeweilige prozentuale Anteil der einzelnen Unternehmen daran berechnet. Das Ergebnis ist die Gewichtungsverteilung der Aktien im Index. Nach Branchen sortiert, wurde z. B. Mitte 1987 die in Tabelle 11 dargestellte Gewichtsverteilung festgelegt.

Tabelle 11: Gewichtung der Unternehmen im DAX

Unternehmen	Gewicht Q in Stück	Unternehmen	Gewicht Q in Stück
Chemie	29,68	**Stahl**	9,16
Bayer	9,58463	Thyssen	4,60012
Höchst	8,71698	Mannesmann	4,56130
BASF	8,45694		
Degussa	1,05758		
Schering	0,98638		
Henkel VZ	0,87575		
Banken	21,93	**Elektro**	7,97
Deutsche Bank	6,89453	Siemens	7,96602
Dresdner Bank	5,50493		
Commerzbank	4,21865		
Bay. Hypo-Bank	2,88288		
Bay. Vereinsbank	2,42882		
Automobil	15,37	**Sonstige**	19,93
Daimler-Benz	6,76361	M.A.N.	2,29614
Volkswagen	4,73152	Dt. Babcock	0,99348
BMW	2,60,303	Linde	0,99216
Continental	1,27178	Lufthansa	4,33161
		Kaufhof	1,28093
Versorger	13,32	Karstadt	1,19218
		Allianz	2,78940
RWE	6,71289	VIAG	2,54901
Veba	6,60813	Metallgesellschaft	1.29519
		Preussag	2,20483

Dies ist jetzt als ein Aktienkorb vorstellbar, in dem von 30 ausgewählten Gesellschaften insgesamt 100 Aktien – jeweils mit „krummer“ Stückzahl – enthalten sind.

Die Indexformel nach Laspeyres lautet folgendermaßen:

$$DAX_t = \frac{\sum_i Kurs_{i,t} \times Gewicht_{i,to} \times K - Fakt_{i,t}}{\sum_i Kurs_{i,to} \times Gewicht_{i,to}} \times 1.000$$

wobei

$\sum_i$	=	die Summe über alle i=1..30 Aktien
$Kurs_{i,t}$	=	der Kurs der Aktie i zum Zeitpunkt der Berechnung (t)
$Gewicht_{i,t0}$	=	das Gewicht (in Stück) der Aktie i zum Zeitpunkt Ultimo 1987 (to)
$K\text{-}Fakt_{i,t}$	=	der Korrekturfaktor der Aktie i zum Zeitpunkt der Berechnung (t)
$Kurs_{i,t0}$	=	der Kurs der Aktie i zum Zeitpunkt Ultimo 1987

Ab 1989 wird jeweils Mitte September jeden Jahres die Gewichtung entsprechend der Verteilung des Grundkapitals angepaßt, außerdem werden die Korrekturfaktoren aller Aktien auf 1 gestellt.

Seit dem 15.09.1989 wird der DAX zu dem an diesem Stichtag an der Frankfurter Wertpapierbörse zugelassenen Grundkapital berechnet. Die Formel änderte sich wie folgt:

$$DAX_t = k_{t1} \times \frac{\sum_i Kurs_{i,t} \times Gewicht_{i,t1} \times K - Fakt_{i,t}}{\sum_i Kurs_{i,to} \times Gewicht_{i,to}} \times 1.000$$

wobei

$\sum_i$	=	die Summe über alle i=1..30 Aktien
$Kurs_{i,t}$	=	der Kurs der Aktie i zum Zeitpunkt der Berechnung (t)
$Gewicht_{i,t0}$	=	das Gewicht der Aktie i zum Zeitpunkt Ultimo 1987 (t0)
$Gewicht_{i,t1}$	=	das Gewicht der Aktie i zum Zeitpunkt 15.09.89 (t1)
$K\text{-}Fakt_{i,t}$	=	der Korrekturfaktor der Aktie i zum Zeitpunkt der Berechnung (t)
k_{t1}	=	der konstante Verkettungsfaktor (= 1.020377) zum Zeitpunkt der Anpassung (15.09.89)

Aufgrund dieser Berechnungsmethode hat z. B. die Veränderung einer Daimler-Aktie im Vergleich zu einer prozentual ebenso großen Veränderung einer Bayer-Aktie einen größeren Einfluß auf den DAX-Wert. Dies hängt mit dem unterschiedlichen Kursniveau der beiden Werte zusammen.

Beispiel

Daimler Kurs 700, Gewicht 6,15%;
Bayer Kurs 300, Gewicht 9,57%;
Beide Kurse steigen jetzt um 1%.

Da sich der Nenner nicht mehr verändert (alle Daten von Ultimo 1987), bestimmt der Zähler den Wert des Index.

Der Zähler verändert sich jeweils folgendermaßen:

1% von 700 → $7 \times 6{,}15 = 43{,}05$
1% von 300 → $3 \times 9{,}57 = 28{,}71$

Die Veränderung der Daimler-Aktie hat also einen größeren Einfluß.

Bei gleichen absoluten Veränderungen der Aktienkurse hat der Titel, der ein größeres zugelassenes Grundkapital (Gewicht) im Aktienkorb hat, einen größeren Einfluß auf den Wert des DAX.

Die Gewichtung verändert sich nicht, wie bei anderen Indizes, die nach Marktkapitalisierung gewichtet sind, durch die Kursveränderungen der einzelnen Aktien, sondern bleibt relativ konstant. Lediglich der Korrekturfaktor, auf den im nächsten Abschnitt eingegangen wird, verändert das Gewicht der Aktien im Index.

3.3 Dividendenbereinigung

Der DAX ist ein sogenannter Performance-Index, d. h., er verhält sich wie die Wertveränderungen eines Aktienportfolios. Dies bedeutet, daß sämtliche Erträge aus den Aktien, wie Dividenden oder Bezugsrechte, wieder in die Aktie investiert werden, aus der sie stammen. Dadurch erhöht sich die Aktienzahl des Indexdepots.

Zahlt beispielsweise BMW (Gewicht 2,18) DM 12,50 Dividende, dann wird für die ausgeschüttete Dividende DM 12,50 × 2,18 = DM 27,25 wieder ein Bruchteil einer BMW-Aktie nach Dividendenabschlag erworben. Rechnerisch wird dies über den Korrekturfaktor (c) ausgeglichen:

$$C = \frac{\text{Aktienkurs}}{(\text{Aktienkurs} - \text{Dividende})}$$

Dieser wird, wie oben dargestellt, mit der Gewichtung multipliziert. Dies hat zur Folge, daß sich die Anzahl der Aktien im Aktienkorb mit der Zeit erhöht und sich die Gewichte zu Gunsten der Unternehmen mit hoher Dividendenrendite verschieben.

Für diese Methode der Dividendenbehandlung gibt es gute Argumente: Der Wertzuwachs des DAX entspricht dem eines Aktienportfolios, bei dem man eine Reinvestierung der Dividende wie oben beschrieben vornimmt. Somit empfiehlt sich der DAX als Meßlatte für Fondsmanager, die deutsche Aktienportfolios verwalten.

Wäre der DAX ein Kursindex – und man hat sich ernsthaft Gedanken gemacht, einen solchen einzuführen – würde die Dividende mit einem Kursverlust gleichgesetzt. Der DAX würde an Wert verlieren. In den USA ist dies zwar Praxis, dort fallen Dividendenzahlungen allerdings vierteljährlich an, und deshalb ist die Beeinträchtigung des Indexverlaufs nicht so bedeutend. In Deutschland sind die Dividenden erstens nur einmal im Jahr fällig, und zweitens häufen sich die Ausschüttungen in den Sommermonaten. 23 der 30 DAX-Unternehmen zahlen ihre Dividenden im Mai, Juni oder Juli. Das hätte die Konsequenz, daß der DAX in diesem Zeitraum ein verzerrtes Bild der Marktentwicklung widerspiegeln würde. Außerdem hat ein DAX-Performance den psychologischen Vorteil, daß er jährlich etwa 40 Punkte besser abschneidet als der DAX als Kursindex.

4. DAX-Futures

4.1 Kontraktspezifikationen

Auf den DAX wird seit Frühjahr 1990 ein Terminkontrakt an der DTB gehandelt. Wie jeder Futures hat auch der DAX-Futures seine Standardisierungen:

Kontraktwert	:	DM 100 pro Punkt
Tick-Größe	:	0,5 Punkte = DM 50
Liefermonate	:	März, Juni, September, Dezember (Laufzeit maximal 9 Monate)
letzter Handelstag	:	Handelstag vor dem Schlußabrechungstag
Schlußabrechnungstag	:	3. Freitag des jeweiligen Liefermonats; ist dieser Tag kein Börsentag, ist der davorliegende Tag der Schlußabrechnungstag.

Ein Futures-Kurs von 1549,5 stellt einen Kontraktwert von DM 154.950 dar. Der DAX-Wert wurde zwar bis auf den hundertsten Teil eines Punktes (z. B. 1.518,76) berechnet, der Futures wird jedoch jeweils nur auf halbe Punkte gehandelt.

4.2 Vorteile des DAX-Futures

Der DAX-Futures ist vergleichbar mit einem Aktienportfolio, bestehend aus 30 Werten. Im Vergleich dazu fallen beim DAX-Futures wesentlich niedrigere Gebühren (Transaktionskosten) an.

Außerdem ist durch den niedrigeren Einschuß – international sind 5 bis 15% vom Kontraktwert üblich – die Kapitalbindung viel geringer. Dadurch entsteht eine Hebelwirkung, da der Investor mit diesem Anteil die Chance und das Risiko des gesamten Kontraktwerts trägt. Bewegt sich der DAX um 100 Punkte, verändert sich der Kontostand dementsprechend um DM 10.000.

Ein weiterer Vorteil ist, daß Futures schneller und einfacher zu handeln sind als die 30 zugrundeliegenden Aktien.

Auch ist für ausländische Anleger, die sich in Deutschland engagieren wollen, keine Aktienauswahl notwendig. Der DAX-Futures erlaubt ihnen, den deutschen Gesamtmarkt zu kaufen oder zu verkaufen. Wobei beim Stichwort verkaufen gleich ein weiterer Vorteil angesprochen wird:

Bisher war es in Deutschland fast nicht möglich, an fallenden Kursen zu verdienen – der Markt für Verkaufsoptionen war ineffizient. Die hohe Liquidität des DAX-Futures gewährleistet dagegen einen effizienten Markt.

5. Nutzung des DAX-Futures

5.1 Spekulation

Weil der Kontraktwert die kleinste handelbare Größe ist, suggeriert ein Betrag von DM 150.000, daß eine Anwendung für Kleinanleger nicht in Frage kommt. Die zu hinterlegende Sicherheitsleistung beträgt jedoch nur ein Bruchteil des Kontraktwerts.

Deshalb ist der DAX-Futures auch für kleinere Spekulanten reizvoll, wobei jedoch auf das Risiko hingewiesen werden muß. Die häufigste Anwendung der Privatanleger ist das einfache Long- bzw. Short-Gehen, womit auf steigende bzw. fallende Kurse gesetzt wird.

Beispiel 1

Der Anleger erwartet ein Steigen des deutschen Aktienmarktes. Er kauft einen DAX-Kontrakt zum Kurs von 1.512,5, sein Einschuß beträgt 10% vom Kontraktwert, also DM 15.125. Der DAX-Futures steigt etwa 10% auf 1.662,5. Sein Gewinn beträgt (1.662,5 – 1.512,5) x 100 = DM 15.000.

Vergleicht man den Gewinn mit seinem erbrachten Einschuß, hat er fast 100% verdient. Wie oben besprochen wirkt der Hebel auch in die Gegenrichtung.

Geht der Anleger den DAX-Futures short, d. h., verkauft er ihn, so spekuliert er damit auf fallende Aktienkurse. Später stellt er die Position wieder glatt, indem er das Gegengeschäft (Kauf) tätigt.

Beispiel 2

Ein Anleger erwartet eine Korrektur der Börse nach unten. Er verkauft deshalb einen Kontrakt zum Kurs von DM 1.600. Der Kontraktwert beträgt DM 160.000, der Einschuß 10%, d. h. DM 16.000.

Der DAX-Futures fällt wie erwartet. Der Anleger kauft seinen Kontrakt bei 1.480,50 zurück und hat einen Gewinn von (1.600 – 1.480,5) x 100 = DM 11.950.

Sein Gewinn aus dieser Position ist wieder 10mal so groß wie die eigentliche Bewegung des Gesamtmarkts. Auch hier ist zu bedenken, daß dieser Vorteil bei einer falschen Einschätzung der Marktentwicklung ein Nachteil ist.

Läuft ein DAX-Futures aus, in dem der Investor engagiert ist, ohne daß sich seine Markteinschätzung geändert hat, stellt er seine aktuelle Position glatt und eröffnet in einem der folgenden Termine eine neue. Diesen Vorgang nennt man rollen oder switchen.

5.2 Hedging

Hedgeoperationen mit dem DAX-Futures werden im allgemeinen nur von professionellen Vermögensverwaltern durchgeführt. Betreut z. B. ein Vermögensverwalter einen deutschen Aktienfonds, so versucht er mögliche Kursverluste am Aktienmarkt und den damit verbundenen Wertverlust seines Fonds zu vermeiden. Der Handel mit dem DAX-Futures bietet hierfür eine Reihe von Möglichkeiten, sein Verlustrisiko zu begrenzen bzw. zu eliminieren.

In folgendem Beispiel wird die Funktionsweise des Short-Hedges beschrieben:

Beispiel

Ein Fonds besteht aus einem deutschen Aktienbestand im Börsenwert von DM 130 Mio. Seine Zusammensetzung ähnelt dem des DAX, d. h., es besteht eine hohe Korrelation. Das Beta beträgt 1,1. Der DAX-Futures wird mit 1.430 gehandelt, d. h., das Kontraktvolumen ist mit DM 143.000 festgelegt.

Um sich gegen fallende Kurse abzusichern, muß der Verwalter 130 Mio x 1,1 / 143.000 = 1.000 Kontrakte verkaufen.

Fällt nun der DAX-Futures auf 1.300 (ca. 9%), so verliert das Depot ca. 9 x 1,1 = 10% (13 Mio) an Wert. Da er aber 1.000 Kontrakte im Wert von 143 Mio verkauft hat, gleicht der Gewinn – den er beim Glattstellen der Position beim Kurs von 1.300 macht – den Verlust des Portfolios aus.

1.000 x 1.430 x 100 – 1.000 x 1.300 x 100 = 13 Mio

Dies entspricht exakt dem Wertverlust seines Aktienfonds. Obwohl der Markt um etwa 10% gefallen ist, hat der Manager mit seinem Hedge keine Verluste gemacht.

Eine andere Möglichkeit der Absicherung bietet der sogenannte Long-Hedge. Er kommt zur Anwendung, wenn z. B. ein Fondsmanager einen Geldeingang erwartet und bis dahin mit steigenden Kursen rechnet. Um sich das momentan günstige Kursniveau zu sichern, kauft er DAX-Futures zum aktuellen Kurs. Steigt der deutsche Aktienmarkt den Erwartungen entsprechend, muß er zwar mehr für die von ihm ausgewählten Aktien bezahlen, gleicht jedoch diesen Mehraufwand durch den Gewinn in der Futures-Position aus. Er hat sich quasi den entgangenen Gewinn am Aktienmarkt durch das Longgehen im DAX-Futures gesichert.

5.3 Indexarbitrage

Arbitrage hat das Ziel, (möglichst) risikolose Gewinne durch die Ausnutzung von Kursungleichgewichten zwischen vergleichbarern Finanzinstrumenten zu machen. Diese Instrumente sind hier zum einen der DAX-Futures und zum anderen die dem DAX zugrundeliegenden 30 Aktien.

Die Indexarbitrage ist nur für den Berufshandel interessant, da diese Geschäfte Marktnähe voraussetzen und einen hohen Kapitaleinsatz erfordern. Für einen funktionsfähigen Markt sind diese Arbitrage-Transaktionen jedoch von großer Bedeutung, denn sie sorgen für einen funktionsfähigen Markt. Sie führen dem Markt in hohem Maße Liquidität zu und sorgen dafür, daß zwischen dem Indexfutures und dem Kassamarkt enge Beziehungen aufrechterhalten werden. Grundlage dafür ist die Kenntnis des theoretischen DAX-Futures-Preises. Der sogenannte theoretische Preis (fair value) des DAX-Futures wird wie folgt berechnet:

DAX-Futures = DAX + Finanzierungskosten

Beispiel

Der DAX steht bei 1.543,79. Der Futures hat noch eine Laufzeit von 90 Tagen. Der Zinssatz für 3 Monate liegt bei 6,8% p. a.

Aufgrund dieser Annahmen beträgt der theoretische Preis des DAX-Futures:

DAX-Futures

$= 1.543{,}79 + (90/360 \times 0{,}068 \times 1.543{,}79)$

$= 1.543{,}79 + 26{,}24$

$= 1.570{,}0$

Ein Vergleich zwischen dem theoretischen und dem am Markt (durch Angebot und Nachfrage) gehandelten Preis zeigt dann, ob der DAX-Futures unter- oder überbewertet ist.

Ist er überbewertet (im obigen Fall z. B. 1.585), läßt sich davon profitieren, indem der teure Futures verkauft und die billigen Aktien gekauft werden.

Bei einer Unterbewertung (DAX-Futures beispielsweise bei 1.550) wird der Arbitrageur den Futures kaufen und die zugrundeliegenden Aktien leerverkaufen., d. h., er verkauft sie jetzt, um sie zu einem späteren Zeitpunkt (zurück-)zukaufen.

Durch das Wissen, daß sich die Kurse – spätestens bis zum Fälligkeitstag – wieder angleichen müssen, wird ein sicherer Gewinn erzielt, indem die Position zu einem späteren Zeitpunkt glattgestellt, d. h. das Gegengeschäft (Kauf/Verkauf, Verkauf/Kauf) eingegangen wird.

6. Optionen auf den DAX-Futures

Um insbesondere dem institutionellen Anleger Möglichkeiten zu eröffnen, Absicherungen von Beständen bzw. Futures-Strategien vorzunehmen, erfolgte 1991 die börsenmäßige Einführung der Optionen auf den DAX-Futures-Kontrakt.

6.1 Kontraktspezifikationen

Basiswert der DAX-Futures-Option ist der Futures auf den DAX.
Der *Kontraktwert* errechnet sich durch Multiplikation des aktuellen Futures-Indexmultiplikators, der DM 100 beträgt.

Beispiel:

Aktueller DAX-Futureskurs:	1625
Kontraktwert:	1625 x DM 100 = DM 162 500

Die kleinstmögliche Preisveränderung, ein Tick, beträgt 0,1 Punkte; der Wert eines Ticks beträgt DM 10 (0,1 x DM 100).

Der Optionspreis wird in Punkten pro DM 100 des Kontraktwertes notiert. Die Optionsprämie, die der Käufer einer Option aufbringen muß, errechnet sich aus der Anzahl der Kontrakte multipliziert mit dem Optionspreis und dem Indexmultiplikator.

Beispiel

Transaktion:	Kauf 7 Puts
Optionspreis:	15,80
Optionsprämie:	7 x 15,80 x DM 100 = DM 11 060

Die *Prämienzahlung* erfolgt nicht beim Erwerb der Option, sondern wird – wie bei den Optionen auf den Bund-Futures – nach der Futures-Style-Methode berechnet. Da der Käufer einer Option von steigenden Optionspreisen profitiert, bekommt er bei Positionseröffnung den Unterschiedsbetrag zwischen Einstandskurs und Settlementkurs bzw. an den folgenden Tagen zwischen Settlementkurs des Vortages und aktuellem Settlementkurs gutgeschrieben und bei fallenden Kursen belastet. Für den Verkäufer der Option gilt dies umgekehrt.

Bei Ausübung, Glattstellung oder Verfall der Option erfolgt eine Prämienabschlußzahlung in voller Höhe des aktuellen Abrechnungspreises.

Zum Handel stehen immer Optionsserien mit fünf Laufzeiten zur Verfügung gemäß der nachstehenden Tabelle.

Tabelle 12: Laufzeiten der Optionsserien

Zum letzten Handelstag	Handelbare Laufzeiten															
Jan	Jan	Feb	Mär			Jun			Sep							
Feb		Feb	Mär	Apr		Jun			Sep							
Mär			Mär	Apr	Mai	Jun			Sep							
Apr				Apr	Mai	Jun			Sep			Dez				
Mai					Mai	Jun	Jul		Sep			Dez				
Jun						Jun	Jul	Aug	Sep			Dez				
Jul							Jul	Aug	Sep			Dez			Mär	
Aug								Aug	Sep	Okt		Dez			Mär	
Sep									Sep	Okt	Nov	Dez			Mär	
Okt										Okt	Nov	Dez			Mär	Jun
Nov											Nov	Dez	Jan		Mär	Jun
Dez												Dez	Jan	Feb	Mär	Jun

Bei Einführung von Optionsserien mit neuem Verfall gibt es zunächst fünf Basispreise. Von diesen sind zwei im Geld, einer am Geld und zwei aus dem Geld. Die Basispreise belaufen sich auf ein Vielfaches von 25 Punkten, z. B.: 1600, 1625, 1650, 1675, 1700. Ein neuer Basispreis wird eingeführt, wenn der tägliche Abrechnungspreis des DAX-Futures-Kontrakts mit der kürzesten Restlaufzeit den Durchschnitt zwischen dem zweit- und dem dritthöchsten Basispreis überschritten bzw. zwischen dem zweit- und drittniedrigsten Basispreis unterschritten hat. Eine Neueinführung einer Serie erfolgt nicht, wenn die Restlaufzeit der Option weniger als zehn Börsentage beträgt.

Für den letzten Handelstag gibt es bei den DAX-Futures-Optionen zwei unterschiedliche Regelungen:

- Bei den März-, Juni-, September- und Dezember-Optionen fällt der letzte Handelstag der Option mit dem letzten Handelstag des fälligwerdenden DAX-Futures-Kontrakts zusammen. In der Regel ist dies der dritte Donnerstag im Verfallmonat bzw. der Börsentag vor dem Schlußabrechnungstag des Futures.

- Für alle übrigen Verfallmonate ist der letzte Handelstag der dritte Freitag, sofern dies ein Börsentag ist, andernfalls ist es der davorliegende Börsentag.

DAX-Futures-Optionen sind amerikanischen Stils, d. h. die Optionen können an jedem Börsentag während ihrer Restlaufzeit ausgeübt werden.

Für den letzten Ausübungstag gelten zwei unterschiedliche Regelungen:

- Bei den März-, Juni-, September- und Dezember-Optionen ist der letzte Ausübungstag der Schlußabrechnungstag des Futures. Das bedeutet, daß in den Quartalsmonaten eine Ausübung auch noch am Tag nach dem letzten Handelstag möglich ist.
- Bei allen übrigen Verfallmonaten ist der letzte Ausübungstag der letzte Handelstag des Options-Kontrakts. Der Verfalltag ist der Börsentag nach dem letzten Ausübungstag.

Der Settlement-Preis ist in der Regel der Preis des letzten zustandegekommenen Geschäftes während der letzten Handelsstunde. Werden in diesem Zeitraum keine Geschäfte abgeschlossen oder entspricht der ermittelte Preis nicht den tatsächlichen Marktverhältnissen, so kann die DTB einen anderen Preis als Settlement-Kurs festlegen.

Die Handelszeit dauert von 9.30 Uhr bis 16.00 Uhr.

6.2 Ausübungsmodalitäten

Der Käufer einer Option auf einen Futures erwirbt das Recht, einen Futures-Kontrakt zum Basispreis innerhalb der Optionslaufzeit vom Verkäufer der Option zu kaufen (Call) bzw. an diesen zu verkaufen (Put).

Übt der Käufer eines Calls seine Option aus, erhält er eine Long-Futures-Position zum vereinbarten Basispreis. Bei Ausübung eines Puts erhält der Käufer eine Short-Futures-Position. Die Verkäufer dieser Optionen nehmen die jeweilige Gegenposition im Futures ein.

Tabelle 13: Futures-Positionen nach Ausübung einer DAX-Futures-Option

	Call	Put
Käufer	Long 1 DAX-Futures-Kontrakt	Short 1 DAX-Futures-Kontrakt
Verkäufer	Short 1 DAX-Futures-Kontrakt	Long 1 DAX-Futures-Kontrakt

Der Kauf der Option stellt lediglich den Erwerb des Rechts, nicht aber die Verpflichtung zur Ausübung dar. Wird die Option vom Käufer ausgeübt, so tritt er in eine Futuresposition mit ihren verpflichtenden Merkmalen ein. Aus dem ursprünglichen Recht wird nun eine Verpflichtung. Die asymmetrische Risikoverteilung ist der wesentliche Unterschied zwischen Optionen und Futures.

Optionen auf den DAX-Futures beziehen sich bei Ausübung immer auf den nächstfälligen Futureskontrakt. So würde z. B. der Käufer eines Januar-Calls auf den DAX-Futures bei Ausübung Käufer im März-DAX-Futures werden.

Eine Ausnahme besteht bei der Ausübung von Optionen in den Quartalsmonaten (März, Juni, September und Dezember). Werden diese Optionen am letzten Ausübungstag ausgeübt, dann findet ein Barausgleich statt.

Eine März-DAX-Futures-Option bezieht sich auf den März-DAX-Futures Kontrakt. Übt z. B. der Käufer eines März-DAX-Puts seine Option erst am letzten Ausübungstag aus, dann kann er nicht mehr Verkäufer des März-DAX-Futures werden, da der letzte Ausübungstag der Optionen in den Monaten März, Juni, September und Dezember, die Schlußabrechnungstage des Futures sind, und der Futures an diesem Tag nicht mehr gehandelt wird. Deshalb findet ein Barausgleich bzw. Cash-Settlement statt.

Hätte der Käufer des März-Puts seine Option vor dem letzten Ausübungstag ausgeübt, dann wäre er Verkäufer eines DAX-März-Futures-Kontrakts geworden.

Tabelle 14: Ausübungszeitpunkte

Verfallmonat der Option	Ausübung bis zum letzten Handelstag	Ausübung am letzten Handelstag
Januar Februar März	März-Futures	– März-Futures – März-Futures – **Barausgleich**
April Mai Juni	Juni-Futures	– Juni-Futures – Juni-Futures – **Barausgleich**
Juli August September	September-Futures	– September-Futures – September-Futures – **Barausgleich**
Oktober November Dezember	Dezember-Futures	– Dezember-Futures – Dezember-Futures – **Barausgleich**

Beim Cash-Settlement errechnet sich der auszugleichende Betrag aus der Differenz zwischen dem Basispreis der Option und dem Schlußabrechnungskurs des fällig gewordenen DAX-Futures-Kontrakts multipliziert mit dem Indexmultiplikator der Option von DM 100.

Beispiel:

Position: Kauf 6 September 1993 DAX-Futures-Calls

Basispreis: 1625

bei Ausübung am letzten Ausübungstag:

Schlußabrechnungskurs
des Sept.-Futures: 1637
Cash-Settlement: 6 x (1637 – 1625) x DM 100 = DM 7200

6.3 Prämienabrechnung

Bei Optionen auf den DAX-Futures wird bei Optionsaufbau keine Prämie bezahlt. Wie beim Futures werden mittels des von der DTB täglich festgelegten Settlement-Preises alle offenen Optionspositionen nach Börsenschluß bewertet.

Dadurch erfolgen täglich Belastungen und Gutschriften von Verlusten und Gewinnen (Variation Margin), die am Tag der Positionseröffnung aus der Differenz zwischen Settlement-Preis und Einstandskurs, an den folgenden Tagen als Differenz zwischen den Settlement-Preisen des jeweiligen Vortages erfolgen. Am Ausübungs- oder Verfalltag wird die Prämienabschlußzahlung der Option dem Käufer belastet und dem Verkäufer gutgeschrieben (Final Settlement).

Da dieses Verfahren stark an die Margining-Berechnung bei Futures angelehnt ist, spricht man hier auch vom „Futures-Style-Verfahren".

Zusätzlich zur Prämienberechnung müssen sowohl Käufer als auch Verkäufer eine Sicherheitsleistung erbringen, die auf den Glattstellungskosten für eine am nächsten Handelstag angenommene ungünstigste Preisentwicklung beruht.

Beispiel

1. Tag

Kauf von 5 März-DAX-Futures Calls

Basispreis:	1625
Optionspreis:	6
Settlement-Price	6,10

5 x 0,10 x DM 100 = DM 50

Der Käufer erhält eine Gutschrift in Höhe von DM 50. Der Verkäufer der Option wird mit demselben Betrag belastet. Beide Marktteilnehmer müssen Sicherheitsleistungen erbringen.

2. Tag

Settlement-Price:	5,90

5 x 0,2 x DM 100 = DM 100

Der Käufer verliert an diesem Tag in der Position. Er wird mit DM 100 belastet, die der Verkäufer gutgeschrieben bekommt.

3. Tag
Settlement-Price: 7,00
Der Käufer übt seine Calls aus.
5 x 1,10 x DM 100 = DM 550

Da der Optionspreis gestiegen ist, werden dem Käufer DM 550 gutgeschrieben, die dem Verkäufer belastet werden. Im Anschluß daran wird die vom Käufer zu leistende Prämie ermittelt:

5 x 7 x DM 100 = DM 3 500

Die Prämie in Höhe von DM 3.500 wird vom Käufer eingezogen und dem Verkäufer überwiesen. Gleichzeitig werden die unterhaltenen Sicherheitsleistungen für die Optionen zurückgebucht. Nun erhält der Käufer des Calls eine Long-Futures-Position mit Fälligkeit im März zum Kurs von 1 625, auf die er sofort die entsprechenden Marginleitungen für den DAX-Futures zu erbringen hat. Der Verkäufer der Option ist nun short im März-DAX-Futures und hat ebenfalls Marginleistungen im Futures zu erbringen. Die Methode der Prämienzahlung bei den DAX-Futures-Optionen ist vor allem für den Käufer von Optionen kostengünstiger. Der spätere Prämieneinzug bedeutet eine Schonung der Liquidität. Außerdem werden Gewinne, über die umgehend verfügt werden kann, und Verluste sofort realisiert.

6.4 Risk-Based-Margining

Im Gegensatz zu den Aktienoptionen und DAX-Kassa-Optionen muß bei den DAX-Futures-Optionen nicht nur der Verkäufer, sondern auch der Käufer während der Laufzeit der Option eine Sicherheitsleistung (Margin) hinterlegen. Die zu erbringende Margin stellt den Betrag dar, der bei der für den nächsten Tag angenommenen ungünstigsten Preisentwicklung für die Glattstellung einer Position zu leisten wäre.

Die DTB legt täglich ein Margin-Intervall fest, das die maximal erwartete Schwankung des DAX-Futures am nächsten Börsentag darstellt. Bei einem DAX-Futures-Kurs von z. B. 1600 Punkten und einem Margin-Intervall von 110 Punkten bedeutet dies, daß ein maximaler Anstieg des DAX-Futures bis zu 1710 Punkten bzw. ein maximaler Fall des DAX-Futures auf 1490 Punkte erwartet wird.

Mittels der prognostizierten Preise (1710/1490) werden mit Hilfe des Binomial-Optionspreismodells von Cox, Ross und Rubinstein die dazugehörigen theoretischen Optionspreise ermittelt (Upside- und Downside-Price). Aus den so ermittelten Optionspreisen lassen sich die möglichen Glattstellungskosten bzw. Glattstellungserlöse für die Optionen auf den DAX-Futures ermitteln.

Die DTB zieht beim Risk-Based-Margining alle auf einen Basiswert bezogenen Options- und Futurespositionen eines Börsenteilnehmers zusammen und ermittelt das Gesamtrisiko. Durch diese Zusammenfassung ergibt sich ein Vorteil, z. B. beim Hedging von Futurespositionen mittels Optionen auf den Futures. Würde die Kombination aus Risk-Based-Margining und Futures-Style-Verfahren nicht angewandt werden, könnte der Inhaber einer solchen gehedgten Position bei einer starken Marktbewegung gezwungen sein, diese aufzulösen, um dem Margin-Erfordernis im Futures nachzukommen, da ihm keine ausgleichenden Gutschriften aus der Optionsposition zur Verfügung stehen.

Durch die Kombination des Risk-Based-Margining mit dem Futures-Style-Verfahren können Margin-Reduzierungen in der Optionsposition dazu verwendet werden, Verluste in der Futuresposition auszugleichen. Die durch verminderte Sicherheitsleistungen freigewordenen Mittel der Börsenteilnehmer können die Liquidität der Börse steigern, ohne das Risiko der Clearing-Stelle zu erhöhen.

6.5 DAX-Futures-Optionen im Vergleich mit DAX-Futures

Auch durch DAX-Futures bietet sich die Möglichkeit, eine Marktmeinung in eine Investition umzusetzen, wobei Futures in erster Linie zu Absicherungszwecken herangezogen werden. Zwei Formen der Absicherung standen Fonds-Managern bislang zur Verfügung:

Der Short-Hedge besteht aus einer Long-Position im Kassamarkt und einer Short-Position im Futures. Long im Kassamarkt zu sein bedeutet in diesem Fall, ein Portefeuille zu haben, das in Zusammensetzung und Gewichtung dem Index annähernd entspricht.

Dieses Hedging wird durch den Verkauf eines Futures vorgenommen, wenn ein vorübergehender allgemeiner Kursrückgang erwartet wird und der Aktienbestand z. B. aus steuerlichen Gründen nicht aufgelöst werden soll. Der Long-Hedge setzt sich aus einer Short-Position im Kassamarkt und einer Long-Position im Futures zusammen. Durch den Kauf eines Futures sichert man sich den gewünschten Einstiegskurs.

Tabelle 15: Hedging bei DAX-Futures und DAX-Futures Optionen

	Absicherung gegen fallende Kurse	Absicherung gegen steigende Kurse
DAX-Futures	Short-Hedge	Long-Hedge
DAX-Futures-Optionen	Long Put	Long Call

Der Long-Hedge wird angewandt, wenn die finanziellen Mittel zum Aufbau der angestrebten Kassa-Position erst zu einem späteren Zeitpunkt verfügbar sind.

Die Möglichkeiten werden ergänzt durch die Strategien, die mit Index-Optionen verbunden sind: Ein Long-Put sichert eine Long-Position im Kassamarkt oder am Futuresmarkt gegen sinkende Kurse ab. Die Gewinne aus den Aktien im Fall steigender Kurse werden durch den Verlust der Prämie beim Put – anders als beim Futures – weder teilweise noch ganz eliminiert, sondern lediglich geschmälert. Durch einen Long-Call wird das Einstiegsniveau für den späteren Ausbau einer Kassa- oder Futures-Position gesichert. Dieses Beispiel zeigt, daß durch den Einsatz von Optionen ein Hedge oftmals exakter gesteuert werden kann.

Tabelle 16: Drehen einer Grundposition

Ausgangslage	Anwendung des Futures	Ziel
Long Call	Short Futures	synthetischer Long Put
Short Call	Long Futures	synthetischer Short Put
Long Put	Long Futures	synthetischer Long Call
Short Put	Short Futures	synthetischer Short Call

Außerdem bieten DAX-Futures-Optionen folgende Möglichkeiten:

- die Markttendenz mit Hebelwirkung und begrenztem Risiko zu nutzen (Long Call, Long Put)
- die Rendite eines Portefeuilles durch Prämieneinnahmen zu verbessern (Short Call, Short Put)

- von Veränderungen in der Volatilität des Marktes zu profitieren (u. a. Straddle, Strangle)
- synthetische Terminkäufe/-verkäufe entsprechender Portefeuilles durchzuführen.

Wenn der Handelsteilnehmer seine Marktbeurteilung ändert, ist er gezwungen, seine Options-Position zu überprüfen und anzupassen. In einer solchen Situation kann er beim Schließen der Position mit unattraktiven Kursen konfrontiert werden. Durch den zusätzlichen Einsatz von DAX-Futures ist es möglich, eine Position zu drehen.

Aus einer Optionsstrategie, die auf steigende Kurse ausgerichtet ist, wird eine Baisse-Strategie und umgekehrt.

Stellt man sich als Ausgangslage z. B. eine Long-Futures-Position vor, so wird durch Anwendung eines Short Call aus der stark auf steigende Kurse gerichteten Futuresposition eine mildere Variante: der synthetische Short Put. Kombiniert man den Long Futures hingegen mit einem Long Put, entsteht daraus ein synthetischer Long Call.

Ebenfalls kann man eine Short-Futures-Position durch den Einsatz eines Long Calls verwandeln in einen synthetischen Long Put bzw. durch Einsatz eines Short Put in einen synthetischen Short Call.

Tabelle 17: Drehen einer Grundposition

Ausgangslage	Anwendung der Option	Ziel
Long Futures	Short Call	synthetischer Short Put
Long Futures	Long Put	synthetischer Long Call
Short Futures	Long Call	synthetischer Long Put
Short Futures	Short Put	synthetischer Short Call

Folgende Vorteile sind festzuhalten:

- Aufgrund des hohen Kontraktwerts von DM 100 pro Indexpunkt sind die DAX-Futures-Optionen eher auf institutionelle Bedürfnisse zugeschnitten.
- DAX-Futures-Optionen bieten die Möglichkeit zur Renditeverbesserung eines Portefeuilles durch Prämieneinnahmen.
- Bei der Absicherung durch den Kauf einer DAX-Futures-Option bleibt das Gewinnpotential der zugrundeliegenden Futures- oder Kassaposition erhalten.
- Durch das Market-Maker-System sind faire Preise und Liquidität gewährleistet.

- Aufgrund der Vielzahl von Handels- und Absicherungsstrategien bietet die DAX-Futures-Option ein höheres Maß an Flexibilität als der DAX-Futures.
- Günstiges Gebührenverhältnis gegenüber Optionen auf den Deutschen Aktienindex (ODAX).

7. Optionen auf den Deutschen Aktienindex (ODAX)

Um dem Anleger die Möglichkeit zu eröffnen, an der Entwicklung des Gesamtmarktes zu partizipieren und gleichzeitig die mit Aktienoptionen verbundenen branchen- und unternehmensspezifischen Risiken einer Einzelanlage auszuschalten, erfolgte im Jahr 1991 die börsenmäßige Einführung von Optionen auf den Deutschen Aktienindex.

7.1 Kontraktspezifikationen

Basiswert der DAX-Optionen ist der Deutsche Aktienindex. Der Kontraktwert errechnet sich durch Multiplikation des aktuellen Indexstandes mit dem Indexmultiplikator, der DM 10,– beträgt.

Beispiel

Aktueller DAX-Indexstand:	1610
Kontraktwert:	1610 x DM 10 = DM 16100

Die kleinstmögliche Preisveränderung, ein Tick, beträgt 0,1 Punkte und hat damit einen Wert von DM 1.

Der Optionspreis wird in Punkten pro DM 10 des Kontraktwerts notiert. Die Optionsprämie, die der Verkäufer einer Option erhält, errechnet sich aus der Anzahl der Kontrakte multipliziert mit dem Optionspreis mal Indexmultiplikator.

Beispiel

Transaktion:	Verkauf 12 Calls
Basispreis:	1600
Optionspreis:	DM 20,40
Optionsprämie:	12 x DM 20,4 x DM 10 = DM 2448

Zum Handel stehen Optionsserien mit fünf Laufzeiten zur Verfügung, und zwar die drei aufeinanderfolgenden Monate sowie die nächsten beiden Monate aus dem Zyklus März, Juni, September und Dezember.

Bei Einführung von Optionsserien mit neuem Verfall gibt es zunächst fünf Basispreise. Von diesen sind zwei im Geld, einer am Geld und zwei aus dem Geld. Die Basispreise belaufen sich auf ein Vielfaches von 25 Punkten, z. B. 1575, 1600, 1625, 1650, 1675.

Ein neuer Basispreis wird eingeführt, wenn die letzte DAX-Notierung an zwei aufeinanderfolgenden Börsentagen die Mitte zwischen dem zweit- und dritthöchsten Basispreis überschreitet bzw. zwischen dem zweit- und drittniedrigsten Basispreis unterschreitet. Eine Neueinführung erfolgt nicht, wenn die Serie in weniger als zehn Börsentagen ausläuft (siehe Abbildung 74).

Die Handelszeit ist börsentäglich von 9.30 Uhr bis 16.00 Uhr. Die Handelszeit geht damit über den Zeitraum der Frankfurter Börsensitzung hinaus, die von 10.30 Uhr bis 13.30 Uhr dauert. Während der

	Montag*	Dienstag	Mittwoch	Donnerstag	Freitag
Vortagesschluß des DAX	1590	1580	1585	1615	1640
Handelbare Basispreise (neu = Fettdruck)	**1550** **1575** **1600** **1625** **1650**	1550 1575 1600 1625 1650	**1525** 1550 1575 1600 1625 1650	1525 1550 1575 1600 1625 1650	1525 1550 1575 1600 1625 1650 **1675**

* Erster Handelstag von Optionsserien mit neuen Laufzeit

Abb. 74: Einführung neuer Basispreise

ersten Stunde und nach 13.30 Uhr haben aus der Vor- und Nachbörse errechnete DAX-Werte und der DAX-Futures großen Einfluß auf die Preisbildung bei DAX-Optionen.

Letzter Handelstag ist der dritte Freitag des jeweiligen Abrechnungsmonats, sofern dies ein Börsentag ist, andernfalls der davor liegende Börsentag. Für die auslaufenden Serien schließt der Handel um 13.30 Uhr. Verfalltag einer Optionsserie ist der auf den Ausübungstag folgende Börsentag.

DAX-Optionen sind europäischen Stils, der Käufer kann somit nur an einem einzigen Tag von seinem Recht zur Ausübung (Exercise) Gebrauch machen. Ausübungstag ist der dritte Freitag des Verfallmonats, sofern dieser ein Börsentag ist. Andernfalls ist es der davorliegende Börsentag.

Erfüllungstag ist der Börsentag nach dem Ausübungstag. Die Abwicklung erfolgt in bar.

Der Wert des Barausgleichs errechnet sich aus der Differenz zwischen dem Basispreis und dem Schlußabrechnungspreis des DAX multipliziert mit 10 (Indexmultiplikator). Bei diesem Preis handelt es sich um den Durchschnittswert der zehn DAX-Kurse, die am Schlußabrechnungstag in der Zeit zwischen 13.21 Uhr und 13.30 Uhr festgestellt wurden.

Beispiel

Basispreis der Option:	1600
Schlußabrechnungspreis:	1625

Der Käufer von fünf DAX-Calls wird seine Optionen ausüben, da sie im Geld sind. Er erhält

(1625–1600) x 5 x DM 10 = DM 1250.

Der gleiche Betrag wird dem Verkäufer der Optionen belastet.

Sofern ein Kontrakt mindestens DM 10,- im Geld liegt, d. h. der Basispreis eines Calls mindestens einen Punkt unter, der eines Puts mindestens einen Punkt über dem Schlußabrechnungspreis des letzten Handelstages liegt, wird die Ausübung für Kunden, die ihre Positionen bei der Commerzbank unterhalten, automatisch vorgenommen.

7.2 DAX-Optionen und Aktienoptionen im Vergleich mit DAX-Futures-Optionen

DAX-Futures-Optionen und DAX-Kassa-Optionen bieten die Möglichkeit, eine Meinung zur Gesamtentwicklung des deutschen Aktienmarktes in eine Investition umzusetzen. Die Besonderheit liegt darin, daß diese Investition nur eine einzige Transaktion umfaßt.

Im Vergleich mit dem Kauf oder Verkauf aller im Index enthaltenen Aktien ergibt sich, daß

- die Durchführung einfacher und schneller ist,
- die Transaktions- und Haltekosten niedriger sind.

Der Handelsteilnehmer, der sich auf die Anwendung von Aktienoptionen beschränkt, muß folgende Auswahl treffen:

- welcher Markt?
- welche Branche?
- welches Unternehmen?

Damit unterliegen Aktienoptionen markt-, branchen- und unternehmensspezifischen Risiken. Diese Risiken zu beurteilen, ist gerade für den privaten Anleger bisweilen schwierig, da diesem nicht alle branchen- und unternehmensspezifisch relevanten Daten vorliegen.

Die Festlegung auf eine Option einer bestimmten Aktie erübrigt sich durch die Anwendung von Indexoptionen. Diese sind lediglich dem Risiko ausgesetzt, das der Gesamtmarkt birgt.

Somit ähneln sich die DAX-Futures-Optionen und die DAX-Kassa-Optionen hinsichtlich ihrer Ausrichtung sowie ihrer Anwendungsmöglichkeiten. Anders als die DAX-Kassa-Optionen sind jedoch die DAX-Futures-Optionen durch ihren Kontraktwert von DM 100 pro Indexpunkt eher auf institutionelle Bedürfnisse zugeschnitten. Der hohe Kontraktwert führt somit auch zu niedrigeren Transaktionskosten durch eine geringere Anzahl benötigter Optionskontrakte.

Sowohl für die Indexoptionen als auch für Aktienoptionen stehen fünf Verfalltermine zur Verfügung mit einer Laufzeit von maximal neun Monaten, so daß eine Vielzahl von Handels- und Absicherungsstrategien flexibel und individuell gestaltet werden können.

Die Flexibilität wird in den Indexoptionen sogar noch erhöht durch das Vorhandensein von fünf Basispreisen bei Einführung eines neuen Verfallmonats, wo hingegen für Aktienoptionen nur drei Basispreise zur Verfügung stehen. Darüber hinaus sind die Basispreisintervalle für DAX-Futures-Optionen und DAX-Kassa-Optionen vergleichsweise eng.

Wenn der DAX bei 1600 notiert, stellt ein Intervall von 25 Punkten 1,6 % der Basiswertnotierung dar. Bei einer Aktie, deren Kurs gleichfalls bei 1600 DM liegt, beträgt der Abstand zwischen den Basispreisen 100 DM und macht 6,3 % des Aktienkurses aus. Die Basispreisintervalle entsprechen bei Allianz (z. Zt. 100 DM Abstand) ungefähr 5 %, bei Daimler (z. Zt. 50 DM) rund 7 % und bei Bayer (z. Zt. 20 DM) rund 10 % des jeweiligen Kurses. Dies bedeutet für Anleger hohe Flexibilität und Gestaltungsmöglichkeiten bei der Auswahl und dem Management von Optionsstrategien.

Da DAX-Optionen europäischen Stils sind, ist der Inhaber einer Short Position nicht der Gefahr ausgesetzt, daß sie vor dem Ende der Laufzeit ausgeübt wird. Die Möglichkeit einer vorzeitigen Ausübung ist bei Aktienoptionen gegeben, da diese amerikanischen Stils sind. Das heißt für den Käufer von DAX-Optionen selbstverständlich nicht, daß er die Position bis zum Verfall halten muß. Er kann sie, wie auch bei Aktienoptionen, durch Verkauf am Markt schließen.

Auch DAX-Futures-Optionen sind Optionen amerikanischen Stils, das heißt, der Käufer kann grundsätzlich an jedem Börsentag während der verbleibenden Laufzeit sein Recht ausüben und dadurch eine Futures-Position eingehen. Der Schlußabrechnungskurs, der die Grundlage des Barausgleichs bei Ausübung der DAX-Optionen bildet, stellt eine sichere Grundlage für die Entscheidung dar, ob die Option ausgeübt werden soll. Bei Aktienoptionen ist eine gewisse Unsicherheit gegeben, da sich die Aktienkurse in der variablen Notierung laufend verändern. Zur Erfüllung erfolgt bei DAX-Optionen ein Barausgleich. Auf diese Weise entfallen Lieferung und Abnahme eines dem Index genau entsprechenden Aktienpakets.

Die Kontrahenten sind weder den Risiken einer Kassaposition ausgesetzt, noch müssen sie die mit einer solchen Position verbundenen Transaktions- und Haltekosten tragen. Bei Ausübung von Aktienoptionen sind hingegen Lieferung und Abnahme der betreffenden Aktien vorgeschrieben.

Anders als bei DAX-Kassa-Optionen und Aktienoptionen ist die Optionsprämie für DAX-Futures-Optionen nicht einen Tag nach Geschäftsabschluß zu zahlen, sondern wird durch die tägliche Verrechnung von Gewinnen und Verlusten sowie durch eine Prämienabschlußzahlung erst einen Börsentag nach dem Ausübungstag bzw. am Verfalltag erbracht. Während der Optionslaufzeit müssen jedoch vom Käufer und Verkäufer Sicherheitsleistungen erbracht werden.

Tabelle 18: Kontraktspezifikationen im Vergleich

	DAX-Futures-Optionen	DAX-Kassa-Option	DAX-Futures	Aktien-optionen
Basiswert	Deutscher Aktienindex	Deutscher Aktienindex	Deutscher Aktienindex	50 Aktien einer Gattung (Ausnahme: Allianz: 5)
Kontraktwert in DM	100/Indexpunkt	10/Indexpunkt	100/Indexpunkt	1/Aktien
Tickgröße	0,1 Punkte	0,1 Punkte	0,5 Punkte	0,1 Punkte
Tickwert in DM	10	1	50	5
Basispreis-intervalle	25 Punkte	25 Punkte	—	gestaffelt
Anzahl Basis-preise bei Einführung	5	5	—	3
Handelbare Liefermonate/ Verfallmonate	die drei nächsten und die letzten der zwei folgen-den Quartale	die drei nächsten und die letzten der zwei folgenden Quartale	die drei nächsten aus dem Zyklus März, Juni, Sept., Dezember	die drei nächsten und die letzten der zwei folgenden Quartale
Letzter Handelstag	März, Juni, Sept., Dez.: dritter Donnerstag im Verfallmonat; übrige Monate: dritter Freitag im Verfallmonat	dritter Freitag im Verfall-monat	Börsentag vor dem dritten Freitag im Verfallmonat	dritter Freitag in Verfall-monat
Optionsart	amerikanisch	europäisch	—	amerikanisch
Letzter Ausübungstag	dritter Freitag im Verfallmonat	dritter Freitag im Verfallmonat	—	dritter Freitag im Verfallmonat
Schluß-abrechnungstag	—	—	dritter Freitag in Verfallmonat	—
Verfalltag	Börsentag nach letztem Ausübungstag	Börsentag nach Ausübungstag	—	Börsentag nach dem letzten Handelstag
Settlement	Barausgleich bzw. Eröffnung einer Futures-position	Barausgleich	Barausgleich	physische Lieferung (Ausnahme: Allianz)

Tabelle 19 : Übersicht über Aktienoptionen und Futures auf Aktienindizes weltweit

Land	Börse	Optionen	Optionen auf Futures	Optionen auf Spotindex	Futures	Kontraktgröße	Lieferung
BRD	Deutsche Terminbörse	14 Aktienoptionen				50 Aktien	Phys. (Allianz Cash)
	Deutsche Terminbörse				DAX-Futures (ab Herbst 1990)	DM 100 x Index	Cash
Canada	Montreal Exchange	27 Aktienoptionen				100 Aktien	Cash
	Toronto Futures Exchange				TSE 35 Stock Index	C$ 500 x Index	Cash
	Toronto Futures Exchange				TSE Composite Index	C$ 10 x Index	Cash
	Toronto Stock Exchange	43 Aktienoptionen				100 Aktien	
	Toronto Stock Exchange			TSE 35 Stock Index		C$ 100 x Index	Cash
	Vancouver Stock Exchange	18 Aktienoptionen				100 Aktien	
Frankreich	MATIF				CAC 40 Index	200 FF x Index	Cash
	MONEP		CAC 40 Index			200 FF x Index	Cash
	MONEP	11 Aktienoptionen				100 Aktien	Physisch
Japan	Osaka Securities Exchange				Stock Futures 50		Cash/Physisch
	Osaka Securities Exchange		Nikkei 225 Index			Y 1.000 x Index	Cash
	Osaka Securities Exchange				Nikkei 225 Futures	Y 1.000 x Index	Cash
	Tokyo Stock Exchange		Topix Index			Y 10.000 x Index	Cash
	Tokyo Stock Exchange				Topix Futures	Y 10.000 x Index	Cash
Niederlande	European Options Exchange	23 Aktienoptionen				100 Aktien	Physisch
	European Options Exchange			EOE Index		DF 100 x Index	Cash
	European Options Exchange			Major Market Index		US$ 100 x Index	Cash
	European Options Exchange				EOE Index	DF 200 x Index	Cash
Schweiz	SOFFEX	12 Aktienoptionen				5 Aktien	Physisch
	SOFFEX			Swiss Market Index		SFR 5 x Index	Cash
United Kingdom	LIFFE				FTSE 100 Index	L 25 x Index	Cash
	LIFFE		FTSE 100 Index			L 25 x Index	Futures
	London Traded Options Market	Über 60 Aktienoptionen				1.000 Aktien	Physisch
	London Traded Options Market			FTSE 100 Index		L 10 x Index	Cash
	London Traded Options Market	Internat. Aktienoptionen				100 Aktien	Physisch

Tabelle 19 (Fortsetzung) : Übersicht über Aktienoptionen und Futures auf Aktienindizes weltweit

Land	Börse	Optionen	Optionen auf Futures	Optionen auf Spotindex	Futures	Kontraktgröße	Lieferung
USA	American Stock Exchange			Major Market Index		$ 100 x Index	Cash
	American Stock Exchange			Institutional Index		$ 100 x Index	Cash
	American Stock Exchange			Computer Stock Index		$ 100 x Index	Cash
	American Stock Exchange			Oil Stock Index		$ 100 x Index	Cash
	American Stock Exchange	169 Aktienoptionen				100 Aktien	Physisch
	Chicago Board of Trade				Major Market Index	$ 250 x Index	Cash
	Chicago Board of Trade				OEOE 250	$ 500 x Index	Cash
	Chicago Board Options Exchange			S & P 100 Index (OEX)		$ 100 x Index	Cash
	Chicago Board Options Exchange			S & P 500 Index		$ 100 x Index	Cash
	Chicago Board Options Exchange	200 Aktienoptionen				100 Aktien	Physisch
	Chicago Mercantile Exchange				S & P 500 Index	$ 500 x Index	Cash
	Chicago Mercantile Exchange		S & P 500 Index			$ 500 x Index	Cash/Futures
	Kansas City Board of Trade				Value Line Index	$ 500 x Index	Cash
	Kansas City Board of Trade				Mini Value Line Index	$ 100 x Index	Cash
	New York Futures Exchange				NYSE Composite Index	$ 500 x Index	Cash
	New York Futures Exchange		NYSE Composite Index			$ 500 x Index	Cash
	New York Stock Exchange			NYSE Composite Index		$ 100 x Index	Cash
	New York Stock Exchange	37 Aktienoptionen				100 Aktien	Physisch
	Pacific Stock Exchange			FNN Composite		$ 100 x Index	Cash
	Pacific Stock Exchange	97 Aktienoptionen				100 Aktien	Physisch
	Philadelphia Stock Exchange				National OTC Index	$ 500 x Index	Cash
	Philadelphia Stock Exchange		National OTC Stock Index			$ 500 x Index	Cash
	Philadelphia Stock Exchange			Value Line Composite Index		$ 100 x Index	Cash
	Philadelphia Stock Exchange			Gold/Silver Stock Index		$ 100 x Index	Cash
	Philadelphia Stock Exchange			Utility Stock Index		$ 100 x Index	Cash
	Philadelphia Stock Exchange	110 Aktienoptionen				100 Aktien	Physisch

Kapitel 9

Terminkontrakte auf Zinspapiere

1. Finanz-Termingeschäfte

Der klassische Finanz-Terminkontrakt, auch Forwardkontrakt, ist eine beidseitig bindende Vereinbarung zum Kauf oder Verkauf einer finanziellen Forderung zu einem fest bestimmten Zeitpunkt in der Zukunft zu einem vorher vereinbarten Preis.

Diese Termingeschäfte werden überwiegend zwischen Banken und mit institutionellen Großanlegern abgeschlossen. Solche kurzfristigen Zins-Termingeschäfte werden auch als Forward Rate Agreements oder FRA's bezeichnet. Sie können in jeder Währung gehandelt werden, doch die meisten lauten auf US-Dollar.

2. Futures

Finanz-Terminkontrakte mit standardisierten Größen und Lieferterminen werden als Futures bezeichnet. Durch die Standardisierung wird die Handelbarkeit erleichtert. Der Handel von Futures findet an einer offiziellen Terminbörse statt; dabei wird die Erfüllungsgarantie gegenüber den Börsenmitgliedern von einer Clearing-Organisation übernommen, die dafür eine Sicherheitsleistung verlangt. Es erfolgt eine tägliche Bewertung und Verrechnung von Gewinnen und Verlusten.

Bei Zinsfutures handelt es sich um Finanz-Terminkontrakte, deren zugrundeliegendes Aggregat (Underlying) Geld- und Kapitalmarktpapiere sind.

Der Käufer (Verkäufer) eines Zinsfutures sichert sich gegen fallende (steigende) Zinsen. Die Position kann auf zwei Arten wieder geschlossen werden:

- Der Kontrakt wird durch ein Gegengeschäft glattgestellt.
- Am Verfalltag erfolgt eine Andienung/Lieferung des zugrundeliegenden Instruments.

Für Zins-Terminkontrakte gelten international folgende Merkmale:

- Verfall-/Liefermonate sind März, Juni, September, Dezember.
- Letzter Handelstag im Verfallmonat hängt von der jeweiligen Kontraktspezifikation ab (ebenso der Liefertag).

Tabelle 20: Unterschiede zwischen Futures- und Forwardkontrakten

Futures	*Forward*
Handel an einer offiziellen Terminbörse	Außerbörslicher Handel
Standardisierte Kontrakte	Individuelle Kontrakte
Tägliche Bewertung und Abrechnung	Abrechnung am Fälligkeitstag
Ein- und Nachschüsse	Kreditlinien notwendig
Glattstellung jederzeit über die Terminbörse möglich	Glattstellung nur mit ursprünglichem Kontrahenten möglich
Vertragsgarantie durch Clearingstelle	Bonitätsrisiko des Kontrahenten

Beispiele für bedeutende Zinsfutures auf Geldmarktpapiere sind:

– Eurodollar Time Deposits (90 Tage)	CME, LIFFE, SIMEX
– US-Treasury-Bills (90 Tage)	CME
– Eurosterling-Time-Deposits (90 Tage)	LIFFE
– Euro-DM-Time-Deposits (90 Tage)	LIFFE, CME

Beispiele für bedeutende Zinsfutures auf Kapitalmarktpapiere sind:

– US-Treasury-Bonds	CBOT
– US-Treasury-Notes	CBOT
– Notional	MATIF
– Japanese-Government-Bonds	LIFFE, Tokyo
– Long Gilts (britische Staatsanleihen)	LIFFE
– DM-Bundesanleihen	DTB, LIFFE

3. Terminkontrakte auf Geldmarktpapiere

Zinsinstrumente mit kurzen Laufzeiten (1 bis 12 Monate) werden am Geldmarkt gehandelt. Dieser Markt stellt keine Börse an sich dar; der Handel findet ohne Makler direkt zwischen den Hauptteilnehmern per Telefon statt. Hauptschauplatz für die Vereinigten Staaten ist New York. Teilnehmer sind die Federal Reserve Bank of New York, Geschäftsbanken, größere Kapitalgesellschaften und Brokerfirmen.

3.1 US-Treasury-Bill-Futures

a) US-T-Bills

Das Finanzministerium der USA (Treasury Department) bietet regelmäßig diskontierte Treasury-Bills mit Laufzeiten von 3, 6 und 12 Monaten an. Im Kassamarkt werden T-Bills nicht in Dollarbeträgen, sondern in Diskontfaktoren gehandelt. Der Dollarbetrag, den der Anleger zahlt, ist gleich Nennwert abzüglich Diskontierungssatz.

Um den Betrag der Diskontierung errechnen zu können, müssen wir wissen, daß den Berechnungen des Finanzministeriums ein Jahr mit 360 Tagen zugrunde liegt, ein einjähriger T-Bill indessen eine Laufzeit von 364 Tagen hat. Kauft ein Marktteilnehmer $ 100.000 nominal US-T-Bills mit einem Diskontfaktor von 10%, Fälligkeit in einem Jahr, errechnet sich die Abzinsung bei Emission des Papiers wie folgt:

$$\$\,100.000 \times (0{,}10) \times \frac{364}{360} = \$\,10.111$$

Der Marktteilnehmer zahlt $ 100.000 – $ 10.111 = $ 89.889.

Der Diskontfaktor ist keine Rendite, sondern eine Größe, mit der sich der Preis des abgezinsten Papiers errechnen läßt.

Die Rendite des T-Bills läßt sich dann berechnen als

$$\frac{\text{Dollarbetrag der Diskontierung}}{\text{investiertes Kapital}} = \frac{\$\ 10.111}{\$\ 89.889} = 11{,}25\%$$

Während der Laufzeit eines T-Bills nähert sich der Marktwert dem Nominalwert. Die Notierungen der Diskontfaktoren erfolgen in Basispunkten. Ein Basispunkt ist $\frac{1}{100}$ von 1% oder 0,0001.

Der Wert eines Basispunkts für einen 90-Tage-T-Bill mit Nominalwert $ 1 Million läßt sich wie folgt errechnen:

$$1 \text{ Basispunkt} = \$\ 1.000.000 \times 0,0001 \times \frac{90}{360} = \$\ 25$$

b) US-T-Bill-Futures

Der Futureskontrakt bezieht sich auf $ 1 Million nominal T-Bills mit 90 Tagen Laufzeit. Die kleinste Preisveränderung (Tick) beträgt $ 25. Lieferbar in den Kontrakt sind T-Bills mit einer Restlaufzeit von 91 Tagen am Verfalltag des Terminkontrakts.

Um eine Vereinfachung des Futureshandels zu ermöglichen, erfolgt die Quotierung wie folgt: 100 – Diskontfaktor.

Beispiel

- Kauf eines T-Bill-Kontrakts zu 91,00 (Diskontfaktor 9%)
  Preis (P) = $ 1.000.000 – $ 22.500 = $ 977 500.
- Verkauf des T-Bill-Kontrakts zu 92,00 (Diskontfaktor 8%)
  Preis (P) = $ 1.000.000 – $ 20.000 = $ 980 000.

Gewinn aus dem Kauf und Verkauf = $ 2.500 (100 Basispunkte = 1% Renditeveränderung = $ 2.500).

Das Hedging (Absichern) beinhaltet auch in diesem Bereich die Aufnahme einer Position, die der Kassaposition entgegengesetzt ist. Berufsmäßige Händler, die sechsmonatige oder einjährige T-Bills in der Absicht kaufen, sie vor Fälligkeit zu veräußern, sichern ihren Bestand durch den Verkauf von T-Bill Terminkontrakten. Im umgekehrten Fall sichern sie sich ein Zinsniveau für einen zukünftig beabsichtigten Kauf von (Kassa) T-Bills durch den Kauf von T-Bills auf Termin.

Der Händler im ersten Fall ist long T-Bills im Kassamarkt und short im Termin. Der Händler im zweiten Fall ist short im Kassamarkt und long im Termin.

3.2 Eurodollar-Futures

a) Eurodollars

Das Dollar-Einlagengeschäft begann außerhalb der USA zunächst in Europa – daher der Name Eurodollar. Banken in vielen Teilen der Welt bieten feste Zinssätze für US-Dollar-Einlagen für Zeiträume von einem Tag bis zu fünf Jahren. Sie decken dadurch ihren aus dem Kreditbereich entstandenen Bedarf an Dollar. Eurodollar-Einlagen werden aufgezinst – die Zinsen werden bei Fälligkeit zu den Einlagesummen (üblicherweise \$ 1.000.000 oder ein Vielfaches) addiert.

Ein 10%iger Jahreszins auf eine 90-Tage-Euro-Dollar-Einlage ergibt \$ 25.000 an Zinsen: ($\$ 1.000.000 \times 0{,}10 \times \frac{90}{365} = \$ 25.000$). Dieser Zinsbetrag ist 2,5% von \$ 1.000.000. Sollte dieser 90-Tage-Zinsbetrag annualisiert werden, gilt:

$$\frac{\text{Zinsen bis Fälligkeit}}{\text{investiertes Kapital}} : \frac{90}{365} = \text{annualisierte Rendite}$$

$$= \frac{\$ 25.000}{\$ 1.000.000} : \frac{90}{365} = 0{,}1014 = 10{,}14\%$$

b) Eurodollar-Futures

Dem Terminkontrakt auf Eurodollar-Einlagen liegt eine Größe von \$ 1.000.000 zugrunde. Die kleinste Preisveränderung ist wie bei den T-Bill-Futures ein Basispunkt und beträgt ebenfalls \$ 25. Da die Eurodollar-Einlagen nicht handelbar sind, gibt es keine physische Erfüllung der Terminkontrakte. Zum Lieferzeitpunkt wird der Kontraktwert mit dem aktuellen Wert des Underlying verglichen.

Am letzten Handelstag werden die Quotierungen von sechzehn Banken herangezogen (jeweils die drei höchsten und niedrigsten Sätze werden gestrichen); der Durchschnittssatz ist die Grundlage für den Barausgleich (Cash Settlement). Die Quotierung des Eurodollar-Futures erfolgt in Index 100 minus Eurodollar-Einlagensatz.

Aus einer LIBOR-Rate von 8,50% folgt der Preis des Futures mit 91,50. Die kleinste Preisbewegung von einem Basispunkt (0,01%) entspricht wertmäßig \$ 25 ($1.000.000 \times \frac{90}{360}$ Tage $\times 0{,}0001 = 25$). Das Ansteigen des Preises erfolgt parallel zum Fallen der Zinsen.

Da hinter Treasury-Bills die US-Regierung steht, während hinter Eurodollar-Einlagen die jeweils aufnehmende Bank steht, unterliegen Eurodollar-Einlagen einem höheren Bonitätsrisiko. Eurodollar-Einlagen fallen relativ stärker (bei steigenden Zinsen) als Treasury Bills, d. h., der Spread zwischen den beiden Papieren tendiert bei steigenden Zinsen dazu, sich zu erweitern (vergl. Kapitel 6).

Andere kurzlaufende Zinspapiere, auf die Terminkontrakte gehandelt werden:

- 3-Monats-Sterling-Einlagen (GBP 500.000) — LIFFE
- 3-Monats-D-Mark-Einlagen (DEM 1.000.000) — LIFFE/ CME

Diese beiden Kurzläufer werden bei Fälligkeit wie Eurodollar-Einlagen verzinst. Auch für sie gilt dieselbe Bonitätssituation wie für Eurodollar-Einlagen. Die Notierung erfolgt wie bei Eurodollar-Einlagen Index 100 abzüglich des annualisierten Zinssatzes. Kontrakte auf diese beiden Kurzläufer werden in London an der LIFFE gehandelt. Euro-DM-Einlagen werden an der CME in Chicago gehandelt. Die Kontraktspezifikationen sind weitgehend identisch mit denen an der LIFFE. Die Erfüllung der auslaufenden Terminkontrakte (DEM, GBP) erfolgt in bar in der jeweiligen Währung (Cash-Settlement).

4. Terminkontrakte auf Kapitalmarktinstrumente

An diesem Markt werden länger laufende verzinste Papiere (ab 12 Monate) und Aktien emittiert und gehandelt. Die Kapitalnachfrager (Emittenten an diesem Markt) sind Regierungen, Industriegesellschaften, Banken und andere Finanzinstitute. Die Kapitalgeber sind Sparkassen, Regierungen, Versicherungsgesellschaften, Gewerkschaften und Stiftungen.

Die Zinsinstrumente dieses Markts unterscheiden sich von denen des Geldmarkts auf zweifache Art: Sie haben längere Laufzeiten und zahlen Kuponverzinsung. Im Kassamarkt notieren Kuponinstrumente in Prozent des Nennwerts. Da Anleihen sowohl verschiedene Laufzeiten als auch Zinskupons besitzen, errechnet man über den Kassakurs die Rendite bis Fälligkeit einer Anleihe. Die Errechnung der Rendite bis Fälligkeit schafft die Voraussetzung für einen genaueren Wertstellungsvergleich verschiedener Anleihen.

In den Vereinigten Staaten werden Terminkontrakte auf Treasury Notes (Laufzeit 1–10 Jahre) und Treasury Bonds (Laufzeit 10–30 Jahre) gehandelt. Die Kontrakteinheit für Treasury Bonds und Notes hat einen Nennwert von $ 100 000 mit synthetischem Kupon von 8%. Unkündbare US-Treasury Bonds mit einer Restlaufzeit von mindestens 15 Jahren sind in den T-Bond-Kontrakt lieferbar. T-Notes und T-Bonds werden im Kassamarkt und im Terminmarkt in Prozent des Nominalwerts gehandelt. Die kleinste Handelseinheit Treasury-Bond-Futures beträgt ein 32stel eines Prozents ($\frac{1}{32}$ eines Prozents beläuft sich auf $ 31,25 pro Kontrakt).

Auf beide Kontraktarten (Bonds und Notes) werden Optionen gehandelt, allerdings sind die Basisschritte für beide verschieden: Basisschritte für Optionen auf T-Bond-Kontrakte betragen 2 Punkte, z. B. 88,00, 90,00, 92,00; Basisschritte für Optionen auf T-Notes betragen einen Punkt, z. B. 88,00, 89,00, 90,00 usw. Die Mindestkursveränderung der Optionen auf Bond- und Notes-Futures beträgt $\frac{1}{64}$. Diese Optionen erleichtern den Aufbau von Spreads – in diesem Falle den Handel mit Veränderungen im mittel- und langfristigen Zinsgefüge.

Neben den Terminkontrakten auf US-Staatsanleihen sind weitere wichtige Terminkontrakte: Futures auf japanische, britische, französische und deutsche Staatsanleihen.

In London, an der LIFFE, werden unter anderem Kontrakte auf deutsche Bundesanleihen und auf langfristige und mittelfristige britische Staatsanleihen (Gilts), aber auch Terminkontrakte auf japanische Regierungsanleihen gehandelt. Die Preisbildung der Terminkontrakte aller Zinsinstrumente beruht auf der Arbitragetheorie.

Seit dem 29. September 1988 wird an der LIFFE der Handel mit DM-Bund-Terminkontrakten durchgeführt. An der DTB wird seit November 1990 ein Terminkontrakt auf langfristige Bundesanleihen und seit Oktober 1991 auf Bundesobligationen und Bundesschatzanweisungen mit mittlerer Laufzeit gehandelt.

4.1 Kontraktspezifikation der langfristigen DM-Bund-Futures sowie des mittelfristigen DM-Bund-Futures (Bobl-Futures)

Der Abschluß eines DM-Bund-Futures an der DTB stellt eine Vereinbarung dar, zu einem festgelegten Zeitpunkt, dem Liefertag, DM 250.000 nominal einer idealtypischen Bundesanleihe mit 6%igem Kupon zu kaufen oder zu verkaufen. Die Kontraktnorm ist so strukturiert, daß mehrere Anleihen für die Lieferung in Frage kommen; nach den Kontraktbestimmungen sind dies:

- **Beim langfristgigen DM-Bund-Futures:**
  Bundesanleihen oder börsennotierte, von der Bundesrepublik Deutschland uneingeschränkt und unmittelbar garantierte Schuldverschreibungen der Treuhandanstalt – mit einer Restlaufzeit von 8 ½ bis 10 Jahren.

- **Beim BOBL-Futures:**
  Bundesobligationen, Bundesschatzanweisungen oder börsennotierte, von der Bundesrepublik Deutschland uneingeschränkt und unmittelbar garantierte Schuldverschreibungen der Treuhandanstalt – mit einer Restlaufzeit von 3 ½ bis 5 Jahren und einem Mindestemissionsvolumen von DM 4 Milliarden.

Durch die Möglichkeit, unterschiedliche Anleihen in den Kontrakt liefern zu können, wird der Gefahr der Illiquidität sowohl im Kassa- als auch im Terminmarkt entgegengewirkt. Die Beschränkung auf den Bereich der Restlaufzeit von 8 ½ bis 10 Jahren ist zum einen in dem ausstehenden Emissionsvolumen von Bundesanleihen begründet, das in diesem Bereich eindeutig am größten ist, und zum anderen in der in diesem Marktsegment herrschenden hohen Liquidität.

Nicht alle in den Kontrakt lieferbaren Bundesanleihen besitzen einen Kupon in Höhe von 6%. Daraus ergibt sich – wenn keine Anpassungen vorgenommen werden – die Problematik, daß zum selben Preis Anleihen unterschiedlicher Kupons und Restlaufzeiten geliefert werden könnten.

Um derartige Unterschiede auszugleichen, wurde das Preisfaktorsystem entwickelt, das die verschiedenen lieferbaren Bundesanleihen auf ein 6%iges Renditeniveau angleicht.

Der letzte Handelstag des DM-Bund-Futures an der LIFFE ist jeweils drei „Frankfurter Arbeitstage“ vor dem Liefertag.

Beim DM-Bund-Futures an der DTB ist der letzte Handelstag 2 Börsentage vor dem Liefertag.

Die kleinste Preisveränderung beläuft sich auf 0,01%, was DM 25 pro Kontrakt entspricht (Quotierung pro DM 100 Nominalwert).

Für maximale Preisänderungen gibt es beim mittel- und langfristigen DM-Bund-Futures sowohl an der DTB wie auch an der LIFFE kein Limit.

Der Einschuß pro Kontrakt (Initial Margin) wird von der Börse bzw. dem Clearing-Haus festgesetzt und kann jederzeit verändert werden.

Tabelle 21: Wichtigste Merkmale des DM-Bund-Futures an der DTB

Handelseinheit (Kontrakt)	DM 250 000 Nominalwert einer idealtypischen langfristigen Schuldverschreibung des Bundes mit einem Kupon von 6%
Liefermonate	März, Juni, September, Dezember
Liefertag	10. Kalendertag des Liefermonats. Fällt dieser Tag auf einen Feiertag in Frankfurt, ist der Liefertag der nächstfolgende Arbeitstag in Frankfurt
Letzter Handelstag	Zwei Frankfurter Arbeitstage vor dem Liefertag; Handel bis 12.30 Uhr MEZ
Quotierung	pro DM 100 Nominalwert
Kleinste Preisveränderung (Tick)	0,01% = DM 25 pro Kontrakt
Handelszeit	8.00 Uhr – 17.30 Uhr MEZ

4.2 Abrechnungspreis und Preisfaktor

Für den Futuresverkäufer besteht das Recht, am Liefertag eine beliebige, den Lieferbedingungen entsprechende Anleihe zu liefern. Der Betrag, den er für den Nominalwert von DM 250.000 einer Anleihe erhält (Invoice Amount), berechnet sich wie folgt:

Abrechnungssumme (oder Invoice Amount) =
Futures-Preis x Preisfaktor x 2.500 + aufgelaufene Zinsen

Es handelt sich beim Futurespreis um den am letzten Handelstag ermittelten sogenannten Exchange-Delivery-Settlement-Price (EDSP) bzw. Börsenbewertungs- und Abrechnungspreis.

Durch den Preisfaktor wird die Attraktivität der gelieferten Anleihe ins Verhältnis zur (fiktiven) 6%igen Anleihe gesetzt; seine Berechnung erfolgt dabei wie nachstehend beschrieben:

- Bestimmen der Restlaufzeit vom Liefertag an gerechnet, wobei auf volle Monate abgerundet wird.
- Berechnen des Preises, bei dem die gelieferte Anleihe mit der so definierten Restlaufzeit eine 6%ige Rendite erwirtschaften würde.
- Bestimmen des Preisfaktors durch Division dieses Preises durch 100.

Welchen Preisfaktor hätte z. B. die 6,5%ige Bundesanleihe mit Verfall 2. Januar 1999, bezogen auf den DM-Bund-Futures März 1990? Die nach obiger Definition berechnete Restlaufzeit beträgt 8 Jahre und 10 Monate. Bei dieser Restlaufzeit müßte die Anleihe mit einem Kupon von 6,5% einen Kurs von 103,2931 haben, um am Liefertag eine Rendite von 6% aufzuweisen. Daraus ergibt sich ein Preisfaktor von 1,032931. Die Ermittlung des Preisfaktors für Anleihen, die in den BOBL-Futures lieferbar sind, erfolgt analog zu diesem Verfahren.

Für Anleihen mit einem Kupon, der größer ist als 6%, ergibt sich somit ein Preisfaktor größer 1,0; bei Anleihen mit einem Kupon kleiner als 6% entsprechend ein Preisfaktor, der kleiner 1,0 ist.

Aus der Ermittlung der Abrechnungssumme wird ersichtlich, daß diese vom Settlement-Preis (Futures) des letzten Handelstags abhängt und nicht von dem Preis, zu dem der Kontrakt ehemals eingegangen wurde. Die Differenzbeträge zwischen dem Futures-Abrechnungspreis am letzten Handelstag und dem Futures-Preis bei Kontraktabschluß sind auf den Marginkonten beider Marktteilnehmer verrechnet worden. Bezahlt der Käufer des Futures bei einem zwischenzeitlich gestiegenen Preis auch einen höheren (als bei Kontraktabschluß vereinbarten) Betrag, so hat er genau diese Differenz auf seinem Marginkonto gutgeschrieben bekommen. Umgekehrt beim Verkäufer: Steigende Futures-Kurse führten zu Belastungen auf seinem Marginkonto, die er durch Bareinzahlungen ausgleichen mußte. Am Liefertag erhält er einen höheren Preis als vereinbart; die Differenz entspricht aber genau seinen Aufwendungen für die Margin während der Kontraktlaufzeit.

4.3 Cheapest-to-Deliver

Sowohl beim mittel- als auch langfristigen DM-Bund-Futures hat der Verkäufer das Recht, eine der Anleihen, die der Kontraktnorm entsprechen, für die Lieferung zu bestimmen.

Dabei wählt er diejenige Anleihe aus, die ihm den höchsten Gewinn bzw. geringsten Verlust verspricht. Diese Anleihe wird als Cheapest-to-deliver (CTD) bezeichnet. Der CTD spielt eine entscheidende Rolle im Futures-Handel, denn der Futures-Preis orientiert sich am CTD. Weichen sie zu weit von ihrem theoretisch errechneten Abstand ab, werden sie durch Arbitragegeschäfte wieder in die richtige Bandbreite zurückgebracht.

4.3.1 Preisbildung

Der Kurs eines Zins-Futures wird durch Angebot und Nachfrage am Futures-Markt bestimmt, der über den Arbitragemechanismus eng mit dem Kassamarkt für festverzinsliche Anleihen verbunden ist.

Beispiel

Wir gehen von einem Investor aus, der Anleihen (welche im Futures-Kontrakt lieferbar sind) kauft und diesen Kauf durch Kreditaufnahme finanziert. Zum gleichen Zeitpunkt verkauft er Futures-Kontrakte mit der Absicht, die gekauften Anleihen in diesen Kontrakt zu liefern. Welchen Gewinn kann sich der Investor aus diesem Arbitragegeschäft, bestehend aus einer Long-Position in Anleihen, einer Short-Position im Futures und der Finanzierung, versprechen? Unter Nichtbeachtung von Transaktions- und Finanzierungskosten für den Futures (Margin) lautet die Antwort: Null DM Gewinn bei einem fairen Futures-Preis. Das heißt, daß Futures dann einen fairen Preis besitzen, wenn sich keine Arbitragegewinne aus der oben beschriebenen Position erzielen lassen:

Theoret. Futures-Preis =

$$\frac{\text{Kassa-Kurs (CTD)}}{\text{Preisfaktor}} - \text{Kuponeinnahmen} + \text{Finanzierungskosten}$$

Liegt der aktuelle Futures-Preis über dem fairen Preis, so kann der Investor durch eine Short-Position im Futures und eine Long-Position in der CTD-Anleihe Gewinne erzielen. Ein daraus resultierendes höheres Angebot am Futures-Markt führt zu fallenden Preisen, wodurch die Arbitragemöglichkeit verschwindet. Die umgekehrte Position (long im Futures, short in der CTD-Anleihe) nimmt er bei unterbewerteten Futures ein, wobei allerdings zu bedenken ist, daß bei einer Long-Position im Futures bis zum Liefertag nicht feststeht, welche der in Frage kommenden Anleihen vom Verkäufer in den Kontrakt geliefert wird. Allerdings darf pro verkauften Futureskontrakt nur eine Anleihe in Höhe von DM 250.000 nominal geliefert werden.

4.3.2 Lieferung

a) LIFFE-Bund-Futures

Drei Arbeitstage vor dem Liefertag wird um 10.00 Uhr Londoner Zeit von der LIFFE der EDSP (Exchange Delivery Settlement Price) oder Börsenbewertungs- und Abrechnungspreis festgestellt. Das Clearing-Haus ICCH (International Commodity Clearing House, London) informiert Käufer und Verkäufer über die zu liefernden Stücke und die Abrechnungssumme. In dem Lieferprozeß, der sich über sechs Arbeitstage erstreckt, ist der vierte Tag der Liefertag, an dem Geld und Stücke bei der Korrespondenzbank des ICCH eingehen. Der Käufer zahlt die Stückzinsen bis Tag 4, erhält die Anleihe aber erst am sechsten Tag.

b) Mittel- und langfristige Bund-Futures an der DTB

Die Inhaber von Short-Positionen müssen der Börse am letzten Handelstag nach Handelsschluß des fälligen Liefermonats bis zum Ende der Post Trading Periode anzeigen, welche Schuldverschreibungen sie zu liefern beabsichtigen.

Als Schlußabrechnungspreis wird der Durchschnitt der Preise innerhalb der letzten Minute der Handelszeit (bereits 12.30 Uhr des letzten Handelstages) herangezogen. Werden in der letzten Minute weniger als 5 Abschlüsse getätigt, so wird der Durchschnitt der letzten 5 Handelspreise als Abrechnungspreis herangezogen.

4.4 Anwendung von Zins-Futures-Kontrakten

4.4.1 Long-Hedge und Short-Hedge

Dem Hedging liegt der Gedanke der Risikoabsicherung zugrunde. Es dient dazu, das potentielle Kursrisiko von bestehenden oder zukünftigen einzugehenden Transaktionen und Positionen in Finanzprodukten zu mindern oder auf andere Marktteilnehmer zu verlagern. Beim Hedging mit Futures erfolgt ein Transfer vom Preisrisiko zum Basisrisiko (siehe auch Kapitel 5).

Um das Risiko steigender Kurse einer bestehenden Short-Kassa-Position oder einer zukünftig einzugehenden Long-Kassa-Position zu vermindern, wird eine Long-Position im Zins-Futures-Kontrakt aufgebaut: Ein Long-Hedge dient der Absicherung gegen fallende Zinsen bzw. steigende Kurse. Möchte z. B. ein institutioneller Anleger eine Anleihe in zwei Monaten erwerben, so können heute Futures-Kontrakte gekauft werden. Tritt die erwartete Kurssteigerung am Kapitalmarkt ein, gleicht der Gewinn auf der Futuresseite, welcher beim Verkauf der Kontrakte realisiert wird, die nun niedrigere Rendite der Anleihe wertmäßig aus.

Um das Risiko fallender Kurse einer bestehenden Long-Kassa-Position oder einer zukünftig einzugehenden Short-Kassa-Position zu vermindern, wird eine Short-Position im Terminkontrakt aufgebaut: Ein Short-Hedge dient der Absicherung gegen steigende Zinsen bzw. fallende Kurse. Zur Wertsicherung eines Portfolios können Futures-Kontrakte verkauft werden. Bei einem Kursverfall am Kapitalmarkt können die Kontrakte günstiger zurückgekauft werden. Der entstehende Gewinn gleicht den Verlust auf der Portfolioseite aus.

4.4.2 Hedge-Ratio

Hat sich ein Investor dafür entschieden, eine Absicherung gegen bestehende Zinsrisiken am Anleihemarkt zu treffen, so stellt sich für ihn als nächstes die Frage, wieviel Futures-Kontrakte er für diese Absicherung eingehen muß.

Die Hedge-Ratio wird durch das Verhältnis Nominalbetrag der zu sichernden Kassaposition und Nominalbetrag des Futures dargestellt.

$$\text{Hedge-Ratio} = \frac{\text{Nominalbetrag der Anleihe}}{\text{Nominalbetrag des Futures}}$$

Zum Hedgen von nominal DM 5 Mio der 6,75%igen Bundesanleihe würden 20 Kontrakte des Bund-Futures benötigt:

$$\text{Hedge-Ratio} = \frac{5.000.000}{250.000} = 20$$

Bei dieser einfachen Berechnung der Hedge-Ratio werden allerdings viele Faktoren festverzinslicher Anleihen nicht berücksichtigt. So orientiert sich beispielsweise der Kurs des Futures am Cheapest-to-Deliver. Diese jeweils günstige Anleihe hat aber oftmals eine andere Laufzeit und andere Kuponhöhe als die abzusichernden Anleihen. Daraus ergeben sich unterschiedliche Preisreagibilitäten bei einer Marktzinsveränderung. Trotzdem erhält man mit diesem Verfahren eine erste Annäherung an die benötigte Kontraktzahl. Zur exakteren Berechnung stehen verschiedene Verfahren zur Verfügung, wie sie in der Literatur beschrieben werden: Duration-Methode, Basis-Point-Value-Methode etc.

4.4.3 Hedge-Risiken

Erfolgt beispielsweise ein Renditeanstieg der gehedgten Bundesanleihen, aber keine entsprechende Veränderung im Kursniveau des Futures, so wird sich bei einem Short-Hedge ein Verlust ergeben. Eine mögliche Änderung der relativen Renditespanne zwischen der gehedgten Anleihe und dem Futures wird als Basisrisiko bezeichnet. Ein weiteres nicht zu vernachlässigendes Risiko beim Hedgen liegt im Wechsel des Cheapest-to-Deliver. Ein solcher Wechsel verändert in der Regel die Hedge-Ratio. Da bei den Bund-Futures Kupons und Laufzeiten der lieferbaren Anleihen relativ dicht beieinander liegen, wechselt der Cheapest-to-Deliver häufig.

4.5 Optionen auf den mittel- und langfristigen DTB-Bund-Futures sowie den Bund-Futures an der Liffe

Im April 1989 erfolgte die börsenmäßige Einführung von Optionen auf Bund-Futures an der Liffe.

Seit dem 16. 08. 1991 werden auch an der DTB Optionen auf den langfristigen DM-Bund-Futures gehandelt. Am 15. 01. 1993 folgte die Einführung von Optionen auf den mittelfristigen Bund-Futures (Bobl-Futures).

Basiswerte der Optionen sind

a) *bei der Option auf den mittelfristigen Bund-Futures (Bobl-Futures)* der Futureskontrakt auf eine idealtypische mittelfristige Schuldverschreibung des Bundes oder der Treuhandanstalt

b) *bei Optionen auf den langfristigen Bund-Futures* der Futureskontrakt auf eine idealtypische langfristige Schuldverschreibung des Bundes oder der Treuhandanstalt.

Der Käufer dieser Option erwirbt das Recht, einen Bund-Futures-Kontrakt zum Basispreis innerhalb der Optionslaufzeit von dem Verkäufer der Optionen zu kaufen (Call) bzw. an diesen zu verkaufen (Put).

Übt der Käufer eines Calls seine Option aus, wird er zum vereinbarten Basispreis Käufer des Bund-Futures. Bei Ausübung eines Puts wird der Käufer der Option Verkäufer des Bund-Futures. Verkäufer dieser Optionen nehmen die jeweilige Gegenposition im Futures ein. Der Kauf der Option stellt lediglich den Erwerb des Rechts, nicht aber die Verpflichtung zur Ausübung dar. Wird die Option vom Käufer ausgeübt, so tritt er in eine Futuresposition mit ihren verpflichtenden Merkmalen ein. Aus dem ursprünglichen Recht wird nun eine Verpflichtung. Die asymmetrische Risikoverteilung ist der wesentliche Unterschied zwischen Optionen und Futures.

Tabelle 22: Futures-Position nach Ausübung einer Option

	Call	Put
Käufer	Long 1-Bund-Futures-Kontrakt	Short 1-Bund-Futures-Kontrakt
Verkäufer	Short 1-Bund-Futures-Kontrakt	Long 1-Bund-Futures-Kontrakt

Optionspreis

Der Optionspreis wird in Punkten, bezogen auf DM 100,–, mit zwei Nachkommastellen notiert. Die kleinstmögliche Preisveränderung, ein Tick, beträgt 0,01 Punkte. Bei einem Nominalwert des Underlyings von DM 250.000,– pro Kontrakt ist ein Tick demnach DM 25,– wert.

$$1 \text{ Tick} = \frac{\text{DM } 250.000,-}{100} \times 0{,}01 = \text{DM } 25,-$$

Beispiel

Kauf von 10 Calls auf den Bund-Futures

Basispreis:	85,00	
Optionspreis	1,13	(= 113 Ticks zu 0,01 Punkten)
Optionsprämie		= 10 x 113 x DM 25,– = DM 28.250,–

Bei Bund-Optionen, sowohl an der DTB als auch an der LIFFE, wird beim Positionsaufbau keine Prämie bezahlt. Die Preisbildung von Optionen auf den DTB-Bund-Futures orientiert sich u. a. an der Volatilität und an der Restlaufzeit. Es gelten dabei die im Kapitel 1.3 erwähnten Zusammenhänge. Eine Besonderheit tritt aber für Optionen auf Zins-Futures bei einer Änderung des kurzfristigen Zinsniveaus auf. Setzt man alle anderen Faktoren, also auch das Verhältnis von langfristigen zu kurzfristigen Zinsen, konstant, gilt für Optionen auf Futures im allgemeinen folgender Zusammenhang: Steigende kurzfristige Zinssätze reduzieren die Prämien für Calls (Kaufoptionen) und Puts (Verkaufsoptionen). Der Grund ist, daß die Prämie nichts anderes darstellt als den Barwert des erwarteten Gewinns bei Fälligkeit. Steigen die kurzfristigen Zinssätze, sinkt der Barwert des erwarteten Gewinns und damit der Wert der Option.

Dieser Zusammenhang gilt vom Prinzip her auch für die Option auf den langfristigen Bund-Futures. Nur ist hierbei das besondere Verfahren der Prämienabrechnung zu beachten, das – über die Laufzeit der Option gesehen – zu einem ganz anderen Zahlungsstrom führen kann.

Insgesamt ist dieser Effekt, der allein auf den kurzfristigen Zinsen beruht, als relativ gering anzusehen. Wichtig ist der Einfluß des Verhältnisses von kurz- zu langfristigen Zinsen auf den Futurespreis, der wiederum den Wert der Option beeinflußt. Die Kursdifferenz zwischen Futurespreis und Kassakurs (Basis) wird im wesentlichen durch die Cost-of-Carry (Nettofinanzierungskosten) geprägt. Darunter sind diejenigen Kosten zu verstehen, welche durch das Halten einer der Futuresposition entsprechenden Kassaposition verursacht werden. Maßgebend hierfür ist das Verhältnis von kurz- zu langfristigen Zinsen.

Verfallmonate

Analog zu den Laufzeiten des Bund-Futures stehen für den Handel mit Optionen auf den Bund-Futures drei verschiedene Laufzeiten zur Verfügung. Der Verfallmonat einer Option geht dem Liefermonat des zugrundeliegenden Futures unmittelbar voraus. Liefermonate des Futures sind die drei nächsten Monate aus dem Zyklus März, Juni, September und Dezember. Die maximale Laufzeit eines Optionskontrakts beträgt neun Monate.

Der letzte Handelstag der Option fällt auf den sechsten Börsentag vor dem ersten Kalendertag des Liefermonats des jeweiligen Futures. Am darauffolgenden Börsentag verfällt die Option.

Tabelle 23: Liefer- und Verfallmonate

	Verfallmonate			
Optionen auf denen DTB-Bund-Futures	Februar	Mai	August	November
	Liefermonate			
DTB-Bund-Futures	März	Juni	September	Dezember

Basispreise

Es gelten Preisabstufungen von 50 Ticks bei den langfristigen Bund-Optionen und 25 Ticks bei der mittelfristigen Bund-Option. Bei Einführung von Optionen mit neuem Verfall stehen neun Basispreise zur Verfügung.

Von diesen sind vier in-the-money, einer at-the-money und vier out-of-the-money. Ein zusätzlicher Basispreis wird eingeführt, wenn an den beiden vorausgegangenen Handelstagen der jeweils letzte gehandelte Preis des Bund-Futures mit der kürzesten Restlaufzeit (Nearby Futures) die Mitte zwischen dem viert- und fünfthöchsten Basispreis überschreitet bzw. dem viert- und fünftniedrigsten Basispreis unterschreitet. Neue Basispreise werden nicht eingeführt, wenn die Restlaufzeit der betreffenden Serie weniger als zehn Börsentage betragen würde.

Tabelle 24: Einführung neuer Basispreise am Beispiel des langfristigen DM-Bund-Futures

	Montag	Dienstag	Mittwoch	Donnerstag	Freitag
Schlußkurs des Bund-Futures vom Vortag	85.10	85.28	85.36	84.73	84.65
Handelbare Basispreise					**82.50**
	83.00	83.00	83.00	83.00	83.00
	83.50	83.50	83.50	83.50	83.50
	84.00	84.00	84.00	84.00	84.00
	84.50	84.50	84.50	84.50	84.50
	85.00	85.00	85.00	85.00	85.00
	85.50	85.50	85.50	85.50	85.50
	86.00	86.00	86.00	86.00	86.00
	86.50	86.50	86.50	86.50	86.50
	87.00	87.00	87.00	87.00	87.00
			87.50	87.50	87.50

Handel

Optionen auf den Bund-Futures werden an der DTB wie der Bund-Futures zwischen 8.00 Uhr und 17.30 Uhr gehandelt (Stand: Juni 1993). An der DTB können limitierte und unlimitierte, tagesgültige und zeitlimitierte Orders sowie Fill-or-Kill- und Immediate-or-Cancel-Aufträge erteilt werden.

- Fill-or-Kill-Aufträge erfordern eine sofortige *vollständige Ausführung* des Auftrags; andernfalls erlischt die Order.
- Immediate-or-Cancel-Orders verlangen ebenfalls eine sofortige Ausführung, gestatten aber eine *Teilausführung*; der nicht zum Zuge gekommene Teil der Order erlischt.

Jede Order muß als Positionseröffnung (Opening Transaction) oder Positionsschließung (Closing Transaction) gekennzeichnet werden. Wie bei Aktienoptionen können auch bei Optionen auf den Bund-Futures kombinierte Aufträge erteilt werden. Solche Aufträge müssen in jedem Fall mit einem Kurslimit versehen werden.

Als Kombinationen können an der DTB Spreads, Straddles, Strangles, Conversions und Reversals mit den Orderzusätzen Fill-or-Kill oder Immediate-or-Cancel gehandelt werden.

Die Zusammenführung (Matching) der Aufträge wird vom vollelektronischen System der DTB vorgenommen. Das System führt den Geschäftsabschluß zwischen Käufer und Verkäufer automatisch herbei. Limitierte und teilausgeführte Aufträge werden im System bis zur Ausführung oder bis zum Ablauf ihrer Gültigkeit gespeichert.

4.6 Prämienabrechnung

Mittels des täglichen von der DTB festgelegten Settlement Price werden alle offenen Positionen nach Börsenschluß bewertet, Gewinne und Verluste verrechnet und die erforderliche Initial Margin neu festgelegt. Da dieses Verfahren stark an die Margin-Berechnung bei Futures angelehnt ist, spricht man hier auch vom Futures-Style-Margining oder Futures-Style-Premium-Posting-Margining.

Der Käufer einer Option profitiert von steigenden Optionspreisen, wogegen der Verkäufer mit fallenden Optionspreisen Gewinne erzielt. Bei Ausübung oder Verfall bezahlt der Käufer den Preis, der dem Settlement Price des Ausübungs- oder Verfalltags entspricht. Die Differenz zwischen dem Einstandspreis der Option und dem Settlement Price des Glattstellungs-, Ausübungs- oder Verfalltags wird fortlaufend in Form von Variation Margins dem Kundenkonto belastet oder gutgeschrieben.

Beispiel:

1. Tag
Kauf von 5 Dezember-Bund-Futures-Calls
Basispreis: 85,00 Optionspreis 1,00
Settlement Price: 1,10
5 x 10 x DM 25,– = DM 1.250,–

Der Käufer erhält eine Gutschrift in Höhe von DM 1 250. Der Verkäufer der Option wird mit demselben Betrag belastet.

2. Tag Settlement Price: 1,25
5 x 15 x DM 25,– = DM 1.875,–

Der Käufer profitiert auch an diesem Tag von der Position und erhält eine Gutschrift, die dem Verkäufer wiederum in gleicher Höhe belastet wird.

3. Tag
Der Käufer entschließt sich zur Ausübung der Option.
Settlement-Price: 1,50
5 x 25 x DM 25,– = DM 3.125,–

Dieser Betrag wird dem Käufer wieder gutgeschrieben und dem Verkäufer belastet. Im Anschluß daran wird die zu leistende Prämie ermittelt.

5 x 150 x DM 25,– = DM 18.750,–

Die Prämie in Höhe von DM 18.750,– wird vom Käufer der Option eingezogen und steht dem Verkäufer zur Verfügung. Diese Methode ist vor allem für den Käufer von Optionen kostengünstiger. Der spätere Prämieneinzug bedeutet eine Schonung der Liquidität. Außerdem werden Gewinne, über die umgehend verfügt werden kann, und Verluste sofort realisiert.

4.7 Margining

Die DTB zieht beim Risk-Based-Margining alle auf einen Basiswert bezogenen Options- und Futurespositionen eines Börsenteilnehmers zusammen und ermittelt das Gesamtrisiko. Das Risiko von Optionen auf den Bund-Futures – und damit die Margin – wird errechnet, indem der Gewinn bzw. Verlust einer Optionsposition bei einer maximal angenommenen Kursbewegung des Basiswerts bis zum nächsten Börsentag ermittelt wird. Dazu legt die DTB täglich mittels der historischen Volatilität des Basiswerts Margin-Intervalle für den Futures fest. Anhand der hieraus errechneten theoretischen Optionspreise und des Settlement Price ermittelt die DTB den maximal erwarteten Verlust für den nächsten Handelstag. Dieser ist in Form geeigneter Sicherheiten als Margin zu hinterlegen.

Durch die Zusammenfassung aller Positionen eines Basiswerts ergibt sich z. B. ein Vorteil beim Hedging von Futurespositionen mittels Optionen auf den Futures. Würde die Kombination aus Risk-Based-Margining und Futures-Style-Margining nicht angewandt werden, könnte der Inhaber einer solchen gehedgten Position bei einer starken Marktbewegung gezwungen sein, diese aufzulösen, um dem Margin-Erfordernis im Futures nachzukommen, da ihm keine ausgleichenden

Gutschriften aus der Optionsposition zur Verfügung stehen. Beim Risk-Based-Margining dagegen können Margin-Reduzierungen in der Optionsposition dazu verwendet werden, Verluste in der Futuresposition auszugleichen: Die durch verminderte Sicherheitsleistungen freigewordenen Mittel der Börsenteilnehmer können die Liquidität der Börse steigern, ohne das Risiko der Clearing-Stelle zu erhöhen.

Bei Liffe-Bund-Optionen werden Marginverpflichtungen nach dem Delta-Based-Margining-Verfahren errechnet. Margins sind an beiden Börsen sowohl für Long- als auch für Shortpositionen zu hinterlegen.

4.8 Ausübungsmodalitäten

Optionen auf den DTB-Bund-Futures sind Optionen amerikanischen Stils. Der letzte Handelstag ist zugleich der letzte Ausübungstag.

Die DTB nimmt bei Verfall keine automatische Ausübung der „in-the-money"-Optionen vor. Sie würde andernfalls die Handelsteilnehmer den Risiken und Verpflichtungen einer Futuresposition aussetzen.

Eine Ausübung ist an jedem Börsentag bis zum letzten Handelstag während der Laufzeit möglich. Eine vorzeitige Ausübung empfiehlt sich in der Regel nicht, weil dadurch der Zeitwert verloren ginge.

Übt der Käufer eines Calls auf den Dezember-Bund-Futures seine Option aus, wird er am darauffolgenden Börsentag zum vereinbarten Basispreis Käufer eines Dezember-Bund-Futures. Zuvor wird von der DTB

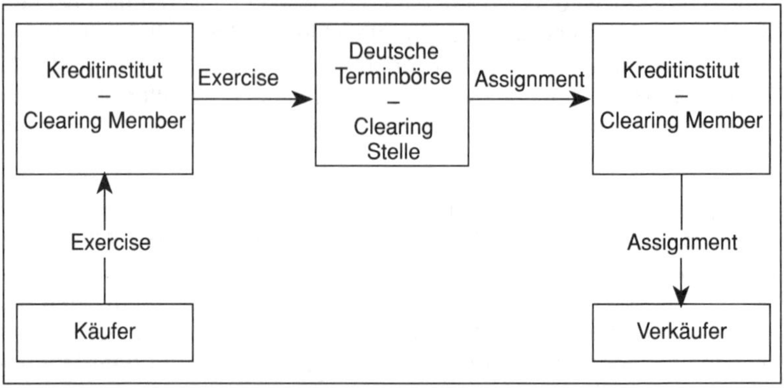

Abbildung 75: Ausübung einer DTB-Bund-Futures-Option

das Prämienkonto ausgeglichen, das heißt, Gewinne bzw. Verluste des Tages werden gutgeschrieben oder belastet, die Prämie in Form des Settlement Price wird eingezogen und dem Verkäufer gutgeschrieben.

Die DTB teilt dann mittels eines Zufallverfahrens einen entsprechenden Verkäufer zu, der zum vereinbarten Basispreis Verkäufer des Dezember-Bund-Futures wird.

Übt der Käufer eines Puts auf den Dezember-Bund-Futures seine Option aus, erhält er am darauffolgenden Börsentag zum vereinbarten Basispreis eine Shortposition im Dezember-Bund-Futures. Für die neuen Futures-Positionen sind sofort Margins zu hinterlegen, die mit den bereits geleisteten Sicherheiten aus der ausgeübten Optionsposition verrechnet werden.

Würde ein Call am letzten Handelstag der Option ausgeübt, verblieben den Kontrahenten noch etwa drei Wochen, den erworbenen Futures an einem zu diesem Zeitpunkt noch genügend liquiden Markt glattzustellen und somit eine Lieferung zu vermeiden.

4.9 Vergleich der Kontraktspezifikationen

Tabelle 25: Gegenüberstellung der Kontraktspezifikationen von Bund-Futures und Bund-Futures-Optionen

Instrumente	Bund-Futures (mittel- und langfristig)	Bund-Futures-Option (mittel- und langfristig)
Basiswert	DM 250.000,– nominal einer idealtypischen 6%igen Bundesanleihe	mittel- bzw. langfristiger Bund-Futures, dessen Liefermonat unmittelbar auf den Verfallmonat der Option folgt
Notierung	per DM 100,– nominal	0,01 oder ein Vielfaches
Tick	0,01 Punkte = DM 25,–	0,01 Punkte = DM 25,–
Handelszeit	8.00 Uhr – 17.30 Uhr	8.00 Uhr – 17.30 Uhr
Basispreis-intervalle	–	langfristige Bund-Option 50 Ticks = 0,5 Punkte
		mittelfristige Bund-Option 25 Ticks = 0,25 Punkte
Anzahl Basispreise bei Einführung	–	9
Liefermonate/ Verfallmonate	März, Juni, September, Dezember	März-Option: Februar Juni-Option: Mai September-Option: August Dezember-Option: November
Handelbare Monate	die nächsten drei Monate aus obigem Zyklus	die nächsten drei Monate aus obigem Zyklus
Letzter Handelstag	2. Börsentag vor dem Liefertag um 12.30 Uhr	6. Börsentag vor 1. Kalendertag des Liefermonats
Ausübung	–	– möglich bis einschließlich letztem Handelstag – keine automatische Ausübung durch die DTB
Liefertag/ Erfüllungstag	10. Kalendertag des Liefermonats, u. U. der darauffolgende Börsentag	Börsentag nach Ausübung
Erfüllung	Käufer: Zahlung des Abrechnungspreises gegen Erhalt der Anleihe Verkäufer: Lieferung der Anleihe gegen Erhalt des Abrechnungspreises	Eröffnung der entsprechenden Futures-Positionen
Verfalltag	–	Börsentag nach dem letzten Handelstag

Kapitel 10

Devisengeschäfte

1. Einleitung

Im Gegensatz zu Sorten, worunter man ausländische Banknoten und Münzen versteht, sind Devisen:

- bei Banken im Ausland in deren Währung unterhaltenes Buchgeld sowie
- in fremder Währung ausgestellte Schecks und Wechsel.

Gegenstand des Devisenhandels sind Forderungen und Verbindlichkeiten in fremder Währung.

Der Devisenhandel in seiner heutigen Form begann um 1880 durch die Möglichkeit, ausländische Zahlungen auf einem Konto im Ausland gutschreiben zu lassen. Vom damaligen Goldstandard, worin die Währungsreserven in Gold gehalten wurden, ging man 1944 in Bretton Woods über zum Gold-Devisen-Standard, bei dem die offiziellen Währungsreserven aus Gold und Reservewährungen (USD) bestanden, die jederzeit in Gold getauscht werden konnten. Schon Anfang der 60er Jahre vereinbarte man, wegen schwindender Goldreserven, auf einen Umtausch des Dollars in Gold zu verzichten. Im August 1971 wurde die Goldkonvertibilität völlig aufgehoben. Die wichtigsten Währungen gingen über zum Floaten.

Der Devisenhandel muß für eine termingerechte Bereitstellung der Devisen im Ausland sorgen und Fremdwährungsbeträge aus dem Ausland in Inlandswährung umtauschen können. Der Devisenkurs ist der Preis, den man für eine fremde Währung bezahlt oder erhält. Bei flexiblen Wechselkursen kommt eine Preisbildung ausschließlich durch das Zusammenspiel von Angebot und Nachfrage zustande.

Im Devisenhandel unterscheidet man Kassa-, Termin- und Optionsgeschäfte.

2. Kassageschäfte

Der Devisen-Kassahandel basiert auf der Verpflichtung der beiden Kontrahenten eines Devisengeschäfts, sich am 2. Arbeitstag nach dem Handelstag die gehandelten Beträge zur Verfügung zu stellen.

2.1 Mengen-, Preisnotierung

Devisenkurse können auf zwei Arten festgestellt werden:

- **Preisnotierung:** die Notierung, bei der der Preis in Inlandswährung angegeben wird, der für eine feststehende Einheit der Auslandswährung zu zahlen ist. FRF 100 = DEM 29,28
- **Mengennotierung:** die Notierung, die angibt,welche Menge einer ausländischen Währung aufzuwenden ist, um eine feststehende Einheit an inländischer Währung zu erhalten. USD 1,55 = GBP 1

Im internationalen Kassahandel wird der Dollar rund um die Uhr gegen verschiedene Währungen gehandelt. Teilnehmer sind Zentralbanken, Geschäftsbanken, Devisenmakler und Unternehmen bzw. Privatkunden. Die Devisenmakler fungieren als eine Art zentraler Erfassungsstelle (ersetzen das Börsenparkett) von Angebot und Nachfrage durch den ständigen telefonischen Kontakt mit einer Vielzahl von Handelsabteilungen in Banken. Permanent werden im Markt auf Anfrage Geld- und Briefkurse gestellt, die nur in dem Moment der Notierung Gültigkeit haben, da der Kurs sich ständig ändern kann.

2.2 Cross-Rate

Seit der Einführung der Konvertierbarkeit aller europäischen Währungen Ende 1958 ist es üblich geworden, die Währungen fast nur noch gegen US-Dollar zu handeln und nicht mehr gegeneinander. Will aber z. B. ein Kunde einen Yen-Betrag nicht gegen US-Dollar, sondern gegen D-Mark handeln, kann man den Kurs durch einen Dreisatz ermitteln.

Beispiel

USD gegen DEM : 1,9540 – 1,9550 (An- bzw. Verkaufskurs)
USD gegen JPY : 143,80 – 143,90
Wieviel DEM kosten JPY 100?
JPY 143,80 = USD 1
USD 1 = DEM 1,9550

$$\frac{1{,}9550}{143{,}80} \times 100 = 1{,}3595 \text{ Verkaufskurs JPY/DEM}$$

Das heißt 100 JPY kosten DEM 1,3595.

Dies wird auch Cross-Rate genannt, da man den Geld- bzw. Briefkurs des Dollars gegen D-Mark „über Kreuz“ (Cross) dividiert durch den Geld- bzw. Briefkurs des Dollars gegen Yen.

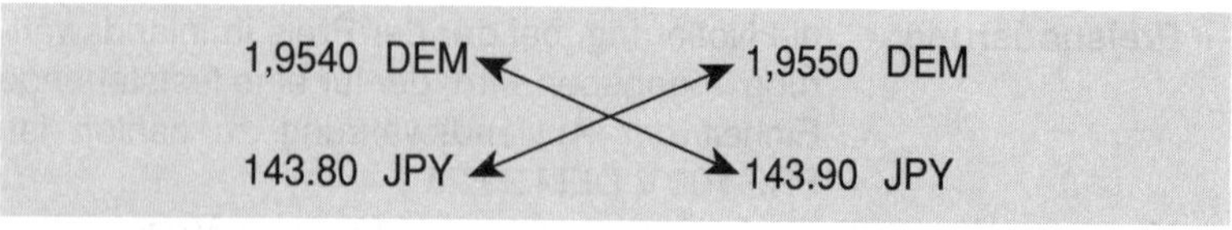

Diese Vorgehensweise gilt für alle preisnotierten Währungen. Bei mengennotierten Währungen werden die jeweiligen Geld- bzw. Briefkurse miteinander multipliziert.

USD/DEM	1,9540	–	1,9550
	×		×
GBP/USD	1,5505	–	1,5510
= GBP/DEM	3,0297	–	3,0322

3. Termingeschäfte

3.1 Traditionelles Termingeschäft

Im Gegensatz zum Kassahandel, dessen Erfüllung 2 Arbeitstage nach dem Abschluß zu erfolgen hat, werden Devisentermingeschäfte zu einem späteren, fest vereinbarten Termin erfüllt. Der Kurs der auf Termin gehandelten Währung wird aber bereits am Abschlußtag festgelegt.

3.2 Allgemeine Bedeutung

Die Funktion des Devisenterminhandels besteht allgemein betrachtet darin, den Teilnehmern an Handels- oder Finanztransaktionen, die längerfristig zu erfüllen sind, eine feste Kalkulationsbasis zu schaffen und jegliches Wechselkursrisiko auszuschalten.

3.3 Notierung der Terminkurse

Auf dem Terminmarkt herrschen die gleichen Usancen wie beim Kassamarkt, jedoch werden keine Terminkurse als solche notiert. Der professionelle Handel arbeitet lediglich mit den Auf- bzw. Abschlägen zwischen den Kassa- und Terminkursen der jeweiligen Währung, d. h., gestellt und gehandelt werden nur die Deports bzw. Reports einer Währung gegenüber einer Fremdvaluta. Diese Deports und Reports werden auch als Swapsätze bezeichnet.

3.4 Beeinflussung der Terminkurse

Die Einschätzung der Devisenterminkurse wird beeinflußt:

- durch die Zinsdifferenz der beiden gegeneinander gehandelten Währungen in Zeiten einer währungspolitisch ruhigen Situation;
- durch Spekulationsgeschäfte, die als Angebot und Nachfrage auf dem Devisenterminmarkt zusammentreffen in Erwartung von Auf- oder Abwertungen, oder bei starken Veränderungen der wirtschaftlichen oder politischen Situation eines Landes.

In Zeiten einer währungspolitisch ruhigen Situation kann man davon ausgehen, daß die Devisenterminkurse allein durch die Zinsdifferenz der beiden gegeneinander gehandelten Währungen bestimmt werden.

Beispiel 1

Terminkurs = Kassakurs

Der Terminkurs und der Kassakurs einer Währung sind gleich (pari). Dieser Fall ist äußerst selten anzutreffen:

Kassakurs USD/DEM	=	DEM 1,7593
Terminkurs USD/DEM	=	DEM 1,7593
		DEM – 0 –

(Zinssatz gleich für USD und DEM)

Beispiel 2

Terminkurs niedriger als Kassakurs
Eine Währung wird per Termin niedriger bewertet als per Kasse:

Kassakurs USD/DEM	=	DEM 1,7593
Terminkurs für 3 Monate USD/DEM	=	DEM 1,7428
Abschlag	=	DEM 0,0165

(USD Zins: 8,75%, DEM Zins: 5%)
Diesen Abschlag nennt man Deport (auch Disagio oder Discount).

Beispiel 3

Terminkurs höher als Kassakurs
Eine Währung wird per Termin höher bewertet als per Kasse:

Kassakurs CHF/DEM	=	DEM 118,98
Terminkurs für 3 Monate CHF/DEM	=	DEM 119,20
Aufschlag	=	DEM 0,22

(CHF Zins: 4,25%, DM Zins: 5%)
Diesen Aufschlag bezeichnet man als Report (auch Agio oder Premium).

In den vorgenannten Fällen wurde beim Vergleich Kassakurs/Terminkurs der Einfachheit halber nur von dem Mittelkurs ausgegangen. Aber genau wie es bei den Kassakursen An- und Verkaufskurse gibt, existieren diese auch für Terminkäufe und -verkäufe.

Beispiel 4

Terminverkauf einer Bank mit Kursabschlag (Deport).
Ein Kunde will von der Bank USD 1 Mio zum heute vereinbarten Kurs in 3 Monaten geliefert haben.

Der Kassakurs USD im Freiverkehr (Telefonhandel) steht z. B. bei:

DEM		DEM
1,7600	–	1,7610
(Geld)		(Brief)

Die Zinsen in den USA liegen für 3-Monats-Gelder bei 8,75% für USD, in der Bundesrepublik Deutschland bei 5,0% auf DM. Es besteht eine Zinsdifferenz in Höhe von 3,75% p. a. zwischen beiden Ländern zugunsten des US-Dollars.

Um das Termingeschäft mit dem Kunden in 3 Monaten abzuwickeln, könnte die Bank heute den erforderlichen Betrag in US-Dollar anschaffen und ihn bis zum Erfüllungstag in 3 Monaten zu 8,75% anlegen. Die Bank würde so 3,75% p. a. mehr an Zinsen erhalten, als sie im Inland für eine DM-Anlage erhalten hätte. Die Zinsdifferenz wird die Bank nun an den Kunden in Form eines günstigeren Kurses (durch Deport) weitergeben. Zuvor muß allerdings die Zinsdifferenz von 3,75% p. a. als Satz für 3 Monate (Fälligkeit des Termingeschäfts) umgerechnet werden, um dann als Deport beim Briefkurs Berücksichtigung zu finden.

Beispiel

12 Monate = 3,75%
3 Monate = X

X = 0,9375% effektiv

Der Terminkurs (für dieses Geschäft) ergibt sich somit:

	100 %	Briefkurs	=	DEM 1,7610
·/·	0,9375%	Deport	=	DEM 0,0165
=	99,0625%	Devisentermin-Briefkurs für 3-Monats-USD	=	DEM 1,7445

3.5 Futures

Der Handel auf Devisen-Terminkontrakte am International Monetary Market (IMM), einer Abteilung der Chicago Mercantile Exchange (CME), begann am 16. Mai 1972. Die wesentlichen Unterschiede zum traditionellen Termingeschäft sind:

– Die Kontraktmonate, die Kontraktgröße und die Laufzeiten sind standardisiert.

- Die Devisen-Futures werden indirekt (amerikanisch) notiert, d. h., der Preis einer Einheit inländischer Währung (z. B. DM) wird in ausländischer Währung ausgedrückt (1 DM = 0,55 US-Dollar).
- Der Handel findet nur zu festen Börsenzeiten statt.
- Die Differenz zwischen Kassa- und Terminkurs wird nicht Swap, sondern Basis genannt.
- Das Kontrahentenrisiko fällt weg.
- Das Clearing-Haus garantiert die Erfüllung der Kontrakte.
- Risiken werden durch Marginberechnungen und Einschußzahlungen kontrolliert.
- Ein anonymes Handeln ist gewährleistet.

Bei einer Andienung aus Futures-Kontrakten bezahlt jeder Käufer den Abrechnungspreis für die Kontraktwährung in US-Dollar und erhält dafür die im Kontrakt festgelegte Einheit der Fremdwährung. Der Verkäufer liefert die Fremdwährung und erhält dafür den Abrechnungspreis in US-Dollar.

4. Optionsgeschäfte

4.1 Optionen auf Kassageschäfte

Devisenoptionen können in zwei Klassen eingeteilt werden: in Optionen auf Kassageschäfte und Optionen auf Futures. Die Optionen auf Kassageschäfte können dann noch einmal unterteilt werden in OTC-Optionen (standardisierte bzw. nicht standardisierte) und börsengehandelte Optionen.

4.1.1 Nicht standardisierte OTC-Optionen auf Kassageschäfte

Nicht standardisierte OTC-Optionen (Over-the-Counter-Optionen) unterliegen keinerlei formalen Beschränkungen. Basispreis, Kontraktgröße und Laufzeit werden zwischen zwei Partnern ausgehandelt. In der Praxis haben sich am OTC-Markt jedoch Regeln gefunden (LICOM-Terms). Nicht standardisierte OTC-Optionen können auf jede Währung, jede Laufzeit und jeden Strike-Preis gehandelt werden, sofern ein Markt vorhanden ist. Diese Freiheit macht den Markt interessant für große

Firmen, die maßgeschneiderte Optionen als Alternative zum Termingeschäft den standardisierten Optionen vorziehen. Nicht standardisierte OTC-Optionen werden in der europäischen und amerikanischen Version angeboten. Die größte Markttiefe wird bei at-the-money Optionen und bei Optionen erreicht, die auf wichtige Währungen wie USD, DEM, GBP, JPY und CHF lauten und Laufzeiten unter einem Jahr aufweisen. Der Nachteil des nicht standardisierten OTC-Markts ist seine mangelnde Liquidität bei Optionen, die tief im oder weit aus dem Geld liegen. Denn im Gegensatz zu den Börsen, an denen es für eine einmal eröffnete Serie immer einen Preis geben wird, besteht im OTC-Markt diese Usance nicht. Der Nachteil der OTC-Optionen: Es ist eine Vereinbarung zwischen Bank und Kunde, der Kontrahent ist kein anonymer Vertragspartner. Die Bank kennt die Position des Kunden.

4.1.2 Standardisierte OTC-Optionen auf Kassageschäfte (Beispiel: Commerzbank – Devisenoptionen)

Um eine höhere Liquidität und Effizienz als nicht standardisierte OTC-Optionen bieten zu können, ist die Commerzbank-Devisenoption in bezug auf Kontraktgröße, Basispreis, Laufzeit, etc. standardisiert. Sie ähnelt damit einer börsengehandelten Devisenoption, Kontrahent und Vertragspartner aller Geschäfte ist jedoch die Commerzbank. Die aktuellen Preise werden z. Z. ausschließlich über hausinterne Systeme veröffentlicht.

Der Vorteil für den Kunden gegenüber nicht standardisierten Optionen oder Optionsscheinen besteht darin, daß im Handelssystem der Commerzbank während der Handelszeit ständig on-line auf stets aktuell berechneter Basis Optionspreise zum Kauf oder Verkauf in allen einmal eröffneten Strikes zur Verfügung gestellt werden. Zusätzlich sind alle Berechnungswerte für Volatilitäten, Zinswerte und Kassakurse über Bildschirm abrufbar. Für Short-Positionen werden die Risiken der Terminposition durch eine Sicherheitsleistung (Margin) abgedeckt. Alle offenen Positionen in Commerzbank-Devisenoptionen werden dann unter einer einzigen Risikoposition mit allen anderen offenen Options- und Futuresgeschäften zusammengefaßt, um ein aktives Risk-Management betreiben zu können. Die Commerzbank-Devisenoptionen sind ausschließlich Optionen europäischen Stils und werden cash in DEM gesettled. Limitierungen sind nicht möglich.

Herstellen eines Absicherungsbereichs (FENCE):

Gegenstand eines „Fence“ (wörtlich: Zaun) ist die Finanzierung der Prämie, die für den Kauf eines Puts zur Absicherung aufgebracht werden muß, durch den Verkauf eines Calls.

Hat ein Anleger ein Dollar-Portefolio, wird er nach einem starken Anstieg des Dollar interessiert sein, sich diesen gestiegenen Wert zu sichern. Das kann er durch den Kauf eines Puts. Dafür muß jedoch zur Zahlung der Prämie Geld aufgewendet werden. Um diese Kosten zu reduzieren, ist der Investor bereit, auf weitere eventuelle Kurssteigerungen zu verzichten.

Daher verkauft er einen Call. Bei einem Kassakurs des Dollar von DEM 1,80, will der Anleger seine Position auf jeden Fall bei DEM 1,7750 abgesichert wissen, und zahlt daher für einen Put Basis DEM 1,7750 Laufzeit 3 Monate 0,0300 Punkte, das bedeutet DEM 1.500 (USD 50.000 x 0,0300 = DEM 1.500). Um die Kosten zu reduzieren, ist er bereit, auf Kurssteigerungen über DEM 1,8250 hinaus zu verzichten und verkauft einen Call Basis DEM 1,825 mit 3 Monaten Laufzeit für 0,0400 Punkte, er erzielt also DEM 2.000 (USD 50.000 x 0,0400 = DEM 2.000).

Er „zäunt“ damit seine Position ein: Bei fallenden Kursen unter DEM 1,7750 werden Verluste in der Kassaposition aufgefangen durch Gewinne des Puts; bei Kurssteigerungen über DEM 1,825 hinaus werden Gewinne aus der Kassaposition reduziert durch Verluste des Calls. Gleichwohl verbleibt ihm aus der Differenz der beiden Optionsprämien eine zusätzliche Einnahme von DEM 500 (DEM 2.000 ·/· DEM 1.500). Effektiv liegt sein Absicherungskurs bei DEM 1,7850 (Basispreis DEM 1,7750 + 0,0100 positive Differenz Call/Put). Seinen größtmöglichen Gewinn erzielt der Investor bei DEM 1,8250 (Basispreis DEM 1,8250 + DEM 500,– positive Prämien-Differenz). Analog kann sich ein Investor auch einen Absicherungsbereich für den Kauf von Dollars durch den Kauf eines Calls und den Verkauf eines Puts aufbauen. Vorausgesetzt werden muß allerdings jeweils, daß ein Investor eine entsprechende Dollarposition tatsächlich plant oder bereits besitzt, da sich ansonsten aus der verkauften Optionsposition ein theoretisch unbegrenztes Verlustrisiko ergibt.

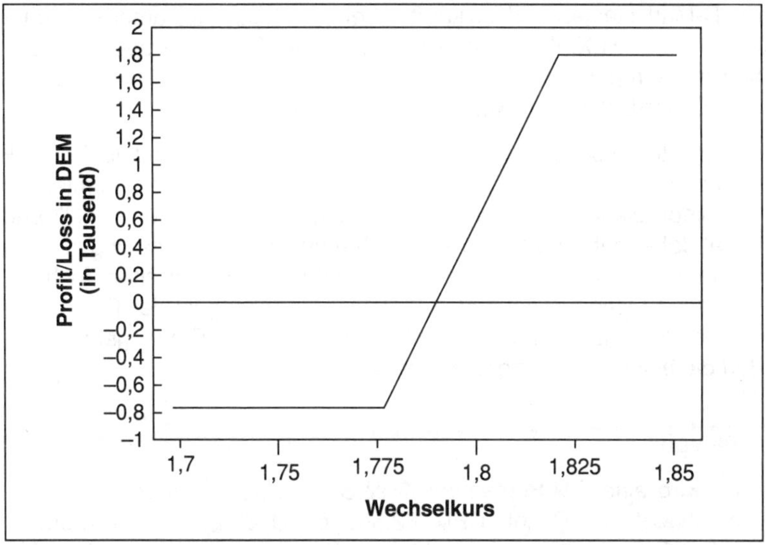

Abbildung 76: Fence

4.1.3 Börsengehandelte Optionen auf Kassageschäfte

Diese sind standardisiert, was Laufzeit, Strike-Preis, Kontraktgröße und Zahlungsabwicklung betrifft. Sie können nur zur jeweiligen Börsenzeit gehandelt werden. Der Vorteil der Börsenoptionen ist, wie bereits erwähnt, die höhere Transparenz des Marktes, da Preise jederzeit über Reuters oder andere Informationssysteme abgerufen werden können. Ebenso werden die Preise am nächsten Tag in diversen Zeitungen publiziert. Der Handel unterliegt natürlich den strengen Richtlinien der jeweiligen Börse. Das heißt auch, daß keine Kreditlinien erforderlich sind, da – wie bei allen Börsenoptionen – das Clearing-Haus die Erfüllung der Kontrakte garantiert. Risiken werden durch Margin-Berechnungen und Einschuß-Zahlungen kontrolliert. Devisenoptionsbörsen bestehen in Chicago und Philadelphia. Die jeweiligen Währungen werden immer gegen US-Dollar notiert.

Grundsätzlich ist zu beachten, daß außerhalb der USA für OTC- und Börsenoptionen meistens die europäische Kotierung verwendet wird. Dies bedeutet, daß bei der Festlegung von Strategien umgedacht werden muß. Glaubt z. B. der Anleger, daß der Kurs des Dollars gegenüber der D-Mark steigen wird, so kauft er bei einer Option mit amerikanischer Kotierung (PHLX, IMM) eine DM-Put-Option. Erwirbt er aber eine Option mit europäischer Kotierung , so muß er für die gleiche Strategie eine Dollar-Call-Option kaufen (vergl. Kapitel 5).

Die größte Börse für Kassa-Devisenoptionen ist die Philadelphia Stock Exchange, die dem SEC-Recht (Securities and Exchange Commission) unterliegt; diese ist wiederum direkt dem Bundesrecht unterstellt und bietet daher sehr große Sicherheit. Wie aus der Kurskotierung im Wall Street Journal zu ersehen ist, werden neben amerikanischen auch europäische Optionen gehandelt. Letzter Handelstag ist der Freitag vor dem dritten Mittwoch des Verfallmonats. Über die Clearingstelle werden die beiden Währungen ausgetauscht:

Beispiel 1

Es wird eine DM-September 46er Strike Kaufoption gekauft. Sie beinhaltet das Recht, DEM 62.500 für USD 28.750 zu kaufen (62.500 x USD 0,46 = USD 28.750). Der Verkäufer hingegen muß bei Ausübung DEM 62.500 liefern gegen Erhalt von USD 28.750.

Beispiel 2

Eine Pfund Sterling Kaufoption (Strike 160) notiert zu 0,70 Cent pro Pfund. Eine Option kostet dann USD 0,007 x 31.250 = USD 218,75.(Kontraktgröße GBP 31 250, siehe Tabelle 27).

Typische Käufer von börsennotierten Put-Optionen auf die DM sind Importeure sowie Anleger, die einen zukünftigen DM-Eingang in Dollar anlegen möchten und sich vor einem steigenden Dollar schützen wollen.

Beispiel 3

Ein Importeur hat zu einem späteren Termin eine Zahlung in USD abzuwickeln. Er möchte sich vor einem steigenden Dollarkurs schützen. Er entscheidet sich für eine Absicherung an der Philadelphia Exchange (PHLX). Hier wird der Preis einer DEM in USD ausgedrückt. Um sich vor einem steigenden Dollarkurs zu schützen, muß er DEM Put-Optionen kaufen.

Mit dem Kauf von Put-Optionen erwirbt er das Recht, DEM 62.500 pro Kontrakt per März zum Kurs von USD 0,58 (Basispreis) zu verkaufen. Er zahlt dafür eine Optionsprämie von Cent 1,58 oder USD 0,0158 pro DEM.

Preisbeispiele von Put-Optionen

Durch den Kauf einer Put-Option hat sich der Importeur einen festen Preis gesichert, den er als Gundlage für seine Kalkulation nehmen kann (und zu dem er USD beziehen kann):

Beispiel

	Prämie der Verfallmonate in Cent	
Basispreis in USD	Februar	März
0,58	1,52	1,58
0,59	2,30	2,80

0,58 abzüglich der Optionsprämie (USD 0,0158) = DEM/USD 0,5642 = USD/DEM 1,7724.

a) Der USD/DEM-Kurs ist am Verfalltag 1,90.Der Importeur übt seine Put-Option aus und verkauft DEM (kauft USD) zum Kurs von USD/DEM 1,7724.

b) Der USD/DEM-Kurs ist am Verfalltag 1,50.Nun ist die Put-Option wertlos. Der Importeur läßt sie daher verfallen und kauft USD am Markt. Dabei erzielt er einen Gewinn, der sich allerdings durch die bereits bezahlte Prämie (DEM/USD 0,0158) verringert.

c) Der USD/DEM-Kurs ist am Verfalltag 1,7250.Der USD-Kurs ist relativ stabil geblieben.Für den Importeur ist es gleichgültig, ob er die Option ausübt oder die USD am Markt kauft. Die gezahlte Prämie hatte in diesem Fall die Funktion einer Absicherungsprämie.

Beispiel 4

Ein Sockenhersteller in den USA hat im Laufe des Monats August aufgrund einer Lieferung einen DEM-Betrag von 500.000 zu erwarten, den er sichern möchte, weiß aber das genaue Datum nicht, zu dem er den DEM-Ertrag erhält. Der momentane Kassekurs (01. März) ist bei Cent 58,50, der Futures September notiert bei Cent 58,70. Der Fabrikant will sich gegen fallende DEM-Kurse schützen. Folgende Möglichkeiten würden sich anbieten, sein Währungsrisiko mit Futures oder börsennotierten Optionen abzusichern.

1. Er verkauft 4 DEM Kontrakte am IMM, Fälligkeit September bei Cent 58,70.
2. Er verkauft 8 DEM Calls, September an der PHLX, Basis Cent 59 zu Cent 1,60.
3. Er kauft 8 DEM Puts, September an der PHLX, Basis Cent 58 zu Cent 1,91.
4. Er kauft zur deltaneutralen Absicherung 16 Puts September PHLX Basis Cent 58,50 zu Cent 2,12.

Am 14.08. erhält der Fabrikant seine DEM. Folgende Kurskonstellation ist gegeben: Kassa Cent 54,00 und Futures Cent 54,03.

Was heißt das für seine Position, je nachdem wie er sich entschieden hat?

1. Er verkauft den erhaltenen DEM-Betrag in der Kasse bei Cent 54,00 und erleidet einen Kalkulationsverlust von $ 22 500 (58,50 – 54,00 = 4,50; 4,50 x 500.000 : 100). Gleichzeitig kauft er seine Short-DEM-Futures Position zurück mit Cent 54,03. Er verdient somit USD 23.350 (58,70 – 54,03 = 4,67, 467 Ticks x $ 12,50 x 4). Seine effektive Absicherung liegt bei Cent 58,67 (58,50 + 0,17), da die Basis stärker wurde.

Tabelle 26: Gewinn und Verlust

	Kasse	Futures	Basis
März	Long zu 58,50	Short zu + 58,70	– 0,20
August	Short zu 54,00	Long zu – 54,03	– 0,03
Gewinn/Verlust	**– 4,50**	**+ 4,67**	**0,17**

2. Die geschriebenen Calls verfallen wertlos.Der Fabrikant muß seine DEM in der Kasse bei Cent 54,00 verkaufen und erleidet einen Kalkulationsverlust von USD 22.500 (4,50 x 500.000 : 100), vermindert um seine Prämieneinnahme von USD 8.000 (160 x 6,25 x 8),d. h. effektiv USD 14.500.
3. Der Fabrikant wird seine Puts ausüben. Er kann seine DEM zum vorher vereinbarten Preis andienen, nämlich zu Cent 58,00. Abzüglich der bezahlten Prämien ist er somit ab Cent 56,09 gesichert. Im Vergleich zur effektiven Absicherung zum Futures steht er um USD 12.900 (58,67 – 56,09) schlechter.
4. Die Kasse notiert zu Cent 54,00. Die gekauften Puts notieren zu Cent 4,55 (5 Punkte Zeitwert). Deshalb entschließt sich der Fabrikant, die gekauften Puts nicht auszuüben, sondern am Markt zu verkaufen und gleichzeitig seine DEM in der Kasse zu verkaufen. In der Kassa-Position erleidet er einen Verlust von USD 22.500. In der Options-Position erzielt er einen Gewinn von USD 24.300 (455 – 212 = 243, 243 x 6,25 x 16).

4.2 Optionen auf Futures

Der Unterschied zu den Kassaoptionen besteht darin, daß bei Ausübung oder Andienung die Option in einem Futures-Kontrakt endet. Sowohl Käufer als auch Verkäufer der Optionen haben daran wenig Interesse. Daher werden beide versuchen, vor Ablauf der Option diese durch ein Gegengeschäft glattzustellen. Nur ein geringer Teil des Marktvolumens (z. B. am IMM ca. 5%) kommt tatsächlich zur Ausübung. Die Optionen auf Futures am IMM in Chicago haben in DEM, GBP, CHF, JPY und CAD die doppelte Kontraktgröße wie in Philadelphia (z. B. DEM 125.000, JPY 12.500.000).

Tabelle 27: Übersicht von Optionskontrakten der PHLX

		British Pound	Australian Dollar	Canadian Dollar	Deutsche Mark
zugrundeliegende Währungseinheiten	amerikanisch europäisch	GBP 31.250 GBP 31.250	A$ 50.000 A$ 50.000	C$ 50.000 C$ 50.000	DM 62.500 DM 62.500
Basispreisintervall		2 1/2 Cent	1 Cent	1/2 Cent	1 Cent *
Basispreis und Kursnotierung der Optionsprämie		Cents pro Einheit	Cents pro Einheit	Cents pro Einheit	Cents pro Einheit
Mindestveränderung (Tick) der Optionsprämie		.01	.01	.01	.01
Dollarbetrag des Ticks		$ 3.125	$ 5.00	$ 5.00	$ 6.25

		Swiss Franc	European Currency Unit	French Franc	Japanese Yen
zugrundeliegende Währungseinheiten	amerikanisch europäisch	SF 62.500 SF 62.500	ECU 62.500	FF 250.000 FF 250.000	Yen 6.250.000 Yen 6.250.000
Basispreisintervall		1 Cent *	2 Cent	1/4 Cent	1/100 Cent *
Basispreis und Kursnotierung der Optionsprämie		Cents pro Einheit	Cents pro Einheit	1/10 Cent pro Einheit	1/100 Cent pro Einheit
Mindestveränderung (Tick) der Optionsprämie		.01	.01	.02	.01
Dollarbetrag des Ticks		$ 6.25	$ 6.25	$ 5.00	$ 6.25

* Bei Optionen auf DM, JPY und CHF stehen für die ersten drei Verfallmonate Basispreise im Abstand von 1/2 Tick zur Verfügung.

Kapitel 11

Termingeschäfte in Deutschland

1. Zivilrechtliche Einordnung von Termingeschäften

1.1 Einführung

Forderungen, die sich aus Geschäftsabschlüssen ableiten lassen (zum Beispiel: Kauf, Miete), sind generell gerichtlich durchsetzbar. Das bedeutet, daß ein Geschäftspartner, der sich seinen vertraglichen Verpflichtungen entzieht, gerichtlich auf deren Erfüllung oder auf Schadensersatz in Anspruch genommen werden kann. Anders ist die Rechtslage bei Differenzgeschäften bzw. Termingeschäften.

Durch das Bürgerliche Gesetzbuch (§ 764 BGB) wird die Verbindlichkeit eines Differenzgeschäfts nicht begründet, d. h., es ist unverbindlich, ebenso sind nach dem Börsengesetz (§ 53 BörsG) Termingeschäfte grundsätzlich unverbindlich – d. h., nur termingeschäftsfähige Personen können auf Erfüllung des Termingeschäfts in Anspruch genommen werden. Gemeinsam ist beiden Regelungen der Zweck, bestimmte Personen vor dem Eingehen für sie nicht erkennbarer Risiken zu schützen.

Das Börsengesetz definiert nicht die Voraussetzungen eines Termingeschäfts. Es haben sich jedoch drei wesentliche Merkmale für ein Termingeschäft herausgebildet:

- Das Geschäft ist von beiden Seiten erst zu einem späteren Zeitpunkt zu erfüllen;
- Standardisierung oder Schablonisierung des Geschäfts;
- Verbindung zu einem Terminmarkt, der es erlaubt, das Termingeschäft durch den Abschluß eines Gegengeschäfts glattzustellen.

Die zurückhaltende Auslegung der gesetzlichen Vorschriften über Termingeschäfte durch die Rechtsprechung hat dazu geführt, daß sich bislang in der Bundesrepublik Deutschland ein funktionsfähiger Terminmarkt nicht entwickeln konnte. In Europa, vor allem aber in den USA und Fernost, existieren bereits seit Jahren Terminbörsen, deren Bedeutung in jüngster Zeit immer stärker sichtbar wurde. Die Abwanderung von Termingeschäften an diese Plätze und die dadurch drohende Abwanderung des Kassa-Handels machte 1989 eine Novellierung des Börsengesetzes mit der Zielsetzung erforderlich, in der Bundesrepublik Deutschland einen effektiven Terminhandel an einer Terminbörse zu ermöglichen.

1.2 Bisherige Rechtslage

Termingeschäfte konnten nur von Kaufleuten verbindlich abgeschlossen werden, die im Handelsregister eingetragen waren. Den Kaufleuten standen Personen gleich, die berufsmäßig Börsentermingeschäfte oder Bankiergeschäfte betrieben haben, oder Personen, die ihren ständigen Wohnsitz im Ausland hatten.

§ 53 (Verbindlichkeit von Börsentermingeschäften) alte Fassung

„(1) Das Geschäft ist verbindlich, wenn auf beiden Seiten als vertragschließende Kaufleute, die in das Handelsregister eingetragen sind oder deren Eintragung nach § 36 des Handelsgesetzbuches nicht erforderlich ist, oder eingetragene Genossenschaften beteiligt sind. Personen, deren Gewerbebetrieb über den Umfang des Kleingewerbes nicht hinausgeht, gehören, auch wenn sie in das Handelsregister eingetragen sind, nicht zu den Kaufleuten im Sinne dieser Vorschrift.

(2) Den in Absatz 1 bezeichneten Kaufleuten stehen gleich:

1. Personen, die zur Zeit des Geschäftsabschlusses oder früher berufsmäßig Börsentermingeschäfte oder Bankiergeschäfte betrieben haben oder zum Besuch einer dem Handel mit Waren der bei dem Geschäft in Frage kommenden Art oder einer dem Handel mit Wertpapieren dienenden Börse mit der Befugnis zur Teilnahme am Börsenhandel dauernd zugelassen waren.
2. Personen, die im Inland zur Zeit des Geschäftsabschlusses weder einen Wohnsitz noch eine gewerbliche Niederlassung haben.“

Merke:

§ 53 BörsG alte Fassung regelte, wer wirksam Termingeschäfte abschließen konnte und für wen Termingeschäfte unverbindlich waren. Diese Vorschrift wurde mit der Neufassung des Gesetzes inhaltlich grundlegend geändert .

Termingeschäfte, insbesondere das börsenmäßige Optionsgeschäft, konnten mit der Privatkundschaft nur betrieben werden über eine in der Praxis schwierig zu handhabende Sicherheitsleistung. Berief sich der Privatkunde auf die Unverbindlichkeit des Termingeschäfts, so konnte die Bank die ihr gestellten Sicherheiten verwerten.

Selbst Kaufleute waren nur termingeschäftsfähig für die an einer deutschen Börse zugelassenen Termingeschäfte (börsenmäßiges Optionsgeschäft, sog. offizielles Termingeschäft). Das Börsengesetz alter Fassung unterscheidet zwischen offiziellen und inoffiziellen Börsentermingeschäften. Offizielle Börsentermingeschäfte sind nur solche Termingeschäfte, die an einer deutschen Börse zugelassen sind (§ 50 BörsG). Alle anderen, insbesondere die an ausländischen Börsen abgeschlossenen Termingeschäfte, sind inoffizielle Termingeschäfte.

Hinsichtlich der nicht offiziellen Termingeschäfte konnten sich auch Kaufleute auf den sogenannten Spiel- und Differenzeinwand nach §§ 762, 764 BGB berufen.

Merke:

Termingeschäfte über Werte, die nicht zum Terminhandel zugelassen waren oder nur an einer ausländischen Börse per Termin gehandelt wurden (sogenannte inoffizielle Termingeschäfte), waren auch für Kaufleute unverbindlich. Deshalb konnte sich in der Bundesrepublik Deutschland ein aktives Termingeschäft auch in bezug auf ausländische Börsen nicht entwickeln.

§ 764 BGB (Differenzgeschäft)

„(1) Wird ein auf Lieferung von Waren oder Wertpapieren lautender Vertrag in der Absicht geschlossen, daß der Unterschied zwischen dem vereinbarten Preise und dem Börsen- oder Marktpreise der Lieferungszeit von dem verlierenden Teile an den gewinnenden gezahlt werden soll, so ist der Vertrag als Spiel anzusehen.

(2) Dies gilt auch dann, wenn nur die Absicht des einen Teiles auf die Zahlung des Unterschieds gerichtet ist, der andere Teil aber diese Absicht kennt oder kennen muß."

Diese Vorschrift besagt, daß das Differenzgeschäft wie ein Spiel angesehen wird. Die rechtliche Behandlung von Spielverträgen ist in § 762 Bürgerliches Gesetzbuch geregelt und lautet:

§ 762 BGB (Unvollkommene Verbindlichkeit)

„(1) Durch Spiel oder durch Wette wird eine Verbindlichkeit nicht begründet. Das auf Grund des Spiels oder der Wette Geleistete kann nicht deshalb zurückgefordert werden, weil eine Verbindlichkeit nicht bestanden hat.

(2) Diese Vorschriften gelten auch für eine Vereinbarung, durch die der verlierende Teil zum Zwecke der Erfüllung einer Spiel- oder einer Wettschuld dem gewinnenden Teile gegenüber eine Verbindlichkeit eingeht, insbesondere für ein Schuldanerkenntnis."

Nicht alle Differenzgeschäfte nach § 764 BGB sind Differenzgeschäfte im Sinne des Gesetzes. Nur Spekulationsgeschäfte, die keinen zusätzlichen wirtschaftlichen Zweck haben, gelten als Differenzgeschäfte im Sinne des § 764 BGB. Ein wirtschaftlicher Zweck kann beispielsweise darin liegen, daß ein Gewerbetreibender ein existierendes (Termin-) Risiko auf eine andere Person verlagert. Ein Differenzgeschäft nach § 764 BGB liegt dann nicht vor. In der Regel sind Differenzgeschäfte auch Termingeschäfte. Für termingeschäftsfähige Personen ist der Differenzeinwand dann ausgeschlossen(§ 58 BörsG).

Merke:

Spekulationsgeschäfte sind im Regelfall Differenzgeschäfte im Sinne des deutschen Rechts. Absicherungs- (Hedge-) Geschäfte sind keine Differenzgeschäfte, obwohl der Gewerbetreibende im Regelfall beabsichtigt, das Absicherungsgeschäft glattzustellen und einen etwaigen Verlust in der Kassaposition über die Differenzabrechnung im Termingeschäft aufzufangen.

Allerdings sind auch Hedge- oder Absicherungsgeschäfte für nicht termingeschäftsfähige Personen unverbindlich, wenn diese Geschäfte nicht nur Differenz-, sondern wie häufig auch Termingeschäfte sind. Sichert ein Privatkunde seine ausländischen Festverzinslichen durch ein Devisentermingeschäft ab, ist letzteres nach dem Börsengesetz alter Fassung unverbindlich, obwohl dem Geschäft keine Spekulationsabsicht zugrundeliegt, sondern ein Absicherungsbedürfnis besteht.

1.3 Rechtslage nach neuem Recht

Mit der Börsengesetznovelle, die am 1. August 1989 in Kraft getreten ist, wurden die gesetzlichen Voraussetzungen geschaffen, um einen erfolgreichen deutschen Terminhandel zu ermöglichen. Folgende Maßnahmen waren notwendig, um einen effektiven Terminmarkt zu schaffen:

- Ausweitung des Begriffes des Termingeschäfts;
- Einschränkung der Berufungsmöglichkeit von Privatpersonen auf den Differenz- und Termineinwand.

Der Begriff des Börsentermingeschäfts (1) ist erweitert und der neueren Entwicklung angepaßt worden. Grundsätzlich liegt ein Termingeschäft vor, wenn folgende Voraussetzungen erfüllt sind:

- das Geschäft ist erst zu einem zukünftigen,nicht notwendigerweise schon vorher konkret bestimmten Zeitpunkt zu erfüllen;
- der Geschäftsabschluß ist standardisiert;
- es besteht eine Verbindung zu einem Terminmarkt, der es erlaubt, das Geschäft jederzeit durch den Abschluß eines Gegengeschäfts glattzustellen.

Entfallen ist die Beschränkung des Begriffes Börsentermingeschäft auf Waren und Wertpapiere. Das war notwendig, um zum Beispiel Index-Futures erfassen zu können. Ferner ist eine Zulassung von Werten zum Terminhandel an einer Börse nicht mehr erforderlich. Es ist auch nicht mehr zwingende Voraussetzung, daß der Geschäftsabschluß an einer Börse erfolgt. Damit entfällt der Unterschied zwischen offiziellen und inoffiziellen Börsentermingeschäften. Verbindlich sind deshalb auch solche Geschäfte, die an einer ausländischen Börse oder an überhaupt keiner Börse abgeschlossen werden; das gilt insbesondere für Devisentermingeschäfte.

1.3.1 Termingeschäfte mit Kaufleuten

Eine grundlegende Änderung bringt die Neufassung des Börsengesetzes im Bereich der Termingeschäftsfähigkeit: Alle im Handelsregister eingetragenen und die nicht eingetragenen Kaufleute mit Sitz im Ausland sind nunmehr termingeschäftsfähig.

Dies gilt für sämtliche Termingegenstände, gleichgültig ob Aktien, Zinstitel, Devisen, Indizes oder Waren.

§ 53 Abs. 1 BörsG (Verbindlichkeit von Börsentermingeschäften) neue Fassung

„(1) Ein Börsentermingeschäft ist verbindlich, wenn auf beiden Seiten als Vertrag schließende Kaufleute beteiligt sind, die

1. in das Handelsregister oder Genossenschaftsregister eingetragen sind oder

2. nach § 36 des Handelsgesetzbuchs, im Falle einer juristischen Person des öffentlichen Rechts nach der für sie maßgebenden gesetzlichen Regelung, nicht eingetragen zu werden brauchen oder
3. nicht eingetragen werden, weil sie ihren Sitz oder ihre Hauptniederlassung außerhalb des Geltungsbereiches dieses Gesetzes haben.

Als Kaufleute im Sinne dieser Vorschrift gelten auch Personen, die zur Zeit des Geschäftsabschlusses oder früher gewerbsmäßig oder berufsmäßig Börsentermingeschäfte betrieben haben oder zur Teilnahme am Börsenhandel dauernd zugelassen waren."

1.3.2 Termingeschäfte mit Privaten

Nach der Neufassung sind für Privatpersonen Termingeschäfte, mit Ausnahme von Warentermingeschäften, verbindlich, wenn sie über die Risiken von Termingeschäften durch ein Informationsschreiben unterrichtet wurden. Das Informationsschreiben ist von dem Kunden vor Geschäftsabschluß zu unterschreiben.

Der „mündige Bürger" wird damit in die Lage versetzt, seine wirtschaftlichen Dispositionen uneingeschränkt in eigener Verantwortung zu tätigen, wenn ihm bei seinen Dispositionen ausreichende Erkenntnismöglichkeiten und Entscheidungsgrundlagen an die Hand gegeben werden.

Dabei handelt es sich um folgende Gruppen von Gegenständen bzw. Aggregaten:

Aktien (Equities), Zinstitel (Financial oder Interest Futures), Devisen, Indizes und Edelmetalle (Gold, Silber, Platin). Für alle anderen Waren (Nichtedelmetalle, Energiekomplex, Agrar- und Forstprodukte, d. h. die sogenannten „Soft Commodities") verbleibt es für Privatkunden (Nichtkaufleute) bei der Unverbindlichkeit der Termingeschäfte selbst dann, wenn der Privatspekulant oder -absicherer über die Risiken informiert wurde.

1.4 Information und Beratung des Kunden

Zur Gewährleistung eines ausreichenden Anlegerschutzes sieht das sogenannte Informationsmodell die schriftliche Unterrichtung des Kunden vor. Die Informationsschrift enthält demgemäß Hinweise auf die typischerweise mit Börsentermingeschäften verbundenen Risiken; es ist vor Abschluß eines ersten Geschäfts von nicht termingeschäftsfähigen Kontrahenten zu unterzeichnen. Im Handelsregister eingetragene Kaufleute, nicht eingetragene Kaufleute mit Sitz im Ausland oder Personen, die berufsmäßig Börsentermingeschäfte oder Bankiergeschäfte betreiben, sind schon von Gesetzes wegen termingeschäftsfähig und müssen die Informationsschrift nicht unterzeichnen. Vorsichtshalber sollte jedoch die Information auch von diesen Personen eingeholt werden. Für alle anderen Personen (das gilt auch für Personen, die ihren ständigen Wohnsitz im Ausland haben) sind Termingeschäfte nur verbindlich, wenn die Bank den Kunden vor Geschäftsabschluß schriftlich darüber informiert, daß

- die aus Börsentermingeschäften erworbenen befristeten Rechte verfallen oder eine Wertminderung erleiden können;
- das Verlustrisiko nicht bestimmbar sei und auch über etwaige geleistete Sicherheiten hinausgehen könne;
- Geschäfte, mit denen die Risiken aus eingegangenen Börsentermingeschäften ausgeschlossen oder eingeschränkt werden sollen (z. B.: Absicherungs- oder Glattstellungsgeschäft) möglicherweise nicht oder nur zu einem verlustbringenden Marktpreis getätigt werden können;
- sich das Verlustrisiko erhöht, wenn zur Erfüllung von Verpflichtungen aus Börsentermingeschäften ein Kredit in Anspruch genommen wird oder die Verpflichtung aus Börsentermingeschäften oder die hieraus zu beanspruchende Gegenleistung auf ausländische Währung lautet.

Merke:

Personen, die ihren ständigen Wohnsitz im Ausland haben, sind anders als nach der alten Rechtslage nicht termingeschäftsfähig. Sie müssen deshalb die Informationsschrift ebenfalls unterschreiben. Um Streitigkeiten zu vermeiden, empfiehlt es sich, von jedem Kunden die Informationsschrift unterzeichnen zu lassen. Um dem Gewöhnungseffekt entgegenzuwirken, hat der Gesetzgeber vorgesehen, daß die Informationsschrift erstmals nach einem Jahr und danach alle drei Jahre erneut vom Kunden unterzeichnet werden muß.

Die Informationsschrift enthält nur die gesetzlich vorgegebenen informationsbedürftigen Merkmale. Es ist zu beachten, daß aufgrund der besonderen Situation des Kunden der Anlageberater gehalten sein kann, zusätzliche Beratungs-, Auskunfts- oder Warnpflichten zu erfüllen.

Dieser zusätzlichen Beratung kommt eine ganz entscheidende Bedeutung zukommen. Die Anlageberater können nicht davon ausgehen, daß mit Unterzeichnung der Informationsschrift die Bank ihren Verpflichtungen zur Kundenberatung nachgekommen ist.

Unterzeichnet der Kunde die Informationsschrift, kommt die Bank zwar ihrer Verpflichtung gemäß Börsengesetz nach. Der Kunde kann aber nach wie vor einwenden, er sei von der Bank nicht genügend beraten worden. Für ihn kommt es entscheidend darauf an, durch die Beratung Basisinformationen sowie weitere Informationen über die spezielle Kontraktart zu erhalten, auf die sich das von ihm beabsichtigte Geschäft bezieht (sogenannte produktspezifische Information). Die Pflicht der Bank zur Aufklärung des Kunden wird umso höher angesetzt werden, je weniger der Kunde aufgrund seiner bisherigen Wertpapier-Erfahrung von Termingeschäften versteht. Es ist notwendig, auf jeden Kunden individuell einzugehen. Der Umfang der zusätzlichen Aufklärung und Beratung kann nicht generell vorgegeben werden. Anders als bei der Informationsschrift zur Erlangung der Termingeschäftsfähigkeit, kann die zusätzlich notwendige Beratung auch mündlich erfolgen. Dennoch sollten Notizen über die erfolgte Aufklärung angelegt werden.

Bei ordnungsmäßiger Information ist das Termingeschäft auch für die bisher nicht termingeschäftsfähige Privatkundschaft in vollem Umfang verbindlich. Bei ordnungsgemäßer individueller Betreuung sowie der Vermittlung produktspezifischer Informationen sind auch Ansprüche aus fehlerhafter Anlageberatung ausgeschlossen. Es macht auch keinen Unterschied mehr, ob sich Terminkontrakte auf inländische oder ausländische Börsen oder auf sonstige Terminmärkte beziehen. Ansprüche aus Börsentermingeschäften können nach den „Sonderbedingungen für Börsentermingeschäfte“ der Banken kontokorrentmäßig verrechnet werden. Es ist möglich, zur Erfüllung von Verbindlichkeiten aus Börsentermingeschäften Kredit in Anspruch zu nehmen. Eine Kreditinanspruchnahme ist allerdings nur auf gesicherter Basis zuzulassen.

2. Strafrechtliche Einordnung von Termingeschäften

In § 89 BörsG ist die Verleitung zu Börsenspekulationsgeschäften unter Strafe gestellt. Börsenspekulationsgeschäfte in diesem Sinne sind insbesondere

- An- oder Verkaufsgeschäfte mit aufgeschobener Lieferzeit, auch wenn sie außerhalb einer inländischen Börse abgeschlossen werden;
- Optionen auf solche Geschäfte, die darauf gerichtet sind, aus dem Unterschied zwischen dem für die Lieferzeit festgelegten Preis und dem zur Lieferzeit vorhandenen Börsen- oder Marktpreis einen Gewinn zu erzielen.

Unter den Begriff Börsenspekulationsgeschäfte fallen mithin insbesondere die Termingeschäfte. Bestraft wird, wer gewerbsmäßig andere unter Ausnutzung ihrer Unerfahrenheit bezüglich Börsenspekulationsgeschäften zu solchen Geschäften oder zur unmittelbaren oder mittelbaren Beteiligung an solchen Geschäften verleitet.

Zum Spekulationsgeschäft „verleiten" bedeutet mehr, als reine Werbung für den Abschluß von Termingeschäften zu betreiben. Die Willensbeeinflussung muß dabei über die Merkmale und Intensität von reiner Werbung hinausgehen. Eine gefestigte Rechtsprechung wird sich insoweit allerdings erst noch bilden müssen.

„Unerfahren" ist ein Anleger, wenn er aufgrund seiner bisherigen Einkommens- und Vermögensverhältnisse und seiner bisherigen Praxis in der Kapitalanlage nicht in der Lage ist, das Termingeschäft zu beurteilen. Bei Vorliegen eines der nachfolgenden Beispiele kann ein starkes Indiz dafür bestehen, daß der Anleger gerade nicht über eine entsprechende Erfahrung verfügt hat:

- Spekulation mit (ungesichertem) Kredit;
- Überschreitung des für Spekulationsgeschäfte sinnvollen Finanzrahmens;
- außergewöhnlich hoher Einsatz beim Erstgeschäft.

3. Handlungsempfehlungen für Anlageberater

Im Interesse einer dauerhaften Kundenbeziehung sowie zur Vermeidung rechtlicher Risiken (Schadensersatzansprüche wegen fehlerhafter Anlageberatung, Verleitung zu Börsenspekulationsgeschäften) sollten Anlageberater die folgenden Grundsätze bei der Handhabung von Termingeschäften beachten:

3.1 Aktive Ansprache der Kundschaft

- Der Kundenkreis muß für den Abschluß von Termingeschäften sorgfältig ausgesucht sein. Aufgrund der Einkommens- und Vermögensverhältnisse sowie seiner bisherigen Kapitalanlage muß dieser Kreis in der Lage sein, die Chancen und Risiken von Termingeschäften zu verstehen. In Betracht kommen dabei Kunden mit Erfahrung in Aktienengagements, vorzugsweise solche Kunden, die bereits bisher Optionen auf Aktien oder Optionsscheine erworben haben.
  Kommt der Berater zu dem Schluß, daß ein Kunde die Risiken des Termingeschäfts beim besten Willen nicht begreift, muß er eine Kontoeröffnung oder das Eingehen von bestimmten Positionen ablehnen. Er kennt seinen Kunden und wird in der Lage sein, dies zu beurteilen.
- Sofern der Kunde bei der Bank kein ausreichendes freies Vermögen unterhält, sollte das sonstige freie Vermögen vom Kunden aufgelistet und der sogenannte „Vermögensstatus“ vom Kunden unterschrieben werden. Anhand des freiverfügbaren Vermögens wird ein intern geführtes Handelslimit für Börsentermingeschäfte festgelegt.
- Im Rahmen der Anlageberatung muß darauf geachtet werden, daß der Kunde nur einen Teil des für Börsentermingeschäfte bereitgestellten freien Vermögens anfänglich investiert, da er mit zu leistenden Nachschüssen rechnen muß.
- Unterzeichnung der Informationsschrift vor Geschäftsabschluß.
- Aushändigung der Broschüre „Basisinformationen“, die in jedem Kreditinstitut zur Verfügung steht.

3.2 Kunde/Nichtkunde wünscht den Abschluß von Termingeschäften

- Auch wenn der Kunde/Nichtkunde von sich aus Termingeschäfte abschließen möchte, ist eine umfassende Aufklärung des Kunden/ Nichtkunden erforderlich. Nur wenn der Berater persönlich die feste Überzeugung gewinnen konnte, daß der Kunde/Nichtkunde die Spielarten des Termingeschäfts beherrscht, kann er von einer zusätzlichen Aufklärung absehen. Die Informationsschrift muß dieser Kunde/Nichtkunde aber auf jeden Fall unterzeichnen, auch ist die Broschüre „Basisinformationen" auszuhändigen.
- Die Aufklärungs- und Hinweispflichten hinsichtlich des einzusetzenden, frei verfügbaren Vermögens sind herabgesetzt, aber nicht gänzlich aufgehoben. Auch wenn der Kunde/Nichtkunde die Eckdaten des Termingeschäfts fest vorgibt, muß der Berater ihn beispielsweise darauf hinweisen, daß Nachschüsse, u. U. in beträchtlicher Höhe anfallen. Bei einer festzulegenden Größenordnung der Kontrakte bzw. bei den offenen Positionen ist eine Selbstauskunft des Kunden/Nichtkunden angezeigt.

Kapitel 12

Abwicklung von Options- und Futuresgeschäften

1. Kundenverbindung

Bevor ein Privatkunde über seine Bank Börsentermingeschäfte tätigen kann, müssen in der Regel folgende generelle Voraussetzungen geschaffen werden:

- Termingeschäftsfähigkeit (gesetzlich vorgeschrieben);
- Beratung und Aufklärung (gesetzlich vorgeschrieben);
- Selbstauskunft und Vermögensanalyse inklusive Einteilung der Geschäftsarten in Risikostufen;
- Unterzeichnung der „Wichtigen Hinweise für den Abschluß von Börsentermingeschäften";
- Vereinbarung des Handelslimits.

1.1 Termingeschäftsfähigkeit

Options- und Futuresgeschäfte sind nur mit termingeschäftsfähigen Kunden zugelassen. Die Termingeschäftsfähigkeit ist im Börsengesetz definiert. Den Termingeschäftsfähigen gleichgestellt sind diejenigen, die vor Abschluß eines Börsentermingeschäfts über die Risiken aus solchen Geschäften schriftlich informiert wurden und diese Informationsschrift unterzeichnet haben (vergl. Kapitel 11).

1.2 Beratungs- und Aufklärungspflichten

In der Informationsschrift „Verlustrisiken bei Börsentermingeschäften" werden die Kunden über die spezifischen Risiken dieser Geschäfte informiert. Dadurch wird die Bank jedoch keinesfalls von den allgemeinen Beratungs-, Warn-, Hinweis- und Aufklärungspflichten entbunden, die bei spekulativen Geschäften von besonderer Bedeutung sind.

Zur Beratung im Options- und Futuresbereich sollten nur Mitarbeiter eingesetzt werden, die sich einer speziellen Ausbildung unterzogen haben. Sie werden verpflichtet, dem Kunden die Risiken der Options- und Futuresgeschäfte zu verdeutlichen, um eine optimale Beratung zu gewährleisten. Unter Berücksichtigung von Options- und Futuresprodukten und den entsprechenden Strategien sollten die verschiedenen Geschäftsarten in Risikostufen eingeteilt und auf dieser Basis festgelegt werden, welcher Mitarbeiterkreis im Einzelfall die Beratung durchführen darf.

1.3 Vermögensanalyse

Ziel der Beratung muß es sein, Kunden davor zu bewahren, Risiken aus Börsentermingeschäften einzugehen, die in keinem Verhältnis zu ihrer finanziellen Situation und Anlageerfahrung stehen. Deshalb werden von den Kunden Angaben über ihre bisherige Anlageerfahrung, die geplanten Geschäftsarten, das liquide Nettovermögen und die Höhe des Einkommens gefordert. Diese Angaben sind Grundlage dafür, in welchem Umfang und für welche Termingeschäftsarten der Kunde zugelassen wird. Besondere Bedeutung kommt der Festlegung eines Handelslimits zu. Hierdurch sollen die Options- und Futuresgeschäfte auf ein Volumen begrenzt werden, das in vertretbarer Relation zu den finanziellen Verhältnissen des Kunden steht.

Ein vernünftiges Risikomanagement setzt für die Bank und den Kunden bereits bei der Kontoeröffnung (für Börsentermingeschäfte) ein.

1.4 Kontoeröffnung

Options- und Futuresgeschäfte werden bei den Banken über spezielle Options- und Futures-Bestandskonten und ein speziell eingerichtetes Options- und Futures-Geldsonderkonto abgewickelt.
Im einzelnen werden über das Sonderkonto gebucht:

- vereinnahmte und gezahlte Optionsprämien,
- Kommissionen/Gebühren,
- fremde Spesen,
- Variation Margin,
- Sicherheitsleistungen, die in Geld hinterlegt werden.

Da das Sonderkonto nur auf Guthabenbasis geführt wird, muß eine Einzahlung erfolgt sein, bevor ein Kunde das erste Geschäft tätigt. Da das Guthaben auf diesem Konto als Sicherheit für Börsentermingeschäfte herangezogen wird, bedürfen Verfügungen der vorherigen Genehmigung durch den Wertpapierberater.

Der Berater darf die Zustimmung nur erteilen, wenn diese Gelder nicht für die Erfüllung von Marginforderungen oder andere noch offene Geschäfte benötigt werden.

2. Grundzüge der Marginberechnung

Der Kauf oder Verkauf von Futureskontrakten ist ebenso wie der ungedeckte Verkauf von Optionen mit einem im vorhinein nicht bestimmbaren Verlustrisiko behaftet. Clearing-Häuser und Banken sichern sich gegen diese Risiken unter anderem über die Margin ab.

Das Marginsystem hat die Aufgabe, das potentielle Verlustrisiko des Clearing-Hauses bzw. der Bank zu begrenzen. Da die Begleichung der Marginforderungen von der schnellen Dispositionsfähigkeit der Käufer bzw. Verkäufer abhängig ist, behalten sich die Clearing-Häuser bzw. die Banken das Recht vor, Positionen ganz oder teilweise zu liquidieren, wenn der Zahlungsaufforderung nicht rechtzeitig nachgekommen wird.

Die Marginberechnung für Optionen unterscheidet sich von der Marginberechnung für Futures. Die folgende Abbildung 77 zeigt die Begriffe und Methoden, die in diesem Abschnitt erläutert werden:

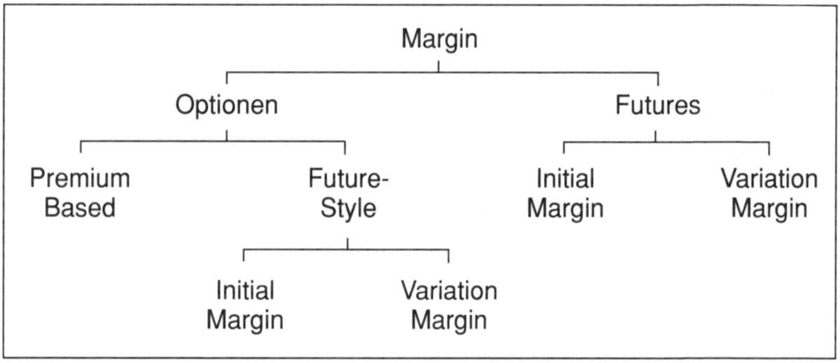

Abbildung 77: Begriffe zur Marginberechnung

2.1 Marginberechnung auf Futureskontrakte

Bevor die Marginberechnung für Futureskontrakte erläutert wird, sollen einige Begriffe definiert werden.

Bei der Initial Margin handelt es sich um eine Sicherheitsleistung, die von Käufer und Verkäufer für die Eröffnung und das Halten einer Position hinterlegt werden muß und die keine An- oder Vorauszahlung darstellt (Good faith deposit).

Wird durch das Clearing-Haus eine Änderung der Marginsätze vorgenommen, so gilt diese für alle Positionen, auch für jene, welche vor der Änderung eröffnet wurden.

Bei dem Maintenance Level handelt es sich um den Betrag, auf die die Initial Margin während der Laufzeit der Position sinken kann, ohne daß zusätzliche Sicherheiten gefordert werden. Wird der Maintenance Level unterschritten, so muß der Sicherheitseinschuß auf den Initial Level aufgestockt werden.

Bei der Variation Margin handelt es sich um Gewinne bzw. Verluste, die sich aus der täglichen Neubewertung der Kontrakte auf Basis der von den Terminbörsen bekanntgegebenen Settlementpreise ergeben. Der aus der täglichen Neubewertung resultierende Geldbetrag ergibt sich aus der Differenz zur Bewertung am Vortag bzw. zum Einstandskurs, wenn die Geschäfte am gleichen Tag eröffnet wurden. Gewinne werden auf dem Options- und Futures-Geldsonderkonto gutgeschrieben. Führen diese Gutschriften dazu, daß die Initial Margin überschritten wird, kann über den überschießenden Betrag verfügt werden.

Bei Verlusten wird das Konto belastet. Hierdurch entstehende Nachschußverpflichtungen müssen innerhalb einer festgelegten Frist ausgeglichen werden.

2.1.1 Initial Margin

Die Initial Margin ist als Sicherheitsleistung für bestimmte Börsentermingeschäfte vom Käufer und Verkäufer zu erbringen.

Die Höhe der Initial Margin wird im allgemeinen nach der erwarteten Volatilität des dem Futureskontrakt zugrundeliegenden Instruments bzw. nach dem Risikograd der eingegangenen Position festgelegt. Für einen volatilen Kontrakt wird im Normalfall eine höhere Initial Margin verlangt als für einen Kontrakt mit geringeren Kursausschlägen.

In der Regel beträgt die Initial Margin nur einen kleinen Teil des Kontraktwerts. So mußten beispielsweise im August 1991 für den DTB Bund-Futures pro Kontrakt mindestens DM 3.000 als Initial Margin hinterlegt werden. Sie wird von der Börse je nach Volatilität verändert, d. h., bei drastischen Kursschwankungen kann die Initial Margin deutlich angehoben werden. Die Initial Margin kann bei der DTB in Form von Geld oder in von der DTB vorgegebenen Wertpapieren hinterlegt werden. Die vom Clearing-Haus gegenüber den Banken geforderte Initial Margin wird als Exchange Minimum (= 100%) bezeichnet. Dieses Exchange Minimum ist der Mindestbetrag, der vom Kunden eingefordert werden muß. Die Banken verlangen in der Regel von dem Kunden einen Aufschlag auf den Exchange Minimum-Betrag.

Durch die relativ geringe Höhe der Initial Margin ist offensichtlich, daß mit dem Kauf oder Verkauf von Financial Futures eine sehr große Hebelwirkung erzielt werden kann. Dadurch ergeben sich auch bei kleineren Kursschwankungen des Kontrakts hohe Gewinnchancen bzw. hohe Verlustrisiken.

So notierte der Höchstkurs des September Bund-Futures an der DTB am 01.07.1993 bei 95,95 und im Tief bei 95,35. Dies entspricht bei einem Einschuß von DM 2.500,– pro Kontrakt einer Schwankungsbreite von DM 1.500,– (60 x 25). Bezogen auf den Einschuß von DM 2.500,– entspricht dies einer Bewegung von 60%. Derartige Kursgewinne bzw. -verluste sind im konventionellen Wertpapiergeschäft nahezu unmöglich.

Spreadpositionen sind in der Regel mit einem geringeren Risiko behaftet als reine Long- oder Shortpositionen. So wird für den Kauf eines DTB-Bund-Futures eine Initial Margin von DM 2.500 gefordert, für eine Spreadposition, wie beispielsweise den Kauf eines Dezember 1993-Bund-Futures bei gleichzeitigem Verkauf eines März 1994-Bund-Futures, aber nur eine Spread Margin von DM 700 (Stand Juli 1993) verlangt.

2.1.2 Variation Margin

Die Variation Margin ist der Betrag, welcher dem Käufer und Verkäufer von Kontrakten für das Halten einer Position am Financial-Futures-

Markt je nach Kursentwicklung über Clearing-Haus und Bank abgerechnet wird. Dies bedeutet, daß die Variation Margin jener Betrag ist, um den sich eine Position aufgrund der Kursveränderung des Kontrakts von einem Handelstag zum anderen bzw. vom Einstandspreis bis zum Settlementpreis wertmäßig geändert hat. Während dieser Betrag für die eine Seite (z. B. den Käufer) einen Gewinn darstellt, ist sie für die Gegenseite (den Verkäufer) ein entsprechender Verlust oder umgekehrt.

Die Kursänderung und damit einhergehend die Summe der Variation Margins werden vom Clearing-Haus aufgrund des offiziellen Bewertungspreises (Settlementpreis) für jeden einzelnen Fälligkeitstermin jedes einzelnen Kontrakttyps täglich errechnet. Anschließend rechnet das Clearing-Haus diese Summe mit den Clearing-Mitgliedern gemäß den registrierten Positionen ab. Der Prozeß der täglichen Positionsbewertungen erlaubt es, Kursgewinne und -verluste aufgrund des Settlementpreises sofort festzustellen. Kursgewinne werden vom Clearing-Haus sofort an die entsprechenden Clearing-Mitglieder in bar vergütet, während Kursverluste ebenso von den entsprechenden Clearing-Mitglieder in bar eingefordert werden.

Da sich Kursgewinne und -verluste zwischen Käufer und Verkäufer insgesamt ausgleichen, sind die täglich getätigten Vergütungen und Einforderungen für das Clearing-Haus Nullsummentransaktionen. Die einzelnen Clearing-Mitglieder rechnen die Variation Margin ebenso mit ihren Kunden täglich in bar ab. Die Berechnung der Variation Margin soll in einem Beispiel aufgezeigt werden:

Beispiel

Ein Kunde kauft 2 Bund-Futures zu einem Kurs von 93,00 an der DTB. Nach Börsenschluß wird eine Bewertung der Positionen vorgenommen und die Variation Margin berechnet. Der Settlementpreis des Tages liegt bei 92,50. Aus der Differenz zwischen Einstandspreiss und Settlementpreis errechnet sich die Variation Margin (VM) wie folgt:

$$\begin{aligned} \text{VM} &= \text{Anzahl Kontrakte} \times \text{Kursdifferenz in Ticks} \times \text{Wert pro Tick} \\ &= 2 \times 50 \times \text{DM } 25 \\ &= \text{DM } 2.500 \end{aligned}$$

Das Konto des Kunden wird mit einer Variation Margin in Höhe von DM 2.500 belastet.

2.1.3 Maintenance Level

Der Maintenance Level ist die Betragshöhe, welche die Initial Margin während der Laufzeit der Position im Minimum aufweisen darf. Die Beträge sind von Kreditinstitut zu Kreditinstitut verschieden. Der Maintenance Level darf jedoch nie unter das Exchange-Börsen-Minimum fallen. Er ist nur im Fall von Kursverlusten von Bedeutung. Mit anderen Worten, tritt aufgrund einer gegenläufigen Kursbewegung ein Kursverlust ein, so darf die Initial Margin, wenn sie in bar geleistet wurde, so lange durch die Variation Margin geschmälert werden, bis der vereinbarte Maintenance Level unterschritten wird. Erst wenn der Maintance Level unterschritten ist, ist die verlierende Seite verpflichtet, ihre Sicherheiten wieder auf die ursprüngliche Höhe der Initial Margin aufzustocken.

2.1.4 Marginberechnungen am Beispiel des DTB-Bund-Futures und DAX-Futures

Bei der Errechnung der Margin unterscheidet man an der DTB zwischen Non-Spread-Positionen und Spread-Positionen.

2.1.4.1 Non-Spread-Positionen

Zur Ermittlung der Margin von Non-Spread-Positionen legt die DTB ein Marginintervall fest, das abhängig ist von der erwarteten Volatilität des zugrundeliegenden Futureskontraktes.

Beispiel

Marginintervall beim DAX-Futures = 220 Ticks

Marginintervall beim Bund-Futures = 100 Ticks
(Stand Juli 1993)

Durch die Multiplikation der Tickanzahl mit dem DM-Wert pro Tick erhält man die Additional Margin pro Kontrakt.

Beispiel für die Berechnung der Additional Margin

DAX Futures: 220 Ticks × DM 50 = DM 11.000

Bund-Futures: 100 Ticks × DM 25 = DM 2.500

Beispiel

Der Kunde hat einen Bund-Futures September 93 gekauft, Marginintervall 100 Ticks a DM 25,—.

Aktueller Settlementpreis:	95,76
Theoretischer Höchstpreis:	96,76
Theoretischer Tiefstpreis:	94,76

Die Differenz zwischen dem aktuellen Settlementpreis und dem theoretischen Höchst- bzw. Tiefstpreis beträgt 100 Ticks.
Die Margin beträgt somit 100 x 25,– = DM 2.500,–

Die Kreditinstitute erheben in der Regel ihren Kunden gegenüber bei Futures und Futures-Optionen den doppelten Marginsatz.

2.1.4.2 Spread-Positionen

Bei einem Futures-Spread gleicht sich das Risiko einer Longposition mit einer entsprechenden Shortposition teilweise aus. Deshalb werden diese Spreadpositionen gesondert erfaßt und unterliegen einem verminderten Marginsatz.

Der Kunde hat einen DAX-Futures (FDAX) Dezember 1993 verkauft und einen DAX-Futures März 1994 gekauft.

Die Spreadmargin wurde für diese Kombination von der DTB auf DM 750,– festgelegt.

Da hier 1 DAX-Futures gekauft und 1 DAX-Futures verkauft wurde, zahlt der Kunde lediglich die Spreadmargin; eine zusätzliche Margin (Additional Margin) fällt nicht an, da sich die Chancen und Risiken der Positionen ausgleichen.

Futures Spread Margin

FDAX Dezember 93		1 Long
FDAX März 94		2 Short
	=	1 Spread Dezember/März
	=	Margin DM 750,–

Es verbleibt 1 offener Kontrakt März 94

Für offene Futures-Kontrakte, sowohl Long- als auch Short-Positionen, berechnet die DTB eine Additional Margin.

Die Additional Margin stellt den Betrag dar, der bei der für den nächsten Tag angenommenen ungünstigen Preisentwicklung zu leisten wäre.

Additional Margin

Für 1 FDAX März 94

Das von der DTB festgelegte Marginintervall für den DAX-Future beträgt 220 Ticks

220 Ticks × Tickwert 50,–	=	Margin	DM 11.000,–
Margin auf die Gesamtposition			DM 11.750,–

In diesem Beispiel wurden 1 DAX Dezember 93 Futures gekauft und 2 DAX März verkauft. Deshalb fällt für einen Long und Short Futures eine Spreadmargin in Höhe von DM 750,– an. Für den restlichen Long-Kontrakt muß zusätzlich noch eine Additional Margin in Höhe von DM 11.000,– bezahlt werden.

2.2 Marginberechnung auf Optionen

Bei der Marginberechnung auf Optionen unterscheidet man zwischen der Premium-Based- und der Risk-Based-Methode sowie der Futures-Style-Methode.

2.2.1 Premium-Based-Methode

Bei der Premium-Based-Methode muß der Käufer die Optionsprämie bei Kauf voll bezahlen, so daß der Verkäufer die Optionsprämie dann sofort erhält. Der ungedeckte Verkäufer des Calls und der Verkäufer des Puts haben eine Sicherheitsleistung – die Margin – zu stellen, die aus dem Bewertungspreis der Option und dem Wert des der Option zugrundeliegenden Instruments, beispielsweise dem Aktienkurs, ermittelt wird. Die Börse ermittelt für ihre Mitglieder die tägliche Marginverpflichtung für offene Positionen nach folgender Methode, wobei die Aufschläge bei den verschiedenen Börsen unterschiedlich sein können:

Optionen im/am Geld:	Mark-to-Market-Prämie plus 10% des Schlußkurses des zugrundeliegenden Aktienkurses.
Optionen aus dem Geld:	Mark-to-Market-Prämie plus 5% des Schlußkurses der zugrundeliegenden Aktienkurse.

Bei der Mark-to-Market-Prämie handelt es sich um einen Bewertungskurs, der von der Börse ermittelt wird und die Kursbewegungen zum Börsenschluß repräsentiert, der aber nicht unbedingt identisch mit dem letztgehandelten Kurs ist.

Für die Berechnung der Margin wird ein Marginfaktor gebildet, d. h., 5% bzw. 10% des Schlußkurses der zugrundeliegenden Aktie werden zum Settlementpreis der Option addiert und kaufmännisch gerundet. Dann wird der Marginfaktor mit der Stückzahl der den Options-Kontrakten entsprechenden Aktien multipliziert.

Beispiel 1

Marginberechnung für Optionen aus dem Geld

Ein Kunde verkauft eine Kaufoption Juli 300 ABC, ohne die entsprechenden Aktien zu besitzen. Der Settlementpreis der Option liegt bei DM 12, der Schlußkurs der Aktie bei DM 293.

Der Kunde muß die Prämie plus 5% des Kurswerts der Aktie als Sicherheit stellen.

Bewertungskurs der Option:	DM 12
5% des Aktienkurses:	DM 293 × 5% = DM 14,65
Marginfaktor (MF):	12 + 14,65 = 26,65 gerundet = 27,00

Margin: MF × Kontraktgröße

DM 1.350 = 27 × 50

Beispiel 2

Marginberechnung für Optionen im/am Geld

Ein Kunde verkauft eine Verkaufsoption Juli 550 XYZ. Der Settlementpreis der Option liegt bei DM 40, der Schlußkurs der Aktie bei DM 535. Der Kunde muß die Prämie plus 10% des Kurswerts der Aktie als Sicherheit stellen.

Settlementpreis:	DM 40
10% des Aktienkurses:	DM 535 × 10% = DM 53,50
Marginfaktor (MF):	40 + 53,50 = 93,50
	gerundet = 94,00

Die Margin beträgt daher DM 4.700 (94 × 50).

Für das Verständnis dieser Art der Marginberechnung ist es sehr wichtig, daß keine Buchung, sondern ein Abgleich der gestellten mit der benötigten Sicherheit vorgenommen wird. Für Straddle-, Strangle- und Spread-Kombinationen werden Ermäßigungen bei der Margin gewährt.

2.2.2 Risk-Based-Methode

Die DTB errechnet die Marginverpflichtungen nach der Risk-Based-Methode. Bei Optionen auf Kassaprodukte (DTB-Aktienoptionen, Optionen auf den DAX-Kasse-Index) muß der Käufer die Optionsprämie bei Kauf voll zahlen und der Verkäufer erhält sofort die Prämie als Gutschrift. Ein Vorteil der Risk-Based-Methode liegt darin, daß das Risiko eines Gesamtportfolios Berücksichtigung findet. Das heißt, bei gegenläufigen Risiken muß eine insgesamt geringere Sicherheitsleistung erbracht werden.

Auch bei der Risk-Based-Margin-Methode muß der ungedeckte Verkäufer des Calls und der Verkäufer des Puts eine Margin stellen. Dagegen erhält der Käufer einer Option einen Einschußerlös. Einschußerlöse führen jedoch nie zu einer Kontogutschrift; sie werden lediglich gegen Sicherheitsleistungen aus anderen Shortpositionen aufgerechnet und können diese vermindern. Die Errechnung der Margin setzt sich nach dieser Methode aus einer Premium Margin und einer Additional Margin zusammen.

2.2.2.1. Premium Margin

Bei der Errechnung der Premium Margin wird überprüft, wie der Kunde geldmäßig dastünde, wenn er seine Positionen zum Settlementkurs glattstellen würde.

Beispiel

Premium Margin

Position	Kontrakt	Glattstellungskosten/-erlös	
Siemens Call 650 AUG	20 Verkauf	20 × 50 × DM 10,50	– DM 10.500,–
Siemens Call 750 SEP	50 Kauf	50 × 50 × DM 3,50	+ DM 8.750,–
		Glattstellungskosten	– DM 1.750,–
ODAX Call 1600 SEP	2 Kauf	2 × 10 × DM 58,—	+ DM 1.160,–
ODAX Call 1650 SEP	4 Verkauf	4 × 10 × DM 26,—	– DM 1.040,–
		Glattstellungserlöse	+ DM 120,–

Die Premium Margin wird separat für jede Optionsklasse errechnet, indem

- für jede Optionsserie die Kontraktzahl mit 50 (Allianz mit 5) und mit dem Settlementpreis bzw. Closingpreis multipliziert wird; und
- für jede Optionsklasse die Glattstellungserlöse (bei Longposition) gegen die Glattstellungskosten (bei Shortposition) aufgerechnet werden.

Der Endbetrag stellt danach die Premium Margin dar.

Beispiel

Ein Kunde hat folgende Optionspositionen im Bestand:
Verkauf 20 Siemens Calls, Basispreis 650
Verfall August, Settlementpreis 10,5
Kauf 50 Siemens Calls, Basispreis 700
Verfall September, Settlementpreis 3,5
Kauf 2 DAX Calls Basispreis 1.600,
Verfall September, Settlementpreis 58
Verkauf 4 DAX Calls Basispreis 1.650,
Verfall September, Settlementpreis 26

Der verkaufte Siemens Call ergibt Glattstellungskosten von DM 10.500 (20 x 50 x 10,5) und der gekaufte Siemens Call Glattstellungserlöse von DM 8.750 (50 x 50 x 3,5).

Da die Glattstellungskosten die Glattstellungserlöse übersteigen, stellt die Premium Margin für den Kunden eine Einschußleistung in Höhe von DM 1.750 (8.750 – 10.500) dar.

Demgegenüber führen die DAX-Positionen zu Glattstellungserlösen in Höhe von DM 120.

2.2.2.2 Additional Margin

Die Additional Margin stellt den Betrag dar, der bei der für den nächsten Tag angenommenen ungünstigsten Preisentwicklung zusätzlich zur Premium Margin für die Glattstellung aller Positionen zu leisten wäre.

Einflußfaktoren für die Additional Margin bei Optionen:

- Aktienvolatilität multipliziert mit Risikofaktor = Marginintervall,
- ausgehend vom derzeitigen Preis des Basiswertes, Ermittlung des prognostizierten Minimum- bzw. Maximumpreises des Basiswertes,
- anhand der prognostizierten Preise werden mit Hilfe des Binomial-Optionspreismodells von Cox, Ross und Rubinstein die dazugehörigen theoretischen Optionspreise ermittelt (Upside- und Downside-Price). Aus den so ermittelten Optionspreisen lassen sich die möglichen Glattstellungskosten bzw. Glattstellungserlöse aller Optionspositionen ermitteln. Die höchstmöglichen Glattstellungskosten bzw. die niedrigstmöglichen Glattstellungserlöse abzüglich der Premium Margin werden als Additional Margin bezeichnet.

Beispiel für die Additional Margin

Aktueller Siemenskurs	DM 656,30
Von der DTB angenommene Volatilität	8%
Theoretischer Höchstkurs	DM 708,80
Theoretischer Tiefstkurs	DM 603,80

Position	Kontrakt	Theo. Höchstkurs	Theo. Höchstwert	Theo. Tiefstkurs	Theo. Tiefstwert
Siemens Call 650 Aug.	20 Verkauf	53,904	– DM 53,904	0,014	– DM 14
Siemens Call 750 Sep.	50 Kauf	21,174	+ DM 52,935	0,151	+ DM 378
		Theoretische Glattstellungskosten	DM 968	Theoretische Glattstellungskosten	DM 363

Aktueller Siemenskurs	1627,20
Von der DTB angenommene Volatilität	135 Ticks
Theoretischer Höchstkurs	1762,20
Theoretischer Tiefstkurs	1492,20

Position	Kontrakt	Theo. Höchstkurs	Theo. Höchstwert	Theo. Tiefstkurs	Theo. Tiefstwert
DAX Cal.. 1600 Sep.	2 Verkauf	174,7	+ DM 3.491	6,41	– DM 128
DAX Call 1650 Sep.	4 Verkauf	126,28	– DM 5.051	0,90	+ DM 36
		Theoretische Glattstellungskosten	– DM 1.557	Theoretische Glattstellungskosten	+ DM 92

Im Beispiel hat der verkaufte Siemens-Call einen „Upside Price" von DM 53,904 und einen „Downside Price" von DM 0,014. Für den gekauften Call betragen die entsprechenden theoretischen Optionspreise DM 21,174 und DM 0,151. Betrachtet man nun die Summe aller Siemenspositionen, dann hätte der Kunde bei steigenden Kursen Glattstellungskosten von DM 968, bei fallenden Kursen Glattstellungserlöse von DM 363.

Dies bedeutet, würde der Kunde am nächsten Tag die Siemensposition glattstellen, dann hätte er – unter den o. g. Annahmen – schlechtestenfalls Glattstellungskosten von DM 968.

Additional Margin	=	höchstmögliche Glattstellungskosten	–	heutige Glattstellungskosten (= Premium Margin)
	=	– 968	–	(– 1.750)

Im Fall der Siemens-Calls beträgt die Additional Margin aus folgendem Grund 0:

Die Additional Margin kann nie einen positiven Wert annehmen, denn sie darf den Wert der Premium Margin bei der Errechnung der Gesamtmargin nur erhöhen, jedoch niemals vermindern. Deshalb kann sie höchstens den Wert 0 annehmen.

Gesamtmargin	=	Premium Margin	+	Additional Margin
1.750	=	1.750	+	0

Bei den DAX-Optionen werden für den Fall der Glattstellung am nächsten Tag schlechtestenfalls Glattstellungskosten von DM 1.557 angenommen. Die Additional Margin beträgt demnach DM 1.677 (– 1.557 – 120). Daraus errechnet sich die Gesamtmargin in Höhe von DM 1.557 (120 – 1.677).

Insgesamt hat der Kunde für die Siemensposition eine Margin von DM 1.750 und für die DAX-Positionen DM 1.557 zu leisten, so daß seine Margin für alle Positionen an diesem Tag DM 3.307 beträgt.

2.2.3 Future-Style-Methode

Bei der Future-Style-Methode der Marginberechnung wird beim Eröffnen der Position keine Prämie bezahlt; sowohl Käufer als auch Verkäufer müssen Sicherheiten stellen. Anwendung findet diese Methode bei der Option auf den LIFFE-Bund-Futures. Bei Optionen auf den DTB-Bund-Futures und den Dax-Futures wird die Margin in einer Kombination von Future-Style- und Risk-Based-Methode berechnet.

2.2.3.1 Optionen auf den LIFFE-Bund-Futures

Die Höhe des Einschusses basiert auf dem jeweiligen Delta-Wert der Option und steht damit in enger Beziehung zu der Wertveränderung der Optionsprämie.

Beispiel 1

Kauf 1 Kaufoption auf den LIFFE-Bund-Kontrakt.

Die Initial Margin auf den Futures-Kontrakt beträgt z. B. DM 3.000. Die Höhe des Optionseinschusses errechnet sich aus dem Delta der Option, multipliziert mit DM 3.000.

Delta (z. B.): 0,45
Einschuß: 1 × 0,45 × DM 3.000 = DM 1.350

Für Leerverkäufe wird ein zusätzlicher Einschuß (Short-Add-On) berechnet. Darüber hinaus wird täglich eine Variation Margin gezahlt oder eingezogen. Es erfolgt also wie bei den Futures eine tägliche Verrechnung von Gewinnen und Verlusten.

Beipiel 2

Verkauf 5 Calls

Einschuß =
Kontraktzahl × [Delta × Futures-Einschuß + Short-Add-on]

Initial Margin für Futures-Kontrakte: DM 3.000
Delta (z. B).: 0,49
Short-Add-On (z. B.): DM 1.000

Einschuß: 5 × [0,49 × DM 3.000 + DM 1.000] = DM 12.350

Hat ein Kunde den doppelten Margin-Satz zu hinterlegen, beträgt seine Einschußleistung DM 24.700.

2.2.3.2 Optionen auf DTB-Futures

Auch bei Optionen auf den DTB-Bund-Futures und den Dax-Futures wird bei Positionsaufbau keine Prämie bezahlt. Wie beim Futures erfolgen tägliche Belastungen und Gutschriften von Verlusten und Gewinnen (Variation Margins) ab dem Tag der Positionseröffnung. Diese errechnen sich am Tag der Positionseröffnung aus der Differenz zwischen Settlementpreis und Einstandspreis, an den folgenden Tagen als Differenz zwischen den Settlementpreisen der jeweiligen Vortage. Am Ausübungs-, Glattstellungs- oder Verfalltag wird der Restwert der Option dem Käufer belastet und dem Verkäufer gutgeschrieben (Final Settlement).

Beispiel

1. Tag
Kauf von 5 Dezember-Bund-Futures-Calls
Basispreis: 85,00 Optionspreis: 1,00
Settlement Price: 1,10
5 × 10 × DM 25 = DM 1.250

Der Käufer erhält eine Gutschrift in Höhe von DM 1.250. Der Verkäufer der Option wird mit demselben Betrag belastet.

2. Tag Settlement Price: 1,25
5 × 15 × DM 25 = DM 1.875

Der Käufer profitiert auch an diesem Tag von der Position und erhält eine Gutschrift, die dem Verkäufer wiederum in gleicher Höhe belastet wird.

3. Tag
Der Käufer entschließt sich zur Ausübung der Option.

Settlement Price: 1,50
5 × 25 × DM 25 = DM 3.125

Dieser Betrag wird dem Käufer wieder gutgeschrieben und dem Verkäufer belastet. Im Anschluß daran wird der Restwert der Option ermittelt.

5 × 150 × DM 25 = DM 18.750

Der Gegenwert in Höhe von DM 18.750 wird vom Käufer der Option eingezogen und steht dem Verkäufer zur Verfügung. Diese Methode bringt dem Käufer von Optionen Liquiditätsvorteile. Über Gewinne kann sofort verfügt werden, aber auch Verluste werden sofort realisiert.

Zusätzlich zur Variation Margin wird eine Additional Margin für die Optionen auf den DTB-Bund-Futures berechnet. Die Errechnung erfolgt nach dem gleichen Schema wie bei den Aktienoptionen.

Hat ein Marktteilnehmer neben Optionen auf den Bund-Futures noch Bund-Futures-Kontrakte im Bestand, so werden die daraus resultierenden Chancen und Risiken mit denen der Optionen in der Additional

Margin kompensiert. Gleiches gilt auch für Kombinationen von Dax-Futures und Optionen auf den Dax-Futures.

3. Tagesverarbeitung

Die Aufträge für Options- und Futuresgeschäfte werden um die Ausführungsdaten wie Preis und Schlußtag ergänzt und sind damit bereit für die Tagesverarbeitung. Diese vollzieht sich in folgenden Schritten:

- Erfassung/Liquidation der Geschäfte;
- Ermittlung der Settlementpreise;
- Ermittlung der Variation Margin;
- Ermittlung der Optionsprämie;
- Ermittlung der Margin für Futures;
- Ermittlung der Margin für Optionen;
- Ermittlung der Gesamtmarginverpflichtung;
- Abgleich mit bewerteten Sicherheiten;
- Verbuchung der Variation Margin und Optionsprämien;
- Erstellung der Abrechnungen;
- evtl. Cash Call/Margin Call/Wertpapier-Nachschuß.

3.1 Glattstellung der Geschäfte

Bei Liquidation bzw. Glattstellung von Positionen werden die Eröffnungstransaktionen den Schließungstransaktionen gegenübergestellt und die geschlossenen Positionen aus dem Bestand ausgebucht. Es gibt unterschiedliche Liquidationsmethoden. Als Beispiel seien genannt:

- LIFO, Last-in/First-out
  Bei dieser Methode wird die jüngste Position zuerst geschlossen.
- FIFO, First-in/First-out
  Bei dieser Methode wird die älteste Position zuerst geschlossen.

Üblicherweise erfolgt die Liquidation nach der FIFO/Day-Trades-First-Methode, d. h., zuerst werden Day Trades und danach die restlichen Geschäfte nach der FIFO-Methode abgewickelt. (DTB: Opening versus Closing)

Daß es sich bei der Wahl der Liquidationsmethode um kein akademisch-theoretisches, sondern um ein ganz praktisches Problem handelt, soll an einem Beispiel aufgezeigt werden.

Beispiel

Ein Kunde tätigt folgende Geschäfte im DTB-Bund-Futures:

- Kauf 5 Kontrakte am 11.01. zu 85,95
- Kauf 3 Kontrakte am 12.01. zu 86,05
- Verkauf 6 Kontrakte am 13.01. zu 86,10

Bei einer Liquidation nach der FIFO-Methode werden dem Verkauf vom 13.01. zunächst die 5 Kontrakte, die am 11.01. gekauft wurden, und der sechste Kontrakt dem Kauf vom 12.01. gegenübergestellt. Daraus resultiert ein Gewinn von DM 2.000 (5 x 15 x 25 + 5 x 25). Der Kunde hat nach der Liquidation eine offene Position von 2 Kontrakten mit Einstandskurs 86,05.

Bei einer Liquidation nach der LIFO-Methode wird zunächst der Kauf vom 12.01., danach 3 Kontrakte, die am 11.01. gekauft wurden, glattgestellt. Der daraus resultierende Gewinn beträgt DM 1.500 (3 x 5 x 25 + 3 x 15 x 25). Der Kunde hat nach der Liquidation eine offene Position von 2 Kontrakten mit einem Einstandskurs von 85,95.

Der realisierte Gewinn/Verlust wird auf dem Kontoauszug ausgewiesen. Um eine korrekte Abstimmung mit den Kontrahenten vornehmen zu können, ist gewährleistet, daß intern nach der gleichen Methode wie beim Kontrahenten liquidiert wird.

3.2 Bewertung der Sicherheiten

Die DTB akzeptiert Sicherheiten in Form von bestimmten amtlich notierten lombardfähigen festverzinslichen Wertpapieren und in Geld. Die Hinterlegung von Geldguthaben wird von der DTB nicht verzinst. Die Wertpapiere werden zur Zeit mit einem Satz von 75% des Kurswerts angerechnet. Clearing-Mitglieder müssen beim Deutschen Kassenverein ein Unterdepot zugunsten der DTB unterhalten. Die auf diesem Depot hinterlegten Wertpapiere werden täglich bewertet.

An die DTB werden jedoch keine Kundenwertpapiere durchgereicht, sondern die Hinterlegung von Sicherheiten erfolgt aus dem Nostrobestand des kontoführenden Kreditinstituts. Aufgrund des deutschen Depotgesetzes ist die Durchreiche zur Zeit rechtlich noch nicht möglich. Jedes Clearing-Mitglied der DTB muß ein Geldkonto bei der DTB und ein Konto bei der Landeszentralbank in Hessen unterhalten. Das unverzinste Guthaben auf dem Geldkonto bei der DTB wird voll als Sicherheitsleistung anerkannt; nicht gedeckte Forderungen werden von der DTB automatisch über das LZB-Konto des Clearing-Mitglieds verrechnet. Die Banken orientieren sich bei der Ausgestaltung ihrer Sicherheitsanforderungen an der Börsenordnung der DTB bzw. an der jeweiligen Börse. Die Banken müssen ihren Kunden mindestens die Börsensätze als Margin in Rechnung stellen, sie haben jedoch die Möglichkeit, höhere Sicherheitsleistungen einzufordern.

Ein Kunde hat auf seinem Options-/Futureskonto ein Guthaben von DM 25.300. Im Wertpapierdepot des Kunden sind als einzige Position nominal DM 50.000 6,75% Bund von 1989 verbucht, die als Sicherheit für Options- und Futuresgeschäfte vorgemerkt sind. Die Anleihe notiert bei einem Kurs von 97,00. Da die Anleihe nur zu einem Satz von 75% des Kurswerts als Sicherheit akzeptiert wird, stellt der Kunde insgesamt die folgenden Sicherheiten:

Geldguthaben:		DM 25.300
Kurswert der Anleihe:	DM 48.500	
	davon 75%	DM 36.375
Gesamtsicherheiten:		DM 61.675

Die gestellten Sicherheiten reichen für eine Marginerfordernis von DM 61.675 aus.

3.3 Ermittlung der Marginverpflichtung

Im Rahmen der Tagesendverarbeitung wird für jeden Kunden die Marginerfordernis ermittelt. Sofern eine Futures-Position oder eine Future-Styled-Optionsposition Gewinn bringt, wird dieser dem Konto gutgeschrieben. Wenn eine Position Verlust bringt, wird dieser dem Konto belastet. Über Geldbeträge, die nicht als Sicherheitsleistung benötigt werden, kann der Kunde nach Absprache mit seinem Wertpapierberater frei disponieren.

Bei der zu hinterlegenden Margin wird ein Abgleich der gestellten mit den benötigten Sicherheiten vorgenommen. Sind die gestellten Sicherheiten kleiner als die benötigten Sicherheiten, erfolgt ein Margin-Call, d. h., der Kunde muß zusätzliche Sicherheiten in Geld oder Wertpapieren erbringen. Demgegenüber löst eine zu erbringende Variation Margin immer einen Cash-Call aus, sofern der Kunde nicht genügend Barsicherheiten hinterlegt hat. Hierbei kann der Kunde den Nachschuß nur in Geld erbringen.

3.4 Kundenabrechnung

Kundenaufträge kommen über Telefon, Telefax oder EDV in den Kommissionshandel der Bank und werden von dort an die DTB bzw. die ausländischen Börsen weitergeleitet. Die Bank-Filialen erhalten über Terminal den Ausführungspreis in der Regel wenige Minuten nach Ordererteilung angezeigt.

Am Ende der Tagesendverarbeitung werden Auftragsbestätigungen/ Ausführungsanzeigen und Abrechnungen ausgedruckt. Über nicht ausgeführte mehrtägig gültige, nicht jedoch für tagesgültige Aufträge werden Kundenbenachrichtigungen erstellt.

Mit der Kundenabrechnung, die außer den Kontraktinformationen die üblichen Abrechnungsdaten wie Anzahl, Preis, Provision und Abrechnungsbeträge sowie gegebenenfalls Devisenkurse enthält, bekommt der Kunde eine Positionsübersicht, die alle offenen Positionen auflistet. Je ein Muster einer Abrechnung und einer Positionsübersicht sind als Beispiele aufgezeigt.

Herrn
G. Muster
Musterstr. 4
60153 Frankfurt

O & F-Depotnummer 12345678

Datum: 02. 07. 1993

Abrechnung Börsentermingeschäft Nr. 199307028820901 Ordernr.: 9199318300276

Ihren Weisungen entsprechend haben wir für Sie am 02. 07. 1993 folgendes Geschäft ausgeführt:

Börse : DTB (DEUTSCHE TERMINBÖRSE)
TG.-Nr. : 9999999
Geschäfts-/Kontraktart : Verkauf Put Opening
Bezeichnung : OPTION AUF DEN DAX
Kontrakt-Code : OPT – ODAX/DTB
Einheiten je Kontrakt : 1
Basispreis/Verfall : 1.650 DEM AUG93

Disposition bis 11.00 Uhr. Letzter Handelstag: 20. 08. 1993

Anzahl Kontrakte	:	20 –			
Preis	:	12,4 DEM	=	2.480,00 DEM	
		fremde Spesen		40,00– DEM	
				2.440,00 DEM	
		Provision			250,00– DEM*)
Gutschrift auf Ihrem Konto Nr. 12345678			DEM		2.190,00 DEM
Valuta 05. 07. 1993					

Eine Aufstellung aller offenen Positionen geht Ihnen gesondert zu.

Mit freundlichen Grüßen
C O M M E R Z B A N K
Aktiengesellschaft

Diese Benachrichtigung wird von der Bank nicht unterschrieben.
*) Die Provisionssätze können von Bank zu Bank unterschiedlich sein.

Abbildung 78: Muster für Abrechnung

Herrn
G. Muster
Musterstr. 4
60153 Frankfurt

O & F-Depotnummer 12345678

Datum: 02. 07. 1993

Positionsübersicht

Seite 1

Schluß-tag	Art	Anzahl	Kontrakt-Code	Basis-preis	letzter Handelstag	Einstands-preis	Erfolg
16.06.93	– Call	4	ALV/DTB	2300,00	J 20.08.93	19,50 DEM	234
16.06.93	– Call	4	BAS/DTB	240,00	J 20.08.93	5,20 DEM	280
16.06.93	– Call	2	CBK/DTB	320,00	J 20.08.93	4,00 DEM	270
17.06.93	– Call	4	CBK/DTB	320,00	J 20.08.93	4,00 DEM	540
17.06.93	– Call	2	CBK/DTB	320,00	J 20.08.93	4,00 DEM	270
16.06.93	– Call	2	DAI/DTB	650,00	J 20.08.93	4,60 DEM	90
16.06.93	– Call	2	DBK/DTB	750,00	J 17.09.93	5,00 DEM	260
02.07.93	– Put	20	ODAX/DTB	1650,00	N 20.08.93	12,40 DEM	160 –
16.06.93	– Call	4	SIE/DTB	650,00	J 20.08.93	5,40 DEM	480
16.06.93	– Call	3	VEB/DTB	400,00	J 17.08.93	3,60 DEM	120

Ende der Aufstellung

Mit freundlichen Grüßen
C O M M E R Z B A N K
Aktiengesellschaft

Diese Benachrichtigung wird von der Bank nicht unterschrieben.

Abbildung 79: Muster für Positionsübersicht

4. Schlußbemerkung

Aus der Vielzahl der Abwicklungsaufgaben bei Options- und Futuresgeschäften wurden hier nur die wichtigsten dargestellt.

Jeder einzelne Futureskontrakt zeichnet sich durch individuelle Kontraktspezifikationen aus. Daher ist es für den Kunden und die Beratung überaus wichtig, sich vor der Eröffnung einer Position mit diesen Spezifikationen vertraut zu machen; nur so sind gegebenenfalls Überraschungen bei der sich täglich stellenden Margin oder bei der Ausübung bzw. Lieferung zu vermeiden.